Czarownica z Portobello

Paulo Coelho

Czarownica z Portobello

przekład
Michał Lipszyc

przekład przejrzany i poprawiony przez
Bognę Piotrowską
Beatę Frankowską
Basię Stępień

tytuł oryginału
A Bruxa de Portobello

koncepcja graficzna
Lucrecia Demaestri

zdjęcie na okładce
© Jerome Tisne • Getty Images

zdjęcie autora
Frederic Charmeux

redakcja i korekta
Bogna Piotrowska
Beata Frankowska

przygotowanie do druku

PressEnter

www.paulocoelho.com

ISBN 978-83-899-33-30-0

Drzewo Babel
ul. Litewska 10/11 • 00-581 Warszawa
listy@drzewobabel.pl
www.drzewobabel.pl

*Dla S. F. X. – słońca, które rozsiało światłość
i ciepło wszędzie, gdzie zawitało; wzoru dla tych,
którzy sięgają myślą poza swoje horyzonty.*

O Mario bez grzechu poczęta, módl się za nas,
którzy się do Ciebie uciekamy. Amen.

*Nikt nie zapala światła i nie stawia go w ukryciu
ani pod korcem, lecz na świeczniku, aby jego blask
widzieli ci, którzy wchodzą.*

św. Łukasz, 11, 33

Zanim wszystkie spisane przeze mnie zeznania spotkał los, jaki im wyznaczyłem, myślałem o opracowaniu ich w formie tradycyjnej, wyczerpującej biografii, przedstawiającej prawdziwą historię.

Przeczytałem wiele książek biograficznych, sądząc, że mi pomogą w skonstruowaniu dzieła, ale po ich lekturze zrozumiałem jedno: opinia autora na temat głównego bohatera nie pozostaje bez wpływu na rezultat badań. Ponieważ moim zamiarem nie było prezentowanie własnych osądów, lecz pokazanie historii „Czarownicy z Portobello" oczyma uczestników wydarzeń, ostatecznie porzuciłem pomysł tworzenia biografii, uznając, że najlepiej udostępnić czytelnikom to, co zostało utrwalone na taśmie magnetofonowej.

HERON RYAN, 44 lata, dziennikarz

Nikt nie zapala światła po to, aby je ukrywać za zamkniętymi drzwiami: celem światła jest roztaczanie blasku, otwieranie oczu, ukazywanie cudów, które dzieją się dookoła.

Nikt nie poświęca w ofierze najcenniejszej rzeczy, jaką posiada: miłości.

Nikt nie powierza swoich marzeń tym, którzy mogą je zniszczyć.

Nikt, z wyjątkiem Ateny.

Długo po śmierci Ateny jej była mistrzyni poprosiła mnie, abym jej towarzyszył w podróży do Prestonpans w Szkocji. Władze tego miasta, korzystając z pewnego feudalnego prawa, które miesiąc później zostało zniesione, oficjalnie ułaskawiły 81 osób – oraz ich koty – straconych w XVI i XVII wieku za uprawianie magii.

Według rzecznika sądu Prestoungrange i Dolphinstoun, „większość skazano bez żadnych konkretnych dowodów, jedynie na podstawie zeznań świadków oskarżenia, którzy twierdzili, że czują obecność złych duchów".

Nie warto po raz kolejny przypominać wszystkich zbrodni Inkwizycji, jej sal tortur i stosów płonących ogniem zemsty i nienawiści. Ale w drodze do Prestonpans Edda powtórzyła kilkakrotnie, że jest w tym orzeczeniu coś, co ją oburza: oto władze miasta oraz 14. Baron Prestoungrange i Dolphinstoun „darowali winy" tym, których brutalnie pomordowano.

– Mamy XXI wiek, a potomkowie prawdziwych zbrodniarzy, którzy mordowali niewinnych ludzi, przyznają sobie jeszcze prawo do „ułaskawienia". Rozumiesz, o co mi chodzi, Heronie?

Rozumiałem. Nowe polowanie na czarownice zatacza coraz szersze kręgi. Tym razem bronią nie jest rozpalone żelazo i stos, lecz drwina i moralne potępienie. Każdego, kto przypadkiem odkrywa w sobie niezwykły dar i ośmiela się o nim głośno mówić, traktuje się podejrzliwie. A jego bliscy – małżonkowie, rodzice, dzieci – zamiast się tym szczycić, usiłują całą sprawę zataić z obawy, że ich rodzina zostanie wystawiona na pośmiewisko.

Zanim poznałem Atenę, uważałem, że każdy, kto posiada taki dar, wykorzystuje go po to, by żerować na ludzkiej rozpaczy i naiwności. Moja podróż do Transylwanii, gdzie miałem zebrać materiały do filmu dokumentalnego o wampiryzmie, dowiodła również, jak łatwo ludzie dają się oszukiwać. Niektóre zabobony, nawet z pozoru najbardziej absurdalne, pokutują w ludzkiej wyobraźni i bywają bez najmniejszych skrupułów wykorzystywane przez szarlatanów. Po wizycie w zamku Drakuli odbudowanym tylko po to, aby dostarczać niezapomnianych wrażeń turystom, skontaktował się ze mną urzędnik rumuńskiego rządu. Dał mi do zrozumienia, że jeśli film zostanie wyemitowany przez BBC, mogę się spodziewać, jak to ujął, „hojnego upominku". W jego przekonaniu pomagałem propagować doniosły mit, co zasługiwało na sowitą nagrodę. Według jednego z przewodników, liczba odwiedzających rośnie z roku na rok, liczy się więc każda wzmianka na temat tego miejsca, nawet taka, która podważa autentyczność zamku oraz potwierdza fakt, że Vlad Drakula był postacią historyczną, która nie ma nic wspólnego z mitem, cała historia zaś jest jedynie majaczeniem pewnego Irlandczyka *(N. R.: Brama Stokera)*, który, notabene, nigdy w tej okolicy nie zawitał.

Wtedy zrozumiałem, że choćbym uczciwie trzymał się faktów, mimowolnie wspieram kłamstwo. Nawet jeśli celem mojego filmu jest demitologizacja tego miejsca, ludzie i tak wierzą w to, w co chcą wierzyć. Przewodnik miał rację, w gruncie rzeczy tak czy inaczej działałem na rzecz propagandy. Natychmiast porzuciłem cały projekt, mimo że w przeloty i wstępne badania zdążyłem już zainwestować pokaźną kwotę.

Jednak podróż do Transylwanii wywarła ostatecznie ogromny wpływ na moje życie: poznałem Atenę, która przyjechała do Rumunii w poszukiwaniu matki. Przeznaczenie, to tajemnicze, nieubłagane przeznaczenie, zetknęło nas ze sobą w najzwyklejszym holu najzwyklejszego hotelu. Widziałem jej pierwsze spotkanie z Deidre – bądź Eddą, jak wolała być nazywana. Byłem obserwatorem – tak jakbym oglądał całe swoje życie – podczas gdy moje serce stoczyło beznadziejną walkę, usiłując nie dopuścić do tego, aby uwiodła mnie kobieta spoza mojego świata. Byłem szczęśliwy, kiedy rozum przegrał batalię, i jedyne, co mi pozostało, to złożyć broń i pogodzić się z faktem, że jestem zakochany.

Dzięki temu uczuciu ujrzałem rytuały, których istnienia nigdy nie podejrzewałem. Sądząc, że zaślepia mnie miłość, wątpiłem we wszystko, ale wątpliwości, zamiast działać paraliżująco, pchały mnie ku oceanom, których istnienia nie potrafiłem przedtem przyjąć do wiadomości. Taka sama energia pozwoliła mi później stawić czoło cynizmowi kolegów dziennikarzy i pisać o Atenie oraz jej misji. A ponieważ miłość wciąż żyje, choć Ateny nie ma już wśród nas, ta siła wciąż jest obecna, ale jedyne, czego pragnę, to zapomnieć, co widziałem i czego się nauczyłem. Tylko u boku Ateny byłbym w stanie żeglować po tym świecie.

To były jej ogrody, jej rzeki, jej góry. Dziś, kiedy odeszła, marzę o tym, aby wszystko stało się jak najprędzej takie jak dawniej. Chcę użalać się na korki uliczne, politykę zagraniczną i system podatkowy. Znowu chcę wierzyć, że świat magii to tylko zręczna, kuglarska sztuczka. Że ludzie są przesądni. Że to, czego nie potrafi wyjaśnić nauka, nie ma prawa istnieć.

Kiedy spotkania przy Portobello zaczęły wymykać się spod kontroli, bez końca rozprawialiśmy na temat jej postępowania – dzisiaj cieszę się, że mnie nie posłuchała. Jeżeli istnieje jakiekolwiek pocieszenie w tragedii, jaką jest utrata ukochanej osoby, może nim być jedynie zawsze potrzebna nadzieja, że być może tak było lepiej.

Z tym przekonaniem budzę się i zasypiam. Lepiej, że Atena odeszła, zanim zstąpiła do piekieł tego świata. Nigdy nie odzyskałaby spokoju ducha po wydarzeniach, które sprawiły, że okrzyknięto ją „Czarownicą z Portobello". Reszta jej życia byłaby gorzką konfrontacją własnych marzeń ze zbiorową rzeczywistością. Znając ją dobrze, wiem, że walczyłaby do końca, trwoniąc energię i entuzjazm na próby udowodnienia czegoś, w co nikt, absolutnie nikt nie chciał uwierzyć.

Kto wie? Może szukała śmierci jak rozbitek wyspy? Nieraz musiała błąkać się o świcie po stacjach metra, czekając na napastników, którzy nie przybywali, wędrować po najniebezpieczniejszych dzielnicach Londynu w poszukiwaniu mordercy, który się nie zjawiał.

Aż w końcu dopięła swego – została brutalnie zamordowana. Kto nigdy nie zaznał bólu towarzyszącego nagłej stracie tego, co w naszym życiu najważniejsze? I nie chodzi mi tylko o ludzi, ale także o myśli, plany, marzenia. Udaje się nam dzień, tydzień, czasem kilka lat, lecz ostatecznie jesteśmy nieuchronnie skazani na utratę. Wprawdzie nasze ciało żyje dalej, ale dusza prędzej czy później otrzymuje śmiertelny cios. Zbrodnia doskonała: nie wiemy, kto zamordował naszą radość życia, jaki był motyw morderstwa, ani gdzie są winni.

Czy ci anonimowi winni mają świadomość własnych czynów? Nie sądzę. Ponieważ oni również są ofiarami rzeczywistości, którą stworzyli – bez względu na to, czy są niepewni siebie czy zarozumiali, bezsilni czy wszechmocni.

Nie rozumieją świata Ateny i nigdy nie będą w stanie go zrozumieć. Tak, to doskonale oddaje istotę rzeczy: świat Ateny. Już prawie pogodziłem się z tym, że byłem w jej świecie tylko gościem, jakby korzystając ze specjalnych względów – jak ktoś, kto znalazł się w pięknym pałacu, je najwspanialsze smakołyki pod słońcem, ze świadomością, że to tylko uroczysta okazja, że pałac do niego nie należy, ucztę wydano za cudze pieniądze i o wyznaczonej godzinie światła zgasną, właściciele pójdą spać, służba sprzątnie ze stołów, brama się zamknie i z powrotem znajdziemy się na ulicy, czekając na taksówkę albo na autobus, znowu pogrążeni w szarej codzienności.

Wracam, a raczej pewna część mnie wraca do tego świata, w którym liczy się tylko to, co widzialne, dotykalne i co potrafimy wyjaśnić. Znowu chcę dostawać mandaty za przekroczenie szybkości, słuchać kłótni w sklepie, stałych narzekań na pogodę, chcę oglądać horrory i wyścigi Formuły 1. Oto świat, z którym będę musiał obcować do końca moich dni. Ożenię się, będę

13

miał dzieci, a przeszłość stanie się tylko odległym wspomnieniem. I może tylko czasem będę się dziwił sam sobie, jak mogłem być tak ślepy, tak naiwny?

Wiem również, że w nocy ta druga część mnie będzie się błąkać w przestworzach i obcować z bytami równie realnymi, jak ta oto paczka papierosów i szklaneczka dżinu. Moja dusza spotka się z duszą Ateny, a potem zbudzę się zlany potem, pójdę do kuchni po szklankę wody i uświadomię sobie, że walczyć ze zjawami można tylko bronią, która nie należy do realnego świata. Wreszcie, tak jak radziła moja babka, położę na nocnym stoliku rozwarte nożyczki, które odetną końcówkę snu.

Nazajutrz spojrzę na nożyczki z odrobiną żalu. Muszę jednak znowu przystosować się do tego świata. Inaczej zwariuję.

ANDREA MCCAIN, 32 lata, aktorka teatralna

„Nikomu nikim nie wolno manipulować. W każdym związku dwojga ludzi obie strony są odpowiedzialne za to, co robią, nawet jeśli potem jedna z nich oskarża drugą, że została przez nią wykorzystana".
Tak mawiała Atena, ale sama postępowała dokładnie odwrotnie. Manipulowała mną, wykorzystywała mnie, nie bacząc na moje uczucia. Sprawa jest tym poważniejsza, że chodzi o magię. Ostatecznie była moją mistrzynią, zobowiązaną do przekazywania mi świętych tajemnic, do budzenia nieznanych mocy, które drzemią w każdym z nas. Wypuszczając się na nieznane morza, ślepo ufamy naszym przewodnikom – w przekonaniu, że wiedzą więcej niż my.

No cóż, zapewniam, że nie wiedzą – ani Atena, ani Edda, ani osoby, które dzięki nim poznałam. Mówiła mi, że uczy się sama, w miarę jak naucza innych, i chociaż z początku nie dawałam jej wiary, później miałam okazję się przekonać, że mogła to być prawda. W końcu zdałam sobie sprawę, że była to jedna z jej wielu sztuczek, za pomocą których osłabiała naszą czujność i sprawiała, że ulegaliśmy jej czarowi.

Ludzie, którzy wstępują na ścieżkę duchowych poszukiwań, nie myślą; chcą rezultatów. Chcą poczuć w sobie siłę, wyróżnić się z tłumu. Chcą być wyjątkowi. Atena igrała z cudzymi uczuciami w sposób zatrważający.

O ile wiem, uległa kiedyś wielkiej fascynacji świętą Teresą z Lisieux. Nie interesuje mnie religia katolicka, ale z tego, co słyszałam, Teresa nawiązała pewnego rodzaju mistyczny i fizyczny kontakt z Bogiem. Atena napomknęła kiedyś, że marzy jej się podobny los. Ale wobec tego dlaczego nie wstąpiła do klasztoru, czemu nie poświęciła życia kontemplacji czy służbie ubogim? Byłoby to znacznie pożyteczniejsze dla świata, a przy tym nie tak niebezpieczne jak muzyka i rytuały, służące wprowadzeniu ludzi w trans, który wyzwalał w nich to, co najlepsze, ale i to, co najgorsze.

Spotkałam ją w momencie, kiedy szukałam sensu życia, chociaż zataiłam to przed nią. Od samego początku powinnam była wiedzieć, że Atenę to w zasadzie nie interesuje. Chciała żyć, tańczyć, kochać, podróżować, otaczać się ludźmi, którzy podziwiali jej mądrość, chełpić się swoimi zdolnościami, prowokować sąsiadów, wykorzystywać do maksimum to, co w nas najbardziej przyziemne – ale wszystkim swoim poczynaniom nadawała mistyczną otoczkę.

Ilekroć się spotykaliśmy, czy to podczas magicznych obrzędów, czy w barze, odczuwałam jej moc. Manifestowała się tak wyraźnie, że niemal mogłam jej dotknąć. Na początku uległam fascynacji, chciałam być taka jak ona. Jednak pewnego dnia, w kawiarni, zaczęła mówić o „Trzecim Rytuale", który obejmuje sferę seksualności. Zrobiła to w obecności mojego narzeczonego pod pretekstem udzielenia mi nauki. Tak naprawdę, w moim przekonaniu, chodziło jej o uwiedzenie mężczyzny, którego kochałam.

I, rzecz jasna, udało się jej.

Nie należy źle mówić o zmarłych. Tak czy owak, Atena nie będzie zdawać rachunku sumienia przede mną, tylko przed tymi wszystkimi mocami, którymi posłużyła się wyłącznie dla osiągnięcia prywatnych korzyści, zamiast użyć ich dla dobra ludzkości i własnej sublimacji duchowej.

Ale najgorsze jest to, że wszystko, co razem rozpoczęłyśmy, mogło się powieść, gdyby nie jej ekshibicjonizm. Wystarczyło działać dyskretniej, a spełniłaby się dzisiaj misja, która została nam powierzona. Jednak ona nie znała umiaru. Uważała się za posiadaczkę prawdy, zdolną przekraczać wszystkie bariery za pomocą swych uwodzicielskich sztuczek.

I jaki jest tego skutek? Zostałam sama. A ja nie mogę zatrzymać się w pół drogi – muszę iść do końca, chociaż coraz częściej ogarnia mnie zniechęcenie.

Nie dziwi mnie, że taki ją spotkał koniec – igrała z ogniem. Podobno ekstrawertycy są bardziej nieszczęśliwi niż introwertycy, dlatego muszą ciągle udowadniać przed sobą, że są zadowoleni, radośni, pogodzeni z losem. Przynajmniej w jej przypadku ta charakterystyka jest całkowicie trafna.

Atena miała świadomość własnej charyzmy i zadawała ból wszystkim, którzy ją kochali.

Ze mną włącznie.

DEIDRE O'NEILL, 37 lat, lekarka, znana jako Edda

Jeżeli pewnego dnia zadzwoni do nas nieznajomy mężczyzna, chwilę porozmawia, bez żadnych podtekstów i nie mówiąc niczego wyjątkowego, ale poświęci nam odrobinę uwagi, jaką rzadko kto nam poświęca, to jeszcze tej samej nocy będziemy gotowe pójść z nim do łóżka z miłości. Taka już nasza natura i nie ma w tym nic złego. Serce kobiety z łatwością otwiera się na miłość. Moje serce z taką samą łatwością otworzyło się na spotkanie z Wielką Matką. Miałam wtedy dziewiętnaście lat. Atena też była w tym wieku, kiedy po raz pierwszy weszła w trans poprzez taniec. Ale to jedyne, co nas łączyło – wiek, w którym przeszłyśmy inicjację.

We wszystkim innym różniłyśmy się całkowicie, zwłaszcza jeśli chodzi o podejście do ludzi. Jako jej mistrzyni dawałam z siebie wszystko, żeby pomóc jej w duchowym rozwoju. Jako jej przyjaciółka – choć nie jestem pewna, czy była to przyjaźń odwzajemniona – starałam się ostrzec ją przed faktem, że ludzie jeszcze nie są gotowi na przemiany, które chciała wywołać. Pamiętam, że biłam się z myślami kilka nocy, nim dałam jej wolną rękę i pozwoliłam postępować zgodnie z głosem serca.

Jej wielki problem polegał na tym, że była kobietą XXII wieku, której przyszło żyć w XXI wieku – z czym się zresztą nie kryła. Czy zapłaciła wysoką cenę? Bez wątpienia. Ale zapłaciłaby dużo więcej, gdyby tłumiła kipiącą w niej energię. Stałaby się zgorzkniała, sfrustrowana, stale przejmowałaby się owym „co ludzie powiedzą", wciąż powtarzałaby „najpierw pozałatwiam to, co ważne, a potem pomyślę o realizacji własnych marzeń", ciągle narzekałaby, że „jeszcze nie teraz, bo ciągle stoi coś na przeszkodzie".

Wszyscy szukamy idealnego mistrza. Ale choć mistrz głosi boskie nauki, sam jest na wskroś człowiekiem – i właśnie to najtrudniej zaakceptować. Nie należy mylić nauczyciela z lekcją, rytuału z ekstazą, przekaźnika symbolu z samym symbolem. Tradycja duchowa ma związek z naszym obcowaniem z siłami życia, a nie z ludźmi, którzy to umożliwiają. Jesteśmy słabi. Prosimy Wielką Matkę o przewodników, podczas gdy ona wysyła nam jedynie wskazówki, jaką drogą powinniśmy podążyć.

Biada temu, kto zamiast wolności szuka pasterza! Spotkanie z wyższą energią leży w zasięgu każdego, ale ci, którzy zrzucają odpowiedzialność na innych, są od niego bardzo daleko. Nasz czas na tej ziemi jest święty, dlatego powinniśmy celebrować każdą chwilę.

O tym zupełnie się zapomina. Święta religijne to dziś jedynie okazja, by pójść na plażę, do parku, czy wyjechać na narty. Rytuały już nie istnieją. Z codziennych czynności nie czynimy świętych obrzędów. Gotujemy, utyskując, że to strata czasu, a przecież moglibyśmy wkładać miłość w przygotowanie każdego posiłku. Pracujemy z przeświadczeniem, że to klątwa bogów, a powinniśmy tak wykorzystywać nasze talenty, aby z nich czerpać przyjemność i pomnażać energię Wielkiej Matki.

Atena wydobyła na światło dzienne przebogaty świat, który wszyscy nosimy w duszy, jednak zignorowała fakt, że ludzie jeszcze nie dojrzeli do tego, aby uświadomić sobie własną moc.

Kiedy my, kobiety, szukamy sensu życia lub drogi poznania, najczęściej utożsamiamy się z jednym z czterech archetypów.

Dziewica (co w tym przypadku nie odnosi się do sfery seksualnej) to ta, która w swych poszukiwaniach dąży do całkowitej niezależności, a wszystko, czego się uczy, jest owocem jej zdolności do stawiania samotnie czoła wyzwaniom.

Męczennica znajduje drogę do samopoznania w bólu, cierpieniu i poświęceniu.

Święta odnajduje siebie w bezgranicznej miłości – w tym, że potrafi dawać, nie oczekując niczego w zamian.

I wreszcie Czarownica, która odnajduje sens swego istnienia zarówno w duchowej, jak i zmysłowej rozkoszy.

Zwykle kobieta wybiera jeden spośród tych tradycyjnych archetypów, ale Atena była wszystkimi czterema równocześnie.

Oczywiście możemy tłumaczyć jej zachowanie tym, że każdy, kto wpada w trans lub ekstazę, traci kontakt z rzeczywistością. Ale to nieprawda: świat fizyczny i świat duchowy są jednym i tym samym. Dostrzegamy boskość w drobinie kurzu, co jednak nam nie przeszkadza zetrzeć go wilgotną ścierką. Boskość nie znika, przemienia się jedynie w czystą powierzchnię.

Atena powinna była działać ostrożniej. Kiedy rozmyślam o życiu i śmierci mojej uczennicy, wydaje mi się, że sama powinnam zmienić swoje postępowanie.

LELLA ZAINAB, 64 lata, numerolog

Atena? Ciekawe imię. Zobaczmy... Jej liczba Maksymalna to dziewiątka. Towarzyska, optymistycznie nastawiona do życia, wyróżnia się w tłumie. Ludzie szukają u niej zrozumienia, współczucia, szlachetności, dlatego powinna bardzo uważać, bo popularność może jej przewrócić w głowie, przez co więcej straci, niż zyska. Powinna również bardziej ważyć słowa, bo ma skłonność mówić więcej, niż nakazuje zdrowy rozsądek.

Jej liczba Minimalna to jedenastka. Wydaje się, że chce przewodzić. Interesuje się sferą mistyczną. Za jej pomocą stara się zaprowadzić harmonię wśród ludzi, którzy ją otaczają.

Jednak tu widzę sprzeczność z liczbą Dziewięć, która jest sumą dnia, miesiąca i roku jej narodzin, zredukowanych do jednej cyfry. Zawsze będzie podatna na zazdrość, smutek, skrytość i uleganie emocjom. Musi uważać na negatywne wibracje, takie jak nadmierna ambicja, nietolerancja, nadużywanie władzy, ekstrawagancja.

Z uwagi na tę sprzeczność powinna poświęcić się dziedzinie, która nie wymaga emocjonalnego kontaktu z ludźmi, na przykład informatyce lub architekturze.

Nie żyje? Bardzo mi przykro. A czym się zajmowała?

Czym się Atena właściwie zajmowała? Wszystkim po trochu. Gdybym miał podsumować jej życie, powiedziałbym: była kapłanką, która rozumiała siły natury. Albo może lepiej: była kimś, kto przez prosty fakt, że nie może zbyt wiele oczekiwać od życia, ani nie ma zbyt wiele do stracenia, zaryzykował więcej niż inni i ostatecznie przeistoczył się w potężne siły, nad którymi, jak sądził, jest w stanie zapanować.

Była kasjerką w supermarkecie, urzędniczką w banku, pośredniczką w handlu nieruchomościami, i w każdym z tych wcieleń dawała wyraz kapłaństwu, które w sobie nosiła. Znałem ją osiem lat i jestem jej to winien: przywołać pamięć o niej i oddać prawdę o jej tożsamości.

Podczas zbierania tych zeznań najtrudniej było mi nakłonić ludzi, żeby wystąpili pod własnym nazwiskiem. Jedni nie chcieli być zamieszani w taką historię, inni starali się zataić swoje opinie i uczucia. Tłumaczyłem, że moim prawdziwym zamiarem jest sprawić, aby wszyscy związani ze sprawą ludzie lepiej ją zrozumieli, anonimowe zeznania nie są zaś wiarygodne.

W końcu wszyscy się zgodzili, ponieważ każdy z moich rozmówców uważał, że zna jedyną i ostateczną wersję każdego, nawet najbardziej błahego zdarzenia. Podczas nagrywania zeznań przekonałem się, że nic nie jest bezsporne i ostateczne – wszystko zależy od indywidualnej percepcji. A często najlepszy sposób, by dowiedzieć się, kim jesteśmy, to zobaczyć, jak widzą nas inni.

To nie znaczy, że powinniśmy robić to, czego się od nas oczekuje, jednak dobrze jest zrozumieć siebie samych. Byłem to winien Atenie. Przywołać jej historię. Utrwalić jej mit.

SAMIRA R. KHALIL, 57 lat, gospodyni domowa, matka Ateny

Proszę jej nie nazywać Ateną. Ma na imię Szirin. Szirin Khalil. Kochana, upragniona córka, którą obydwoje, ja i mój mąż, chcieliśmy sami spłodzić!

Nie było jednak nam to pisane – tam, gdzie los jest dla nas zbyt łaskawy, zwykle pojawia się otchłań, w którą w każdej chwili mogą runąć wszystkie marzenia.

Mieszkaliśmy w Bejrucie w czasach, kiedy miasto uznawano za perłę Bliskiego Wschodu. Mój mąż był dobrze sytuowanym przedsiębiorcą, pobraliśmy się z miłości, co roku podróżowaliśmy po Europie, mieliśmy wielu przyjaciół, zapraszano nas na ważne spotkania towarzyskie. Kiedyś gościłam u siebie prezydenta Stanów Zjednoczonych, wyobraża pan sobie? Trzy niezapomniane dni. Przez dwa pierwsze amerykańscy tajni agenci przeszukiwali wszystkie zakamarki naszego domu – zresztą już od miesiąca kręcili się po dzielnicy, zajmowali strategiczne pozycje, wynajmowali mieszkania po sąsiedzku, przebierali się za żebraków lub zakochane pary. No i potem ten jeden dzień – a właściwie dwie godziny – wielkiego święta. Nie zapomnę zazdrości w oczach znajomych ani radości, kiedy robili nam zdjęcia z najpotężniejszym człowiekiem na świecie.

Mieliśmy wszystko oprócz tego, czego pragnęliśmy najbardziej: dziecka. Dlatego nie mieliśmy nic.

Próbowaliśmy wszystkiego. Składaliśmy śluby, pielgrzymowaliśmy do miejsc świętych, radziliśmy się lekarzy i cudotwórców, braliśmy leki, piliśmy magiczne eliksiry. Dwukrotnie poddawałam się sztucznemu zapłodnieniu i dwukrotnie poroniłam. Za drugim razem wycięto mi lewy jajnik, a potem już żaden lekarz nie chciał podjąć się kolejnych eksperymentów.

Wtedy jeden z naszych przyjaciół, który wiedział o naszych kłopotach, zaproponował jedyne możliwe rozwiązanie: adopcję. Mówił, że ma dobre kontakty w Rumunii i że cała procedura nie potrwa długo.

Miesiąc później wsiedliśmy w samolot. Nasz znajomy prowadził ważne interesy z tym dyktatorem, który rządził wtedy Rumunią – nie pamiętam jego nazwiska *(N. R.: Nicolae Ceaucescu)*, dzięki czemu mogliśmy uniknąć wielu biurokratycznych formalności. Od razu pojechaliśmy do ośrodka adopcyjnego w Sibiu, w Transylwanii, gdzie przyjęto nas z wielkimi honorami. Po podpisaniu wszystkich stosownych dokumentów pozostało tylko wybrać dziecko.

Weszliśmy do sali dla niemowląt, gdzie panował przeraźliwy chłód. Jak można było trzymać biedne maleństwa w takich okropnych warunkach! W pierwszym odruchu chciałam wszystkie przygarnąć, zabrać je do Libanu, kraju słońca i wolności, ale to był oczywiście nierealny pomysł. Chodziliśmy między łóżeczkami, słysząc zewsząd płacz. Konieczność podjęcia bodaj najważniejszej decyzji w życiu działała paraliżująco.

Przez ponad godzinę ani ja, ani mój mąż nie odezwaliśmy się słowem. Wyszliśmy, wypiliśmy kawę, wypaliliśmy po papierosie, wróciliśmy do sali – i tak kilka razy. Kobieta odpowiedzialna za adopcje zaczynała się już niecierpliwić, musiałam więc niezwłocznie podjąć decyzję. Wtedy, wiedziona jakimś instynktem, który ośmieliłabym się nazwać macierzyńskim, wskazałam na jedną z dziewczynek – tak jakbym znalazła dziecko, które musiało w tym wcieleniu być moje, mimo że wydało je na świat inne łono.

Pracownica sierocińca radziła się jeszcze zastanowić. A przecież chwilę wcześniej wyraźnie się niecierpliwiła! Ale ja byłam pewna. Mimo to, z całą delikatnością, starając się nie zranić moich uczuć (sądziła, że mamy kontakty z prominentami rumuńskiego rządu), szepnęła, tak żeby nie usłyszał tego mój mąż:

– Nic dobrego z tego nie wyniknie. To dziecko Cyganki.

Odparłam, że nie można przekazać kultury w genach – niemowlę, które miało zaledwie trzy miesiące, będzie córką moją i mojego męża, wychowaną według naszych obyczajów. Pozna kościół maronicki, libańskie plaże, będzie czytać książki po francusku i uczyć się w szkole amerykańskiej w Bejrucie. Zresztą nie miałam bladego pojęcia o kulturze cygańskiej – i nadal nie mam. Wiem tylko, że przenoszą się z miejsca na miejsce, rzadko się myją, oszukują i noszą kolczyki w uszach. Krążą opowieści, że porywają dzieci, żeby wychowywać je w swoich taborach. Ale teraz sytuacja przedstawiała się inaczej: to oni porzucili dziecko, a ja miałam podjąć się jego wychowania.

Kobieta próbowała mnie jeszcze odwieść od mojego postanowienia, ale już podpisywałam dokumenty, ponaglając męża, żeby zrobił to samo. Kiedy wracaliśmy do Bejrutu, świat wydawał się odmieniony: Bóg dał mi cel w życiu, bodziec do pracy i do walki na tym padole łez. Mieliśmy upragnione dziecko, które nadawało sens wszystkim naszym wysiłkom.

Szirin stawała się coraz mądrzejsza i coraz piękniejsza – wiem, że mówią tak wszyscy rodzice, ale naprawdę była wyjątkowym dzieckiem. Pewnego dnia – miała wtedy chyba pięć lat – jeden z moich braci powiedział, że gdyby kiedyś zechciała pracować na Zachodzie, jej imię zawsze zdradzi jej pochodzenie. Radził, żeby je zmienić na takie, które nie powie nic o jej korzeniach, na przykład Atena. Oczywiście wiem, że to nazwa stolicy państwa, a także imię bogini mądrości i słusznej wojny.

Może mój brat wiedział, co mówi, może był także świadomy problemów, jakie w przyszłości mogło ściągnąć na jej głowę arabskie imię. W końcu, jak cała nasza rodzina, zajmował się polityką. Chciał chronić siostrzenicę przed czarnymi chmurami, które on, ale tylko on, potrafił dostrzec na horyzoncie. Najdziwniejsze było to, że Szirin spodobało się nowe imię. Tego samego wieczora zaczęła nazywać siebie samą Ateną i nikt już nie był w stanie wybić jej tego z głowy. Żeby sprawić jej przyjemność, i my zaczęliśmy tak się do niej zwracać, sądząc, że wkrótce jej przejdzie. Jednak mijały kolejne lata, a nowe imię przylgnęło do niej na dobre. Czy imię może wpłynąć na czyjeś życie?

Od wczesnego dzieciństwa zauważyliśmy u niej silne przywiązanie do religii. Spędzała mnóstwo czasu w kościele, znała na pamięć ewangelię. Miało to zarówno dobre, jak i złe strony. Ponieważ żyliśmy w kraju w coraz większym stopniu targanym przez konflikty na tle wyznaniowym, lękałam się o bezpieczeństwo córki.

W owym czasie Szirin zaczęła snuć opowieści o swych niewidzialnych przyjaciołach – aniołach i świętych, których wizerunki oglądała w kościele. Wszystkie dzieci miewają takie fantazje, ale z czasem zapominają o nich. Często również traktują lalki czy pluszowe misie jak żywe stworzenia. Jednak kiedy pewnego dnia przyszłam po nią do szkoły, a ona oznajmiła mi, że widziała „kobietę w bieli, podobną do Matki Boskiej", uznałam, że to już przesada.

Oczywiście wierzę w anioły. Wierzę nawet, że anioły rozmawiają z małymi dziećmi, ale kiedy ukazują im się dorosłe postaci, sprawa staje się poważniejsza. Wiele czytałam o przeróżnych wiejskich pastuszkach, którzy rzekomo widzieli kobietę w bieli. Najczęściej rujnowało im to życie, bo najpierw ludzie gromadzili się wokół nich, licząc na cud, potem w sprawę angażowali się księża, wioska przekształcała się w miejsce kultu, a biedne dziecko lądowało w klasztorze. Dlatego tak bardzo się przejęłam. Szirin w tym wieku powinna interesować się bardziej makijażem, malować paznokcie, oglądać mydlane opery albo dziecięce programy w telewizji. Coś z moją córką było nie tak, poszłam więc do specjalisty.

– Nie ma powodu do paniki – uspokajał psycholog dziecięcy. Podobnie jak większość specjalistów w tej dziedzinie uważał niewidzialnych przyjaciół za swoistą projekcję marzeń, które pomagają dziecku odkrywać własne pragnienia i wyrażać uczucia. – I nie ma w tym nic niepokojącego – zakończył.

– Ale dlaczego kobieta w bieli?

Odparł, że być może Szirin nie rozumie naszego sposobu postrzegania lub tłumaczenia świata. Radził stopniowo przygotowywać ją do myśli, że została adoptowana. Zdaniem specjalisty najgorzej byłoby, gdyby odkryła prawdę na własną rękę – mogłaby wówczas zwątpić we wszystko i zacząć zachowywać się w sposób nieprzewidywalny.

Od tamtej pory rozmawialiśmy z nią inaczej. Nie wiem, jak wiele człowiek pamięta z okresu niemowlęctwa. Na wszelki wypadek staraliśmy się jej okazać jak najwięcej miłości, przekonać ją, że nie musi szukać ucieczki w świecie wyobraźni. Musiała uwierzyć, że świat, który ją otacza, jest najwspanialszym ze światów, że jej rodzice ochronią ją przed każdym niebezpieczeństwem. Bejrut był piękny, a pełne ludzi plaże zawsze skąpane w słońcu. O „kobiecie w bieli" nigdy nie wspominałam, za to spędzałam więcej czasu z córką, zapraszałam do nas jej szkolnych kolegów i koleżanki. Nie przegapiłam żadnej sposobności, żeby okazać jej czułość.

Ta strategia poskutkowała. Mój mąż dużo podróżował, a kiedy go nie było, Szirin bardzo za nim tęskniła. Dlatego postanowił zmienić trochę styl życia. Teraz, zamiast w samotności rozmawiać z niewidzialnymi przyjaciółmi, Szirin spędzała sporo czasu na zabawach ze mną i z ojcem.

Wszystko szło dobrze do momentu, gdy pewnej nocy przybiegła z płaczem do mojego łóżka. Była roztrzęsiona, mówiła, że zbliża się piekło.

Byłyśmy w domu same. Mąż znowu musiał wyjechać, sądziłam więc, że to jest właśnie powodem jej rozpaczy. Ale piekło? Czego oni uczą w szkole, co opowiadają dzieciom w kościele? Postanowiłam nazajutrz rozmówić się z jej wychowawczynią. Szirin nie przestawała płakać. Podeszłyśmy do okna. Była pełnia. Morze Śródziemne lśniło w poświacie księżyca. Zapewniłam, że demony nie istnieją, że istnieją tylko gwiazdy na niebie i ludzie przechadzający się po bulwarze przed naszym domem. Tłumaczyłam, że nie ma się czego bać, że nie ma czym się zamartwiać, ale ciągle łkała i drżała ze strachu. Nie mogłam rozwiać jej obaw i po pół godzinie zaczęłam się niepokoić. Poprosiłam, aby przestała, bo już nie jest dzieckiem. Przyszło mi do głowy, że może to pierwsza menstruacja i delikatnie spytałam, czy zauważyła krew.

– Bardzo dużo krwi.

Wzięłam trochę waty i kazałam się jej położyć, żebym mogła opatrzyć jej „ranę". To nic wielkiego, mówiłam, wszystko ci wytłumaczę. Ale wcale nie krwawiła. W końcu, wyczerpana płaczem, usnęła.

A następnego dnia rano popłynęła krew.

Zamordowano cztery osoby. Dla mnie była to tylko kolejna z odwiecznych bratobójczych walk, do których mój naród zdążył przywyknąć. Dla Szirin najwyraźniej nic to nie znaczyło, bo ani słowem nie wspomniała o swoim sennym koszmarze z poprzedniej nocy.

Od tej chwili piekło było coraz bliżej. I trwa do dzisiaj. Jeszcze tego samego dnia, w odwecie za śmierć tamtej czwórki, zabito w autobusie dwudziestu sześciu Palestyńczyków. Dwadzieścia cztery godziny później nie można było wyjść na ulicę, bo zewsząd dobiegały odgłosy strzelaniny. Zamknięto szkoły, jedna z nauczycielek pośpiesznie odstawiła Szirin do domu. Z minuty na minutę sytuacja pogarszała się. Mąż przerwał podróż. Wrócił do domu i całymi dniami wydzwaniał do znajomych z rządu, ale od nikogo nie usłyszał niczego sensownego. Szirin musiała słyszeć strzały na ulicy i krzyki ojca, ale – ku mojemu zaskoczeniu – milczała jak zaklęta. Tłumaczyłam jej, że to przejściowe, że wkrótce znowu pójdziemy na plażę, ale odwracała wzrok i prosiła, żeby dać jej jakąś książkę albo puścić płytę. Dookoła szalało piekło, a Szirin czytała i słuchała muzyki.

Wolałabym już o tym nie opowiadać, dobrze? Nie chcę nawet myśleć o pogróżkach, które otrzymywaliśmy, o tym, po czyjej stronie była racja, kto był winny, a kto niewinny. Kilka miesięcy później chcąc w Bejrucie przejść bezpiecznie na drugą stronę ulicy, należało wsiąść na statek, dopłynąć na Cypr i przesiąść się na inny statek, żeby ostatecznie zawinąć do brzegu po drugiej stronie ulicy.

Prawie przez rok praktycznie nie wychodziliśmy z domu, ciągle mając nadzieję, że lada dzień wszystko się uspokoi, że to przejściowe, że w końcu rząd opanuje sytuację. Pewnego ranka Szirin włączyła muzykę na swoim małym przenośnym magnetofonie, wykonała kilka kroków tanecznych i zaczęła powtarzać w kółko: „To potrwa bardzo, bardzo długo".

Chciałam ją uciszyć, ale mąż powstrzymał mnie – spostrzegłam, że słucha dziewczynki z uwagą i traktuje jej słowa serio. Do dziś nie wiem dlaczego i nigdy o tym nie rozmawiamy; to między nami temat tabu.

Następnego dnia niespodziewanie podjął konieczne kroki i po upływie dwóch tygodni płynęliśmy już statkiem do Londynu. Dowiedzieliśmy się później, że według szacunkowych danych, podczas dwóch lat wojny domowej zginęło około 44 tysięcy ludzi, 180 tysięcy zostało rannych, a setki tysięcy straciły dach nad głową. Wynajdowano wciąż nowe preteksty do walk, kraj znalazł się pod okupacją obcych wojsk i piekło trwa do dzisiaj.

„To potrwa bardzo, bardzo długo", mówiła Szirin. Mój Boże, niestety miała rację.

LUKÁS JESSEN-PETERSEN, 32 lata, architekt, były mąż

Kiedy poznałem Atenę, wiedziała już, że została adoptowana. Miała dziewiętnaście lat i była gotowa wszcząć awanturę w uniwersyteckiej stołówce, bo jakaś dziewczyna, sądząc, że Atena jest rodowitą Angielką (miała jasną karnację, proste włosy i raz szare, raz zielone oczy), powiedziała coś obraźliwego na temat Bliskiego Wschodu. Był pierwszy dzień roku akademickiego. Grupa była nowa, nic o sobie nie wiedzieli. Niewiele myśląc, Atena zerwała się i chwyciła dziewczynę za kark.
– Obrzydliwa rasistka! – wrzeszczała jak opętana.
Zobaczyłem przerażenie w oczach zaatakowanej dziewczyny i podekscytowane spojrzenia pozostałych studentów, czekających niecierpliwie na dalszy rozwój wypadków. Byłem na drugim roku, toteż wiedziałem, czym to pachnie: wezwaniem do rektora, naganą, groźbą wydalenia z uczelni, może nawet policyjnym dochodzeniem w sprawie rasizmu. Na wszystkich źle by się to odbiło.
– Zamknij się! – wrzasnąłem odruchowo.
Nie znałem żadnej z nich. Nie jestem zbawcą świata, mówiąc szczerze, jak każdy młody człowiek, zdarzało mi się brać udział w takich awanturach, ale tym razem wyglądało to poważnie.
– Przestań! – krzyknąłem do pięknej dziewczyny, która ściskała za szyję tą drugą, równie piękną. Spiorunowała mnie wzrokiem. I nagle coś się zmieniło. Uśmiechnęła się, choć nie puszczała przeciwniczki.

– Zapomniałeś dodać: „proszę".

Wszyscy wybuchnęli śmiechem.

– Przestań – powtórzyłem. – Proszę.

Puściła dziewczynę i ruszyła w moim kierunku. Wszystkie głowy obróciły się w ślad za nią.

– Masz dobre maniery. A masz może papierosa?

Wyciągnąłem paczkę i wyszliśmy na dwór zapalić. Przed chwilą wściekła, teraz zachowywała się jak gdyby nigdy nic, śmiała się, narzekała na pogodę, wypytywała, czy lubię jakiś zespół muzyczny. Usłyszałem dzwonek wzywający na zajęcia i zlekceważyłem to, co przez całe życie mi wpajano: przestrzeganie dyscypliny. Rozmawialiśmy w najlepsze, tak jakby wszystko dookoła przestało istnieć: uniwersytet, kłótnie, stołówka, wiatr, chłód i słońce. Liczyła się tylko ta szarooka kobieta, która mówiła rzeczy całkowicie błahe, a jednak chciałem słuchać jej do końca życia.

Dwie godziny później jedliśmy razem obiad. Siedem godzin później siedzieliśmy na kolacji w barze, jedząc i pijąc to, na co nam pozwalał nasz skromny budżet. Nasza rozmowa stawała się coraz bardziej osobista i wkrótce znałem praktycznie całe jej życie. Bez żadnej zachęty z mojej strony Atena zwierzała mi się ze szczegółami ze swojego dzieciństwa i z wczesnej młodości. Później przekonałem się, że tak się zachowuje wobec wszystkich, ale tamtego dnia czułem się wybrańcem, najbardziej wyjątkowym mężczyzną na ziemi.

Do Londynu przyjechała z rodzicami po wybuchu wojny domowej w Libanie. Jej ojcu, maronicie *(N. R.: odłam Kościoła katolickiego, który uznaje zwierzchnictwo Rzymu, ale nie wymaga od księży celibatu i wykorzystuje liturgię wschodnią i prawosławną)*, groziła śmierć za współpracę z rządem, mimo to długo nie mógł się zdecydować na opuszczenie ojczyzny. W końcu Atena, podsłuchawszy jego rozmowę telefoniczną, uznała, że pora dorosnąć, wziąć na siebie obowiązki córki i ratować ludzi, których kocha.

31

Wykonała przed ojcem swój dziwaczny taniec. Udając, że wpada w trans (wyczytała o tym z żywotów świętych przerabianych w szkole), zaczęła opowiadać niestworzone rzeczy. Nie wiem, jak to się dzieje, że dziecięce urojenia wpływają na dorosłych i podejmowane przez nich decyzje, ale jak zapewniała Atena, tak właśnie się stało – jej ojciec wierzył w przesądy, a ona była absolutnie przekonana, że ratuje życie rodzinie.

Przybyli do Londynu jako uchodźcy, ale nie żebracy. Libańska społeczność jest rozsiana po całym świecie, ojciec wkrótce zaczął prowadzić tu interesy i życie toczyło się dalej. Atena uczęszczała do dobrych szkół, chodziła na lekcje tańca, który był jej pasją, a po maturze postanowiła studiować architekturę.

Pewnego dnia rodzice zaprosili ją do jednej z najdroższych restauracji w Londynie i bardzo taktownie wyjawili, że została adoptowana. Udała zaskoczenie, uściskała ich, zapewniając, że nie ma to najmniejszego wpływu na ich wzajemne uczucia.

Prawda jest taka, że nie było to dla niej nowiną. Kiedyś pewien znajomy rodziny w przypływie gniewu nazwał ją „niewdzięczną sierotą", która nie potrafi się zachować, bo w jej żyłach płynie „zła krew" jej prawdziwych rodziców. Cisnęła w niego popielniczką. Przez dwa dni płakała w ukryciu, ale szybko pogodziła się z tą myślą. A owemu znajomemu została blizna na twarzy, pamiątka, jak zwykł wszystkim tłumaczyć, ulicznej bójki.

Próbowałem umówić się z nią na następny dzień. Otwarcie wyznała, że jest dziewicą, że chodzi w niedzielę do kościoła i romantyczne powieści jej nie interesują – woli czytać wszystko, co dotyczy sytuacji na Bliskim Wschodzie.

A więc była zajęta. Bardzo zajęta.

– Ludzie sądzą, że jedynym marzeniem kobiety jest wyjść za mąż i mieć dzieci. Z tego, co ci opowiadałam, pewnie myślisz, że wiele w życiu przeszłam. To nieprawda, zresztą znam tę bajkę. Niejeden mężczyzna próbował zbliżyć się do mnie, gotów „chronić mnie"

przed okrutnym światem. A przecież od czasów staro-
żytnych wojownicy zawsze wracali z pola walki albo
martwi na tarczach, albo silniejsi mimo lub z powodu
odniesionych ran. Powiem tak: od urodzenia moja dola
to pole walki, ale wciąż żyję i nie potrzebuję nikogo, kto
by mnie chronił.

Na chwilę zamilkła.

– Widzisz, jaka jestem mądra?

– Bardzo. Ale kiedy atakujesz kogoś słabszego
od siebie, dajesz dowód na to, że naprawdę potrzebujesz
opieki. Przez tę awanturę mogłaś wylecieć z uczelni.

– Masz rację. Przyjmuję zaproszenie.

Od tego dnia zaczęliśmy regularnie się spotykać,
a im lepiej ją poznawałem, tym bardziej odkrywałem
własne światło – bo zachęcała mnie, bym nieustannie
dawał z siebie to, co najlepsze. Nie czytała książek
o magii czy ezoteryce. Mówiła, że to szatańskie wymy-
sły i że jedyny ratunek jest w Chrystusie, koniec, krop-
ka. Ale to, co czasami opowiadała, miało chyba niewiele wspólnego z nauką Kościoła:

– Chrystus otaczał się żebrakami, prostytutkami,
poborcami podatkowymi, rybakami. Myślę, że chciał
przez to pokazać, że w każdej duszy jest iskra boża,
która nigdy nie gaśnie. Kiedy się uspokajam, albo kiedy jestem ogromnie wzburzona, czuję, że wibruję razem
z całym wszechświatem. I poznaję wtedy rzeczy dotychczas nieznane – jakby sam Bóg kierował moimi kroka-
mi. Są chwile, kiedy czuję, że spadają mi z oczu wszystkie zasłony.

I zaraz się poprawiała:

– To nieprawda!

Atena żyła zawsze na styku dwóch światów: między
tym, co uważała za prawdę, a tym, do czego przywiodła
ją jej wiara.

Mijał już pierwszy semestr obliczeń konstrukcyjnych
i badań nad wytrzymałością materiałów, kiedy oznajmiła, że rzuca studia.

– Dlaczego ze mną tego nie omówiłaś?!

– Bałam się rozmawiać o tym z samą sobą. Ale byłam dzisiaj u mojej fryzjerki. Harowała dniami i nocami, żeby jej córka mogła ukończyć socjologię. Córka zdobyła dyplom i po długich miesiącach pukania do wielu drzwi wreszcie dostała posadę sekretarki w cementowni. Mimo to moja fryzjerka powtórzyła dzisiaj z niesłychaną dumą: „Moja córka ma dyplom!". Większość znajomych moich rodziców i większość dzieci znajomych moich rodziców ma dyplom, co wcale nie znaczy, że znaleźli pracę, o jakiej marzyli, wcale nie! Kończyli studia tylko dlatego, że w czasach kiedy uniwersytety cieszyły się wielką renomą, ktoś orzekł, że człowiek, który chce się wybić, musi je skończyć. A skutkiem jest brak znakomitych ogrodników, piekarzy, antykwariuszy, murarzy, pisarzy.

Poprosiłem, żeby się jeszcze zastanowiła przed podjęciem tak ważnej decyzji, a ona w odpowiedzi zacytowała mi wiersz Roberta Frosta:

Zdarzyło mi się niegdyś ujrzeć w lesie rano
Dwie drogi, pojechałem tą mniej uczęszczaną.
Reszta wzięła się z tego, że to ją wybrałem.

Następnego dnia nie pojawiła się na zajęciach. Kiedy się spotkaliśmy, spytałem o jej plany na przyszłość.

– Chcę wyjść za mąż. I urodzić dziecko.

Nie było to ultimatum. Miałem dwadzieścia lat, ona dziewiętnaście. Uważałem, że jest jeszcze zbyt wcześnie na tak poważne zobowiązania.

Ale Atena nie żartowała. Musiałem więc wybierać między utratą jedynej rzeczy, jaka naprawdę zaprzątała mój umysł – miłości do tej kobiety – a utratą wolności i wszystkich możliwości, jakie oferowała mi przyszłość.

Szczerze mówiąc, wybór wcale nie był trudny.

OJCIEC GIANCARLO FONTANA, 72 lata

Oczywiście zaskoczył mnie widok tej jeszcze bardzo
młodej pary. Przyszli do kościoła, aby zamówić ceremo-
nię ślubną. Lukása Jessena-Petersena ledwie znałem,
ale tego samego dnia dowiedziałem się, że jego rodzina – potomkowie jakiegoś duńskiego arystokratyczne-
go rodu – była zdecydowanie przeciwna temu związko-
wi. Przeciwna nie tylko małżeństwu, ale i Kościołowi.

Jego ojciec, powołując się na niepodważalne argu-
menty naukowe, twierdził, że Biblia, na której opiera się
religia, w istocie nie jest książką, lecz zlepkiem sześćdziesięciu sześciu różnych rękopisów nieznanego autorstwa. Od powstania pierwszego do ostatniego rękopisu
musiało minąć prawie tysiąc lat, a więc więcej niż
od odkrycia Ameryki przez Kolumba do naszych czasów. I żadne stworzenie na ziemi – od małp po ptaki
– nie potrzebuje dziesięciorga przykazań, aby wiedzieć,
jak postępować. Trzeba jedynie przestrzegać praw natury, a na świecie zapanuje harmonia.

Oczywiście czytam Pismo Święte. Znam też trochę
jego historię. Stąd wiem, że ludzie, którzy je spisali, byli narzędziami Boskiej Mocy, a Jezus wykuł przymierze
znacznie silniejsze niż dziesięcioro przykazań: miłość.
Ptaki, małpy, każde boskie stworzenie, wszystkie słu-
chają głosu instynktu i wypełniają tylko to, co zostało
w nich zaprogramowane. W przypadku człowieka sprawy się komplikują, zna on bowiem miłość i jej pułapki.

No i proszę! Znów wygłaszam kazanie, chociaż miałem opowiadać o spotkaniu z Ateną i Lukásem. Z rozmowy z młodym człowiekiem – a ośmielam się o tym mówić, ponieważ nie jesteśmy tego samego wyznania i nie wiąże mnie tajemnica spowiedzi – dowiedziałem się, że pomijając panujący w jego domu antyklerykalizm, rodzina z niechęcią odnosi się do pomysłu małżeństwa, ponieważ Atena jest cudzoziemką. Korci mnie, żeby zacytować przynajmniej jeden fragment Biblii, który nie odwołuje się do wiary, tylko do zdrowego rozsądku: *Nie będziesz się brzydził Edomitą, bo jest twoim bratem, ani Egipcjaninem, bo przybyszem byłeś w jego kraju.*

Przepraszam. Obiecuję, że nie będę już więcej cytował Biblii. Po rozmowie z Lukásem spędziłem co najmniej dwie godziny z Szirin – lub Ateną, jak wolała, by ją nazywać.

Ta młoda kobieta zawsze mnie intrygowała. Od dnia, kiedy po raz pierwszy pojawiła się u mnie w kościele, odnosiłem wrażenie, że ma w głowie bardzo konkretny plan: zostać świętą. Powiedziała mi – o czym jej narzeczony nie wiedział – że tuż przed wybuchem wojny domowej w Bejrucie miała wizję bardzo podobną do wizji świętej Teresy z Lisieux: widziała spływające krwią ulice. Można to przypisać dziecięcej traumie, jednak pozostaje faktem, że takie doświadczenie, znane jako „pragnienie świętości", na większą lub mniejszą skalę bywa udziałem każdego człowieka. Nagle, przez ułamek sekundy czujemy, że całe nasze życie ma sens, że grzechy zostały nam odpuszczone, że miłość jest najpotężniejszą siłą zdolną nas na zawsze odmienić.

Jednak w tym samym momencie odczuwamy lęk. Całkowite oddanie się miłości, czy to boskiej, czy ludzkiej, oznacza wyrzeczenie się wszystkiego – nawet własnego dobra i prawa do podejmowania decyzji. Oznacza miłość w najgłębszym znaczeniu tego słowa. Tak naprawdę nie chcemy zbawienia w sposób, jaki wybrał dla nas Bóg: chcemy zachować całkowitą kontrolę nad wszystkimi naszymi poczynaniami, podejmować decyzje z pełną świadomością, móc samodzielnie wybierać obiekt naszego oddania.

Z miłością jest inaczej – zjawia się niespodziewanie i z miejsca podporządkowuje sobie wszystko. Tylko najsilniejsze dusze pozwalają się ponieść fali miłości, a Atena do nich należała.

Była tak silna, że spędzała długie godziny pogrążona w kontemplacji. Miała wyjątkowy talent muzyczny. Podobno znakomicie tańczyła, ale że kościół to nie miejsce na tańce, każdego ranka, przed zajęciami na uniwersytecie, przychodziła z gitarą, by śpiewać Matce Boskiej.

Pamiętam dzień, w którym usłyszałem jej śpiew po raz pierwszy. Wyszedłem już z kościoła po porannej mszy dla tych nielicznych parafian, którzy gotowi są wstać o świcie, bez względu na porę roku. Nagle uzmysłowiłem sobie, że nie zabrałem pieniędzy wrzuconych przez wiernych do puszki ofiarnej. Wróciłem więc do środka, a wtedy usłyszałem muzykę, która sprawiła, że wszystko ukazało mi się w innym świetle, jakby za muśnięciem anielskiego skrzydła. W bocznej nawie siedziała na oko dwudziestoletnia dziewczyna, jakby w ekstazie, z oczyma utkwionymi w figurze Matki Boskiej, i akompaniując sobie na gitarze, śpiewała pieśń pochwalną.

Podszedłem do puszki ofiarnej. Zauważyła moją obecność i przerwała, ale skinieniem głowy dałem jej znak, żeby się mną nie przejmowała. Potem usiadłem w jednej z ławek, przymknąłem oczy i wsłuchiwałem się w jej śpiew.

Wydawało mi się, że widzę rajski ogród, poczułem „pragnienie świętości". Jakby odgadując stan mego ducha, zaczęła przeplatać swój śpiew chwilami ciszy. Kiedy przerywała, ja odmawiałem modlitwę, po czym znów rozbrzmiewały tony jej pieśni.

Miałem świadomość, że przeżywam coś niezapomnianego – jedną z tych magicznych chwil, które jesteśmy w stanie zrozumieć dopiero wtedy, gdy już miną. Istniała tylko chwila obecna – bez przeszłości i bez przyszłości. Żyłem wyłącznie tym rankiem, tą muzyką, tą słodyczą, modlitwą. Trwałem w osobliwym zachwyceniu, w ekstazie, przepełniała mnie wdzięczność za to, że jestem na tym świecie, radość, że wbrew sprzeciwom rodziny pozostałem wierny swemu powołaniu. W małej, skromnej kaplicy, w głosie dziewczyny, w zalewającym wszystko porannym świetle znowu zrozumiałem, że wielkość Boga objawia się w rzeczach prostych.

Łzy spływały mi po policzkach, a kiedy zdawało się, że minęła wieczność, dziewczyna zamilkła. Podniosła głowę, a wtedy rozpoznałem w niej jedną z parafianek. Od tamtej pory byliśmy przyjaciółmi. Kiedy pozwalał nam na to czas, wspólnie przeżywaliśmy nasze muzyczne misterium.

Jednak wiadomość o jej planowanym ślubie całkiem mnie zaskoczyła. Znaliśmy się już dość dobrze, dlatego zapytałem, jakiego się spodziewa przyjęcia ze strony rodziców męża.

– Złego. Jak najgorszego.

Starałem się jak najdelikatniej wybadać, czy istnieje powód, który zmusza ją do tego kroku.

– Jestem dziewicą – rzekła. – Nie chodzi o ciążę.

Na pytanie, czy powiadomiła już swoją rodzinę, odparła, że tak, że rodzice byli zaskoczeni, że matka płakała, a ojciec groził.

– Kiedy przychodzę tutaj, żeby grać Matce Boskiej na chwałę, nie przejmuję się, co powiedzą inni. Dzielę się swoimi uczuciami tylko z Nią. I odkąd sięgam pamięcią, zawsze tak było. Jestem naczyniem, w którym objawia się Boska Energia. A teraz ta energia prosi mnie, żebym urodziła dziecko i dała mu to, czego nie dała mi nigdy moja biologiczna matka: opiekę i bezpieczeństwo.

– Nikt na tej ziemi nie jest bezpieczny – odparłem. Tłumaczyłem, że ma jeszcze przed sobą całą przyszłość i mnóstwo czasu, by objawił się cud stworzenia. Nie przekonałem jej jednak.

– Święta Teresa nie buntowała się przeciwko chorobie, która ją dotknęła – powiedziała. – Wręcz przeciwnie, dostrzegła w niej boski zamysł. Święta Teresa była znacznie młodsza ode mnie: miała piętnaście lat, kiedy powzięła decyzję o wstąpieniu do klasztoru. Zakazano jej, ale nie dała za wygraną. Postanowiła porozmawiać z samym Papieżem – wyobraża sobie ksiądz, co to znaczy? Porozmawiać z Papieżem! I dopięła swego. Bóg wymaga ode mnie czegoś znacznie łatwiejszego niż choroba: żebym została matką. Gdybym za długo z tym zwlekała, różnica wieku byłaby zbyt duża i nie mielibyśmy wspólnych zainteresowań.

– Nie byłabyś wyjątkiem – powiedziałem.

A Atena ciągnęła dalej, jakby mnie nie słyszała:

– Jestem szczęśliwa tylko wtedy, kiedy myślę, że Bóg istnieje i mnie słucha, ale to nie wystarczy, by żyć, kiedy wszystko wydaje się bez sensu. Udaję radość, której we mnie nie ma, ukrywam smutek, żeby nie martwić tych, którzy mnie kochają i troszczą się o mnie. Niedawno myślałam o samobójstwie. Nocą, przed zaśnięciem, odbywam ze sobą długie rozmowy, staram się odegnać złe myśli, bo byłaby to niewdzięczność wobec wszystkich, ucieczka, jeszcze jedna tragedia na tym i tak już pełnym nieszczęść świecie. Rankiem przychodzę tutaj, żeby porozmawiać ze świętą Teresą i prosić ją, żeby uwolniła mnie od demonów, które nękają mnie nocą. Dotąd odnosiło to skutek, ale zaczynam słabnąć. Wiem, że mam do spełnienia misję, przed którą przez długi czas uciekałam, a teraz muszę się jej podjąć. Tą misją jest macierzyństwo. Muszę ją spełnić, w przeciwnym razie zwariuję. Jeżeli nie poczuję, jak rośnie życie we mnie, nigdy nie zaakceptuję życia wokół mnie.

LUKÁS JESSEN-PETERSEN, 32 lata, były mąż

Kiedy urodził się Viorel, skończyłem właśnie dwadzieścia dwa lata. Zamiast beztroskim studentem, który żeni się z koleżanką z roku, stałem się statecznym mężczyzną odpowiedzialnym za utrzymanie rodziny. To było ciężkie brzemię. Moi rodzice, którzy nawet nie przyszli na ślub, uzależnili wszelką pomoc finansową od separacji i oficjalnego przejęcia opieki nad dzieckiem (mówiąc ściślej, tak oznajmił ojciec, bo matka tylko dzwoniła do mnie z płaczem, mówiła, że zwariowałem i że bardzo chce przytulić swojego wnuczka). Łudziłem się, że z czasem zrozumieją, że kocham Atenę i chcę z nią być na dobre i złe, a wtedy powoli zmiękną.

Ale nie zmiękli. Musiałem sam zadbać o żonę i syna. Rzuciłem studia na wydziale architektury. Zadzwonił do mnie ojciec z pogróżkami i obiecankami: zapowiedział, że jeśli nie zmienię swojego postępowania, wydziedziczy mnie, ale gdybym wrócił na uniwersytet, to rozważy udzielenie mi, jak to określił, „doraźnej pomocy". Odmówiłem. Młodzieńczy romantyzm podszeptuje radykalne wybory. Powiedziałem, że sam sobie poradzę.

Jeszcze przed narodzinami Viorela Atena pomogła mi zrozumieć samego siebie. I nie stało się tak za sprawą miłości fizycznej – bardzo nieśmiale wyrażanej, muszę wyznać – tylko dzięki muzyce.

Muzyka towarzyszy człowiekowi od zarania dziejów. Przenosząc się z jaskini do jaskini, nasi przodkowie nie zabierali ze sobą wiele, ale, jak wykazały badania archeologiczne, oprócz niezbędnego zapasu pożywienia, nigdy nie zapominali o jakimś instrumencie muzycznym, zazwyczaj bębenku. Muzyka nie tylko daje nam ukojenie i dostarcza rozrywki. Jest czymś więcej. Można poznać człowieka po muzyce, jakiej słucha.

Kiedy widziałem, jak ciężarna Atena tańczy, kiedy słyszałem, jak gra na gitarze, żeby uspokoić maleństwo i okazać mu swoją miłość, zacząłem stopniowo otwierać się na jej sposób postrzegania świata. Urodził się Viorel. Pierwszą rzeczą, jaką zrobiliśmy po przyniesieniu go do domu, było puszczenie mu adagia Albinoniego. Podczas kłótni siła muzyki pomagała nam dojść do porozumienia, chociaż nie widzę żadnego logicznego związku między jednym i drugim, chyba że skojarzenie z ideologią hipisowską.

Jednak nie wystarczał romantyzm, z czegoś trzeba było żyć. Nie grałem na żadnym instrumencie, nie mogłem nawet dostarczać rozrywki knajpianej klienteli, zostałem więc kreślarzem w biurze projektowym. Płacili bardzo mało, i to od godziny, zatem wychodziłem z domu wcześnie i późno wracałem. Prawie nie widywałem syna, który po moim powrocie zazwyczaj już spał. Byłem zbyt zmęczony, żeby rozmawiać z żoną, a tym bardziej kochać się z nią. Każdego wieczora zadawałem sobie pytanie: kiedy polepszy się nasza sytuacja finansowa i zaczniemy żyć na godziwym poziomie? W zasadzie zgadzam się z Ateną, że dyplom ukończenia studiów jest często bezużytecznym świstkiem papieru, ale mimo wszystko architektura (jak również prawo i medycyna) wymaga pewnej wiedzy, bez której można narazić na niebezpieczeństwo ludzkie życie. A ja zostałem zmuszony przerwać naukę zawodu, który sobie wybrałem, wyrzec się marzenia, które tak wiele dla mnie znaczyło.

Zaczęły się kłótnie. Atena narzekała, że poświęcam zbyt mało uwagi synkowi, że mały potrzebuje ojca. Gdyby chodziło mi tylko o zaspokojenie instynktów macierzyńskich – mówiła – to równie dobrze mogę być sama

41

i oszczędzić ci wszystkich kłopotów. Po raz kolejny wychodziłem z domu, trzaskając drzwiami i krzycząc, że mnie nie rozumie, że sam nie pojmuję, jak mogłem się zgodzić na to „szaleństwo", to znaczy ojcostwo w wieku dwudziestu lat, zanim zdołaliśmy zapewnić sobie minimum stabilizacji finansowej. Stopniowo przestaliśmy ze sobą sypiać, częściowo ze zmęczenia, częściowo dlatego, że byliśmy sobą nieustannie poirytowani.

Zacząłem wpadać w depresję. Dochodziłem do wniosku, że kobieta, którą kocham, wykorzystała mnie i mną manipuluje. Mój pogarszający się stan psychiczny nie uszedł uwagi Ateny, ale zamiast mi pomóc, całą swą energię skoncentrowała na Viorelu i muzyce. Uciekałem w pracę. Co jakiś czas rozmawiałem z rodzicami i zawsze słyszałem to samo: „Zafundowała sobie dziecko, żeby zmusić cię do małżeństwa".

Jednocześnie coraz większą rolę w życiu Ateny zaczęła odgrywać religia. Nalegała, żeby dziecko ochrzcić, sama wybrała mu rumuńskie imię – Viorel.

42

Chyba z wyjątkiem kilku emigrantów nie ma w Anglii nikogo, kto nazywałby się Viorel, ale uznałem, że taki wybór świadczy o jej inwencji twórczej. Rozumiałem też, że tym imieniem Atena chce nawiązać do przeszłości, której nawet świadomie nie przeżyła – do swych pierwszych dni w rumuńskim sierocińcu.

Starałem się przystosować do nowej sytuacji, ale czułem, że z powodu dziecka tracę Atenę. Nasze kłótnie stawały się coraz częstsze, groziła, że odejdzie, bo, jak twierdziła, skacząc sobie do oczu, przekazujemy Viorelowi „negatywną energię". Pewnego dnia, po kolejnej awanturze, wyszedłem z domu, żeby się trochę uspokoić.

Błąkałem się bez celu po Londynie, przeklinając życie, które sobie wybrałem, dziecko, na które się zgodziłem, żonę, która najwyraźniej nie przejawiała już żadnego zainteresowania moją osobą. Wszedłem do pierwszego lepszego baru, blisko stacji metra, wypiłem cztery kolejki whisky. Kiedy o jedenastej bar zamknięto, udałem się do jednego z nocnych sklepów, kupiłem butelkę whisky, usiadłem na ławce na skwerze i piłem dalej. Podeszło do mnie kilku wyrostków. Chcieli, żebym się z nimi podzielił, a kiedy odmówiłem, rzucili się na mnie. Przyjechała policja i wszyscy wylądowaliśmy na komisariacie.

Zwolniono mnie zaraz po złożeniu zeznań. Oczywiście nie wniosłem skargi – wszystko zwaliłem na karb głupiej sprzeczki – w przeciwnym razie przez następne kilka miesięcy musiałbym stawiać się w sądzie jako ofiara napaści. Byłem wciąż tak pijany, że wychodząc, potknąłem się i runąłem inspektorowi na biurko. Facet wściekł się, ale na szczęście zamiast zatrzymać za obrazę władzy, wyrzucił mnie za drzwi.

Przed komisariatem czekał jeden z napastników. Podziękował, że nie złożyłem skargi. Widząc, że jestem cały w błocie i krwi, radził, żebym znalazł sobie jakieś czyste ubranie, nim wrócę do domu. Zamiast ruszyć w swoją stronę, poprosiłem go, żeby wyświadczył mi przysługę i mnie wysłuchał. Miałem olbrzymią potrzebę wygadania się przed kimś.

Przez godzinę słuchał w milczeniu moich żalów. Tak naprawdę nie mówiłem do niego, ale do siebie – do młodego człowieka na progu dorosłego życia, który ma szansę wielkiej kariery i ustosunkowaną rodzinę, a który teraz wygląda jak żebrak z Hampstead *(N. R.: dzielnica w Londynie)*, pijany, zmęczony, przybity i bez grosza przy duszy. A wszystko przez kobietę, która nawet nie zwraca na niego uwagi.

Pod koniec mojej opowieści sam potrafiłem trzeźwiej spojrzeć na sytuację, w której się znalazłem, na życie, które wybrałem w głębokim przekonaniu, że miłość wszystko zwycięży. A to przecież nieprawda. Czasami miłość wiedzie w otchłań nas samych, a co gorsza ludzi, których kochamy. Tak było w moim przypadku. Mogłem zniszczyć życie nie tylko sobie, ale i Atenie i Viorelowi.

Wówczas po raz kolejny powtórzyłem sobie: jestem mężczyzną, a nie rozpieszczonym smarkaczem, muszę więc z godnością stawić czoło wszystkim wyzwaniom, jakie rzuca mi los. Wróciłem do domu. Atena już spała, tuląc synka w ramionach. Wykąpałem się, wyszedłem, żeby wyrzucić brudne ubrania do śmietnika i, dziwnie trzeźwy, położyłem się do łóżka.

Nazajutrz powiedziałem, że chcę rozwodu.

– Dlaczego? – spytała.

– Bo cię kocham. Bo kocham Viorela. Bo nie robiłem nic prócz zwalania na was winy za zaprzepaszczone marzenia o architekturze. Gdybyśmy trochę poczekali, wszystko wyglądałoby inaczej, ale ty myślałaś wyłącznie o własnych planach i zapomniałaś uwzględnić w nich moją osobę.

Atena nie zareagowała, jakby się tego spodziewała, albo jakby podświadomie chciała mnie sprowokować.

Serce mi krwawiło. Miałem nadzieję, że usłyszę błagania, żebym nie odchodził. Ale ona ze spokojem i rezygnacją troszczyła się tylko o to, czy dziecko aby nie słyszy naszej rozmowy. Wtedy nabrałem przekonania, że nigdy mnie nie kochała, że byłem dla niej jedynie narzędziem, które służyło spełnieniu obłąkańczego marzenia o macierzyństwie w wieku dziewiętnastu lat.

Powiedziałem, że może zatrzymać dom i meble, ale odmówiła. Postanowiła zamieszkać chwilowo u matki, znaleźć pracę, a potem wynająć mieszkanie. Spytała, czy będę łożyć na dziecko. Zgodziłem się bez wahania.

Wstałem, pocałowałem ją po raz ostatni. Raz jeszcze próbowałem nakłonić ją, żeby została w domu, ale upierała się, że woli jak najszybciej przenieść się do matki. Zatrzymałem się w tanim hotelu i co wieczór czekałem, że zadzwoni i poprosi, żebym wrócił, żebyśmy zaczęli wszystko od nowa. Byłem nawet gotów wrócić do dawnego życia, bo rozłąka uświadomiła mi, że na całym świecie nie ma dla mnie nikogo ani niczego ważniejszego niż żona i syn.

Tydzień później wreszcie zadzwoniła. Nie miała mi nic do powiedzenia ponad to, że zabrała już wszystkie swoje rzeczy i że nie zamierza wracać. Po kolejnych dwóch tygodniach dowiedziałem się, że przy Basset Road wynajęła małą klitkę na poddaszu, dokąd codziennie musiała dźwigać małego trzy piętra po krętych schodach. Dwa miesiące później byliśmy już po rozwodzie. Moja prawdziwa rodzina rozpadła się na zawsze, a rodzina, w której się wychowałem, przyjęła mnie z otwartymi ramionami.

Po naszym rozstaniu, kiedy już zabliźniły się nieco wszystkie rany, zastanawiałem się, czy nie podjąłem decyzji zbyt pochopnie – jak ktoś, kto w młodości naczytał się różnych romansów i za wszelką cenę chce przeżyć historię Romea i Julii. Kiedy ból zelżał – a na to lekarstwem jest tylko czas – zrozumiałem, że dane mi było spotkać jedyną kobietę, jaką byłem zdolny kochać. Każda sekunda spędzona u jej boku była bezcenna i mimo wszystkiego, co się zdarzyło, nie żałuję niczego i powtórzyłbym każdy swój krok.

O dziwo, czas, który goi rany, pokazał też, że w życiu można kochać więcej niż jedną osobę. Ożeniłem się ponownie, jestem szczęśliwy u boku nowej żony i nie wyobrażam sobie życia bez niej. To jednak nie znaczy, że mam się wyprzeć wszystkiego, co przeżyłem. Muszę tylko ściśle przestrzegać zasady nieporównywania tych dwóch związków. Nie da się zmierzyć miłości, tak jak mierzy się długość drogi lub wysokość budynku.

Z naszego związku z Ateną zostało coś bardzo ważnego: syn, jej wielkie marzenie, o którym opowiedziała mi otwarcie jeszcze przed ślubem. Z drugą żoną też mam dziecko. Dziś, dużo lepiej niż dwanaście lat temu jestem przygotowany do roli ojca.

Pewnego razu, kiedy przyjechałem do niej, żeby zabrać Viorela do siebie na weekend, zapytałem, dlaczego zareagowała tak spokojnie na wieść, że odchodzę.

– Ponieważ życie nauczyło mnie cierpieć w milczeniu – odparła.

I dopiero wtedy objęła mnie i wypłakała w moich ramionach wszystkie łzy, których nie wylała tamtego dnia.

Ojciec Giancarlo Fontana

Zobaczyłem ją w niedzielę na mszy, jak zwykle z dzieckiem w ramionach. Wiedziałem o ich kłopotach, ale aż do tamtego dnia sądziłem, że to zwykłe małżeńskie nieporozumienia, które wcześniej czy później rozwiążą, jako że oboje byli ludźmi promieniejącymi Dobrem. Już od roku nie przychodziła wczesnym rankiem z gitarą, aby grać Matce Boskiej na chwałę. Cały swój wolny czas poświęcała Viorelowi, którego miałem zaszczyt ochrzcić, choć przyznać muszę, że nie znam żadnego świętego o tym imieniu. Nadal przychodziła na niedzielne nabożeństwo i zawsze na koniec, kiedy już wierni opuścili kościół, rozmawialiśmy przez chwilę. Mówiła, że jestem jej jedynym przyjacielem. Razem uczestniczyliśmy w świętym obrządku, ale tym razem chciała podzielić się ze mną ziemskimi utrapieniami.

Bardzo kochała Lukása. Był jej pierwszą miłością, najważniejszym mężczyzną w jej życiu, ojcem jej dziecka, wybranym, z którym chciała dzielić swój los – kimś, kto wyrzekł się dla niej wszystkiego i znalazł w sobie dość odwagi, aby założyć rodzinę. Kiedy pojawiły się problemy, tłumaczyła sobie, że to przejściowe, że musi poświęcić się synowi, ale nie ma najmniejszego zamiaru go rozpieszczać. Niedługo będzie musiał sam sobie w życiu radzić, a wtedy ona na powrót stanie się dawną żoną, tą kobietą z początku ich znajomości. Może nawet z większą żarliwością okaże mu uczucia, bo teraz wie już, co to odpowiedzialność i obowiązki, wynikające z dokonanego przez nią wyboru. Mimo to Lukás czuł się odrzucony. Rozpaczliwie próbowała więc obdzielać ich po równo, ale nieustannie musiała wybierać – a w takich przypadkach bez chwili wahania wybierała Viorela.

Na ile mi pozwalała moja skromna znajomość psychologii, starałem się wyjaśnić, w czym leży problem. Zresztą nie po raz pierwszy miałem z nim do czynienia, bo już wcześniej zdarzało mi się rozmawiać z parafianami o ich kryzysach małżeńskich. Zazwyczaj w takiej sytuacji, tłumaczyłem, mężczyzna czuje się odrzucony, ale to szybko mija. Podczas jednej z naszych rozmów Atena przyznała, że być może nieco się pośpieszyła, że romantyczne marzenia o macierzyństwie w młodym wieku nie pozwoliły jej dostrzec trudności, jakie pojawiają się po narodzinach dziecka. Jednak teraz było już za późno na żal.

Spytała, czy mogę porozmawiać z Lukásem, który nigdy nie pojawiał się w kościele, czy to dlatego, że nie wierzył w Boga, czy też dlatego, że niedzielne poranki wolał spędzać z synem. Zgodziłem się pod warunkiem, że Lukás przyjdzie z własnej woli. I kiedy Atena właśnie miała go o to poprosić, nastąpił wielki kryzys i mąż odszedł.

Doradzałem jej cierpliwość, ale była głęboko zraniona. Raz porzucona w dzieciństwie, całą nienawiść, jaką czuła do swojej biologicznej matki, automatycznie skierowała przeciwko Lukásowi. Później, jak słyszałem, stali się na powrót dobrymi przyjaciółmi. Dla Ateny zerwanie więzów rodzinnych było najcięższym grzechem, jaki człowiek może popełnić.

Nadal przychodziła w niedzielę do kościoła, ale zaraz po mszy wracała do domu. Nie miała z kim zostawić dziecka, a przynoszenie go do kościoła nie wchodziło w rachubę, bo chłopczyk bardzo płakał i przeszkadzał wiernym w skupieniu. Rzadko mieliśmy okazję porozmawiać. Kiedyś wspomniała tylko, że pracuje w banku i wynajęła mieszkanie. Proszę się nie martwić, powiedziała, ojciec dziecka (przestała wymawiać imię męża) wywiązuje się z powinności finansowych.

Aż nadeszła ta pamiętna niedziela.

Od jednego z parafian dowiedziałem się, co się działo przez poprzedni tydzień. Przez kilka nocy modliłem się, aby jakiś anioł mnie natchnął i powiedział, czy powinienem wypełnić swoje zobowiązania wobec Kościoła, czy wobec ludzi. Ponieważ anioł się nie pojawił, zasięgnąłem rady przełożonego, który wyjaśnił, że Kościół przetrwał przez wieki tylko dzięki ścisłemu przestrzeganiu dogmatów. Gdyby zaczął robić wyjątki, wówczas cofnęlibyśmy się do średniowiecza. Dokładnie przewidziałem, co się wydarzy. Chciałem zadzwonić do Ateny, ale nie znałem jej nowego numeru.

Kiedy tego ranka uniosłem w górę hostię, drżały mi ręce. Korzystając z władzy przekazywanej z pokolenia na pokolenie przez apostołów, wypowiedziałem słowa uświęcone tysiącletnią tradycją. Ale potem moje myśli zwróciły się ku owej niewieście z dzieckiem na ręku, temu wcieleniu Dziewicy Maryi, cudu macierzyństwa i bezgranicznej miłości, objawionych w samotności i opuszczeniu, ku tej dziewczynie, która jak zwykle stanęła w kolejce i krok po kroku zbliżała się, aby przyjąć komunię.

Myślę, że większość wiernych wiedziała, co się dzieje. Wszyscy patrzyli w naszą stronę, czekając na moją reakcję. Widziałem wokół siebie sprawiedliwych i grzeszników, faryzeuszy, kapłanów Sanhedrynu, apostołów, uczniów, ludzi dobrej woli i ludzi złej woli.

Atena stanęła przede mną i w odwiecznej pozie zamknęła oczy i otworzyła usta, aby przyjąć ciało Chrystusa.

Ciało Chrystusa pozostało w moich dłoniach.

Otworzyła oczy, nie bardzo rozumiejąc, co się dzieje.

– Pomówimy później – szepnąłem.

Nie ruszyła się z miejsca.

– Za tobą czekają ludzie. Pomówimy później.

– O co chodzi? – wszystkie stojące w pobliżu osoby usłyszały jej pytanie.

– Pomówimy później.

– Dlaczego nie udziela mi ojciec komunii? Nie widzi ojciec, że upokarza mnie przy wszystkich? Czy nie dość wycierpiałam?

– Ateno, Kościół nie zezwala osobom rozwiedzionym na przyjmowanie sakramentu. W tym tygodniu podpisałaś dokumenty rozwodowe. Pomówimy później – powtórzyłem z naciskiem po raz kolejny.

Ponieważ nie ruszała się z miejsca, skinieniem ręki poprosiłem na bok następną osobę. Udzieliłem komunii wszystkim chętnym i właśnie podchodziłem do ołtarza, kiedy usłyszałem ten głos.

To nie był już głos dziewczyny, która śpiewała na chwałę Matce Boskiej, która wtajemniczała mnie w swe plany, ze wzruszeniem opowiadała o żywotach świętych, płakała, zwierzając mi się ze swych małżeńskich problemów. To był skowyt zranionego zwierzęcia – upokorzonego, z sercem przepełnionym nienawiścią.

– Przeklęte niech będzie to miejsce! Przeklęci niech będą ci, którzy są głusi na słowa Chrystusa i przemienili jego przesłanie w zimny głaz. Czyż Chrystus nie powiedział: *Przyjdźcie do mnie wszyscy, którzy utrudzeni i obciążeni jesteście, a ja was pokrzepię?* Ja jestem utrudzona, obciążona, poraniona, a wy nie pozwalacie mi do Niego przyjść. Dziś zrozumiałam, że Kościół zmienił te słowa na: „Przyjdźcie do mnie wszyscy, którzy przestrzegacie naszych reguł, a utrudzeni i obciążeni niech idą precz!"

Jakaś kobieta stojąca w pierwszym rzędzie próbowała ją uciszyć. Ale ja chciałem słuchać, musiałem słuchać. Odwróciłem się i stanąłem przed nią ze spuszczoną głową – to było wszystko, co mogłem zrobić.

– Przysięgam, że nigdy więcej moja noga nie postanie w kościele. Po raz kolejny porzuca mnie rodzina, ale tym razem nie z powodu kłopotów finansowych ani niedojrzałości młodych małżonków. Przeklęci niech będą wszyscy, którzy zamykają drzwi przed matką i jej dzieckiem! Niczym się nie różnicie od tych, którzy nie przygarnęli Świętej Rodziny, od tego, który wyparł się Chrystusa wtedy, kiedy On najbardziej potrzebował przyjaciela!

Obróciła się na pięcie i szlochając, wybiegła. Zakończyłem nabożeństwo, udzieliłem końcowego błogosławieństwa i udałem się prosto do zakrystii. Stałem przed filozoficznym dylematem: dochowałem wierności instytucji, ale nie słowom, na których ta instytucja się opiera. Jestem już stary, Bóg może mnie do siebie wezwać w każdej chwili. Pozostałem wierny mojej religii i wierzę, że mimo wszystkich swoich błędów czyni ona wciąż szczere wysiłki, aby naprawić ten świat. Potrwa to dziesięciolecia, może nawet stulecia, ale przyjdzie w końcu taki dzień, kiedy liczyć się będzie tylko miłość i owe słowa Chrystusa: *Przyjdźcie do mnie wszyscy, którzy utrudzeni i obciążeni jesteście, a ja was pokrzepię.* Całe swoje życie poświęciłem kapłaństwu i ani przez chwilę nie żałuję swojej decyzji. Jednak w przypadkach takich jak ten, który miał miejsce w ową niedzielę, chociaż nie zwątpiłem w wiarę, to zwątpiłem w ludzi.

Wiem teraz, co się stało z Ateną i zadaję sobie pytanie: czy to wszystko zaczęło się wtedy, czy może już tkwiło w jej duszy? Rozmyślam o tych wszystkich Atenach i Lukásach na całym świecie, którzy się rozwiedli i z tego powodu nie mają prawa przyjmować eucharystii. Pozostaje im jedynie kontemplacja cierpiącego Chrystusa na krzyżu i Jego słowa, które nie zawsze pozostają w zgodzie z tym, co głosi Watykan. Niektórzy z nich porzucają Kościół, ale większość nadal przychodzi na niedzielną mszę, ponieważ przywykli do tego. Przychodzą, mimo że wiedzą, że nie dla nich już cud przemiany chleba i wina w ciało i krew Pana.

Lubię wyobrażać sobie następującą scenę: po wyjściu z kościoła Atena spotyka Chrystusa. Z twarzą zalaną łzami rzuca Mu się w ramiona i błaga, by jej wyjaśnił, czemu ją wyrzucono za drzwi tylko dlatego, że podpisała jakiś świstek, który w wymiarze duchowym nie ma najmniejszego znaczenia, a liczy się tylko dla notariusza i urzędu podatkowego.

A Jezus spogląda na Atenę i mówi:

– Spójrz, dziecko, mnie też wyrzucono. Już od bardzo dawna nie chcą mnie wpuścić do środka.

PAVEL PODBIELSKI, 57 lat, właściciel mieszkania

Mnie i Atenę łączyło jedno: oboje byliśmy uchodź-
cami wojennymi, oboje przybyliśmy do Anglii jeszcze
jako dzieci, z tą różnicą, że ja opuściłem Polskę ponad pięćdziesiąt lat temu. Oboje wiedzieliśmy, że pomimo radykalnej zmiany środowiska tradycje na wygna-
niu nie giną – zawiązują się nowe społeczności, trwają
język i religia, w obcym otoczeniu ludzie są solidarni
wobec siebie.

Tradycje trwają, ale gaśnie stopniowo pragnienie powrotu. Skrywamy je głęboko w sercach, jak nadzieję,
którą lubimy się mamić, choć nigdy się nie spełni – nigdy nie zamieszkam w Częstochowie, tak jak Atena i jej
rodzina nigdy nie wrócą do Bejrutu.

Właśnie to swoiste poczucie solidarności sprawiło, że
odnająłem jej trzecie piętro mojego domu przy Basset
Road. Zasadniczo wolę lokatorów bez dzieci, bo już raz
popełniłem taki błąd i skutki były opłakane. Ja narzeka-
łem, że hałasują w ciągu dnia, a oni narzekali, że ja hała-
suję w nocy. I płacz i muzyka miały w sobie pierwiastek
świętości, ponieważ jednak należały do dwóch całkowicie różnych światów, nie mogły ze sobą współistnieć.

Ostrzegłem ją, ale jej to nie zniechęciło. Jeśli chodzi
o dziecko, powiedziała, mogę się nie martwić, bo cały
dzień spędza u babci. A mieszkanie miało dla niej tę za-
letę, że znajdowało się blisko jej nowego miejsca pracy,
czyli banku.

Przyjęła moje ostrzeżenie i początkowo dzielnie się trzymała, ale po tygodniu ktoś zadzwonił do moich drzwi. Na progu stała Atena z dzieckiem na ręku:

– Mój synek nie może zasnąć. Czy przynajmniej dzisiaj nie można by ściszyć muzyki...

Zwróciły się na nią spojrzenia wszystkich obecnych.

– O co chodzi?

Uczepiony jej szyi chłopczyk natychmiast przestał płakać, jakby był równie zaskoczony, jak jego mama, widokiem grupy ludzi, którzy nagle przestali tańczyć.

Wyłączyłem magnetofon i gestem zaprosiłem ją do środka, a potem znów włączyłem muzykę na cały regulator, żeby nie zakłócać rytuału. Atena usiadła w rogu pokoju. Kołysała dziecko w ramionach, aż usnęło mimo zgiełku trąb i bębnów. Została do końca ceremonii. Wyszła razem z innymi gośćmi i – jak się spodziewałem – nazajutrz przed pójściem do pracy zadzwoniła do moich drzwi.

– Nie musisz mi nic tłumaczyć. Sama bardzo często tańczę z zamkniętymi oczami. To jedyne chwile ukojenia w moim życiu. Zanim urodziłam Viorela, często chodziliśmy z mężem i przyjaciółmi po klubach. Widywałam tam ludzi tańczących z zamkniętymi oczami. Niektórzy robili to tylko na pokaz, ale innymi kierowała jakby jakaś wyższa, potężniejsza siła. Odkąd sięgam pamięcią, w tańcu zawsze szukałam sposobu na nawiązanie kontaktu z czymś silniejszym, potężniejszym ode mnie. Powiesz mi, co to była za muzyka?

– Co robisz w najbliższą niedzielę?

– Nic specjalnego. Pójdę z Viorelem na spacer do Regent's Park, pooddychamy trochę świeżym powietrzem. Później nie mam nic w planie. Zresztą teraz wszystkie wolne chwile poświęcam Viorelowi.

– W takim razie pójdę z wami.

Dwukrotnie przed naszym wspólnym spacerem Atena wzięła udział w rytuale. Po kilku minutach dziecko zasypiało, a ona, nie odzywając się słowem, przyglądała nam się w milczeniu. Siedziała nieruchomo na kanapie, ale wiedziałem, że jej dusza tańczy.

W niedzielę po południu, podczas przechadzki po parku, poprosiłem, żeby zwróciła uwagę na wszystko, co widzi i co słyszy: na szelest liści poruszanych wiatrem, fale na stawie, na świergot ptaków, ujadanie psów, krzyki dzieci biegających to tu, to tam, jakby zgodnie z jakimś dziwnym, niepojętym dla dorosłych planem.

– Wszystko się porusza. I wszystko porusza się w określonym rytmie. A wszystko, co porusza się w określonym rytmie, wydaje określony dźwięk. Dzieje się tak tutaj i równocześnie w każdym innym miejscu na świecie. Zauważyli to już nasi przodkowie, kiedy chronili się przed zimnem w jaskiniach: wszystko poruszało się i wydawało dźwięki. Początkowo ich reakcją był lęk, ale szybko ustąpił on miejsca bezbrzeżnemu podziwowi. Pojęli, że w ten sposób porozumiewa się z nimi jakaś Wyższa Istota. W nadziei, że odwzajemnią jej się tym samym, zaczęli naśladować te obserwowane wokół siebie ruchy i dźwięki. Tak narodziły się taniec i muzyka. Kilka dni temu mówiłaś, że poprzez taniec nawiązujesz kontakt z czymś potężniejszym od siebie.

– Kiedy tańczę, jestem wolna. Lub raczej, jestem wolnym duchem, który wędruje po wszechświecie, obserwuje teraźniejszość, odgaduje przyszłość, przeistacza się w czystą energię. I to mi daje olbrzymią przyjemność, radość, nieporównywalną z niczym, czego kiedykolwiek doświadczyłam. Kiedyś chciałam zostać świętą – czcić Boga śpiewem i tańcem, ale ta droga jest dla mnie raz na zawsze zamknięta.

– Dlaczego zamknięta?

Nachyliła się nad wózkiem, żeby poprawić kocyk. Domyślałem się, że unika odpowiedzi na to pytanie, dlatego powtórzyłem je: usta zamykają się wtedy, gdy mają do powiedzenia coś ważnego.

Beznamiętnie, jakby od zawsze w milczeniu musiała znosić przeciwności losu, opowiedziała mi o kościelnym epizodzie, kiedy to ksiądz – być może jej jedyny

53

przyjaciel – odmówił jej komunii. I o przekleństwie, jakie rzuciła, porzucając na zawsze Kościół katolicki.

– Święty to ten, kto żyje godnie – wyjaśniłem. – Wystarczy zrozumieć i stale pamiętać o tym, że jesteśmy tu nie bez powodu i mamy do spełnienia pewną powinność. Wtedy możemy się śmiać z naszych wielkich i małych cierpień i iść przed siebie bez lęku, ze świadomością, że każdy nasz krok ma sens. Pozwolić, żeby wiodło nas światło emanujące z Wierzchołka.

– Czym jest Wierzchołek? W matematyce to najwyższy punkt trójkąta.

– W życiu również jest to punkt szczytowy, meta dla tych, którzy błądzą jak każdy, ale nawet w najtrudniejszych chwilach nie tracą z oczu światła emanującego z ich serc. Do tego właśnie dążymy w naszej grupie. Wierzchołek jest ukryty w nas samych. Możemy go osiągnąć, pod warunkiem, że uświadomimy go sobie i rozpoznamy jego światło.

Wyjaśniłem, że taniec, który miała okazję oglądać w wykonaniu ludzi w różnym wieku (nasza grupa składała się z dziesięciu osób w wieku od dziewiętnastu do sześćdziesięciu pięciu lat), nazwałem „Poszukiwaniem Wierzchołka".

– Dlaczego? – spytała.

– Wkrótce po zakończeniu drugiej wojny światowej – tłumaczyłem – część mojej rodziny uciekła przed komunistycznym reżimem, który zapanował wówczas w Polsce, i osiadła w Anglii. Za radą znajomych zabrali ze sobą dzieła sztuki i stare książki, podobno niezwykle tu cenione. Obrazy i rzeźby rodzina sprzedała, a książki zostały i pokrywały się kurzem. Matka nalegała, żebym uczył się języka polskiego, w czym książki okazały się bardzo pomocne. Pewnego dnia w dziewiętnastowiecznym wydaniu Thomasa Malthusa znalazłem dwie kartki pokryte notatkami mojego dziadka, który zginął w obozie koncentracyjnym. Zacząłem je czytać, sądząc, że to testament lub list miłosny do tajemniczej kochanki – podobno przed laty w Rosji dziadek zakochał się w jakiejś aktorce. W rodzinnej legendzie tkwiło ziarno prawdy. Notatki okazały się relacją z jego podróży na Syberię podczas rewolucji październikowej. W odległej wiosce Diedow dziadek faktycznie zakochał się w aktorce *(N. R.: wspomnianej wioski nie udało się zlokalizować na mapie, nie można wykluczyć, że jej nazwa została celowo zmieniona, albo po dokonanych przez Stalina przesiedleniach ludności miejscowość znikła z powierzchni ziemi)*. Według dziadka, aktorka ta należała do sekty, która znalazła lekarstwo na wszelkie bolączki w pewnym rodzaju tańca, który umożliwiał kontakt ze światłem Wierzchołka.

Mieszkańcy wioski lękali się, że ich tradycja zniknie bezpowrotnie, jako że w każdej chwili spodziewali się przesiedlenia. Aktorka i jej przyjaciele poprosili dziadka, żeby opisał ich odkrycia. I tak też uczynił, jednak nie przywiązywał chyba do tego zbytniej wagi, skoro notatki włożył między kartki książki, gdzie tkwiły zapomniane do dnia, kiedy je znalazłem.

– O tańcu nie da się pisać – przerwała mi Atena. – Taniec trzeba tańczyć.

– No właśnie. W gruncie rzeczy notatki mówiły tylko tyle: tańcz do wyczerpania, tak jakbyś wspinał się na wierzchołek góry, na święty szczyt. Tańcz do utraty tchu, aż organizm zacznie pobierać tlen w inny sposób, a w konsekwencji porzucisz własną tożsamość i oderwiesz się od czasu i przestrzeni. Tańcz tylko w rytm perkusji, codziennie. W pewnej chwili twoje oczy zamkną się same i dostrzeżesz światło, dobywające się z ciebie samego – światło, które odpowie na stawiane przez ciebie pytania i pomoże rozwinąć ukryte zdolności.

– Rozwinąłeś już w sobie jakąś zdolność?

Zamiast odpowiedzieć na pytanie, zaproponowałem, żeby dołączyła do naszej grupy, skoro jej synek dobrze się u mnie czuł i nie przeszkadzały mu głośne dźwięki instrumentów perkusyjnych. Następnego dnia zjawiła się punktualnie. Przedstawiłem ją moim towarzyszom, wyjaśniłem, że jest sąsiadką z piętra wyżej.

Nikt nie opowiadał jej o sobie, nikt nie wypytywał Ateny o jej życie. Z wybiciem godziny włączyłem muzykę i zaczęliśmy tańczyć.

Początkowo tańczyła z dzieckiem na rękach, ale malec wkrótce zasnął, więc ułożyła go na kanapie. Zanim zamknąłem oczy i wpadłem w trans, zdążyłem jeszcze dostrzec, że wie dobrze, czym jest droga Wierzchołka. Codziennie z wyjątkiem niedziel przychodziła do mnie z dzieckiem. Wymienialiśmy jedynie kilka słów na powitanie, a potem włączałem muzykę z rosyjskich stepów, którą dostałem od przyjaciela, i wszyscy tańczyliśmy do utraty tchu. Po miesiącu poprosiła mnie o przegranie kasety, bo chciała tańczyć rano, przed pójściem do pracy.

Próbowałem jej to wyperswadować:

– Nie wiem, czy to dobry pomysł. Według mnie grono ludzi, których łączy ta sama energia, wytwarza specyficzną aurę, ułatwiającą wszystkim osiągnięcie stanu transu. Poza tym taniec przed pójściem do pracy to niezawodny sposób, żeby ją stracić, bo od samego rana będziesz zmęczona.

– Masz rację, jeśli chodzi o grupową energię – odparła po chwili namysłu. – W twojej grupie są cztery pary i twoja żona. Oni wszyscy znaleźli miłość. Dlatego mogą się ze mną dzielić pozytywną wibracją. Ja jestem sama. Mówiąc ściślej, jestem z synem, który nie potrafi okazywać miłości w sposób przez nas zrozumiały. Wolę więc zaakceptować własną samotność, bo jeżeli będę przed nią uciekać, już nigdy nie znajdę partnera, a jeżeli ją zaakceptuję, zamiast z nią walczyć, być może coś się zmieni. Przekonałam się, że uczucie samotności potężnieje, kiedy próbujemy się mu sprzeciwiać, a słabnie, kiedy najzwyczajniej w świecie je ignorujemy.

– Dołączyłaś do nas, żeby znaleźć miłość?

– Byłby to dostateczny powód, ale tak nie jest. Dołączyłam, żeby znaleźć sens w życiu, które obecnie całkowicie podporządkowałam Viorelowi, i boję się, że w końcu wyrządzę krzywdę własnemu dziecku, albo przez nadopiekuńczość, albo dlatego że będę przenosić na nie własne, niespełnione marzenia. Pewnego dnia podczas tańca poczułam się uzdrowiona. Gdyby chodziło o dolegliwość fizyczną, można by obwieścić cud, ale była to dolegliwość duchowa, która nagle ustąpiła.

Wiedziałem, o czym mówi.

– Wiem, jak tańczyć w takt takiej muzyki, chociaż nikt nigdy mnie tego nie uczył – ciągnęła Atena. – Jednak wiem, jak się poruszać.

– Tego nie trzeba się uczyć.

– Nikt mnie nie uczył kochać, a jednak kochałam Boga, kochałam męża, kocham syna i rodziców. Ale czegoś mi brak. Taniec mnie wyczerpuje, ale na koniec mam wrażenie, jakbym znalazła się w jakimś stanie łaski, w głębokiej ekstazie. Chcę, żeby ta ekstaza trwała przez cały dzień. I żeby mi pomogła znaleźć to, czego mi brak: miłość mężczyzny. W tańcu widzę serce tego mężczyzny, choć nie dostrzegam jego twarzy. Czuję, że jest blisko, dlatego muszę być czujna. Muszę tańczyć rano, żeby przez resztę dnia pilnie patrzeć na wszystko, co się wokół dzieje.

– Znasz znaczenie słowa „ekstaza"? Pochodzi z greki i znaczy tyle, co „być poza sobą". Ktoś, kto chce spędzać całe dnie poza sobą, wymaga zbyt wiele od duszy i ciała.

– Chcę spróbować.

Zrozumiałem, że nie warto dyskutować i przegrałem jej kasetę. Od tej pory każdego dnia po przebudzeniu słyszałem piętro wyżej muzykę, słyszałem jej kroki. Byłem ciekaw, jak wywiązuje się ze swoich obowiązków w banku po niemal godzinnym transie. Podczas jednego z przypadkowych spotkań na schodach zaprosiłem ją na kawę. Wyznała, że zrobiła kilka kopii kasety i że teraz wielu z jej kolegów szuka Wierzchołka.

– Zrobiłam źle? To była tajemnica?

Oczywiście, że nie. Przeciwnie, Atena pomagała zachować niemal całkiem zapomnianą tradycję. Jak wyczytałem w zapiskach dziadka, pewna kobieta opowiadała mu o mnichu, który odwiedził ich strony i stwierdził, że w każdym z nas są obecni wszyscy nasi przodkowie i wszystkie przyszłe pokolenia. Kiedy się wyzwalamy, wyzwalamy równocześnie całą ludzkość.

– A więc wszystkie kobiety i wszyscy mężczyźni z syberyjskiej wioski też są z nami i dostępują szczęścia. Dzięki twojemu dziadkowi ich dzieło odradza się na tym świecie. Jedno mnie tylko zastanawia: dlaczego po przeczytaniu jego notatek zacząłeś tańczyć? Czy po przeczytaniu czegoś na temat sportu postanowiłbyś zostać piłkarzem?

– W owym czasie chorowałem na jakąś rzadką odmianę artretyzmu. Lekarze ostrzegali, że po ukończeniu trzydziestu pięciu lat albo spędzę resztę życia w łóżku, albo będę poruszał się na wózku. Zrozumiałem, że mam niewiele czasu i postanowiłem poświęcić się temu, co później mogło być dla mnie nieosiągalne. Na tych świstkach papieru dziadek wspominał, że mieszkańcy Diedowa wierzyli w uzdrowicielską moc transu.

– I najwyraźniej mieli rację.

Nic nie odpowiedziałem, ale wcale nie byłem tego taki pewien. Może lekarze wydali mylną diagnozę? Może fakt, że jako emigrant nie mogłem sobie pozwolić na luksus chorowania, tak mocno podziałał na moją podświadomość, że wywołał naturalną reakcję obronną organizmu? A może był to właśnie cud, choć wyjaśnienie, że taniec może uleczyć, stało w całkowitej sprzeczności z nauką mojej katolickiej wiary.

Pamiętam, jak w wieku młodzieńczym, kiedy jeszcze nie miałem pojęcia, jak powinna brzmieć właściwa muzyka, przykrywałem głowę czarnym kapturem i wyobrażałem sobie, że wszystko wokół mnie znika. Mój duch wędrował do Diedowa, do jego mieszkańców, do dziadka i jego ukochanej. Pośród panującej w pokoju ciszy prosiłem ich, aby nauczyli mnie tańczyć, przekraczać własne granice, ponieważ niebawem miał mnie dotknąć całkowity paraliż. Im intensywniej poruszało się moje ciało, tym wyraźniej objawiało się światło mojego serca, a ja tym więcej uczyłem się – może od samego siebie, może od duchów z przeszłości. Wyobrażałem sobie nawet muzykę, jakiej słuchali podczas rytuałów. Kiedy wiele lat później jeden z moich przyjaciół wybrał się na Syberię, poprosiłem go o przywiezienie nagrań. Ku mojemu zaskoczeniu jedno z nich bardzo przypominało rytmem to, co wyobrażałem sobie jako taniec z Diedowa.

Ale Atenie wolałem o tym nie opowiadać, bo według mnie należała do osób, które łatwo ulegają wpływom, emocjonalnie lekko niezrównoważonych.

– Może masz rację – powiedziałem tylko.

Rozmawialiśmy jeszcze raz, na krótko przed jej wyjazdem na Bliski Wschód. Wydawała się zadowolona, jakby znalazła wszystko to, czego szukała: miłość.

– Koledzy z pracy założyli grupę. Nazwali ją „Pielgrzymami Wierzchołka". A wszystko to dzięki twojemu dziadkowi.

– Dzięki tobie, bo odczułaś potrzebę podzielenia się tańcem z innymi. Wiem, że wyjeżdżasz. Chcę ci podziękować za ten nowy wymiar, jaki nadałaś temu, czym się od lat zajmuję. Starałaś się zarazić światłem nielicznych zainteresowanych, zawsze nieśmiało, zawsze z obawą, że ludzie cię wyśmieją.

– Wiesz, co odkryłam? Że tak jak ekstaza umożliwia przekraczanie własnych granic, tak taniec jest sposobem unoszenia się w przestrzeni, odkrywania nowych wymiarów bez utraty kontaktu z własnym ciałem. Podczas tańca świat duchowy i świat rzeczywisty współistnieją bez konfliktów. Myślę, że tancerze klasyczni stają na czubkach palców, żeby równocześnie dotykać ziemi i sięgać nieba.

Z tego, co pamiętam, to były ostatnie słowa, jakie usłyszałem z jej ust. Podczas każdego tańca, któremu oddajemy się z radością, umysł traci swoją zdolność kontroli, a ciałem zaczyna kierować serce. Dopiero wówczas ukazuje się Wierzchołek.

Jeżeli w niego wierzymy, rzecz jasna.

PETER SHERNEY, 47 lat, dyrektor generalny filii Banku...
w Holland Park w Londynie

Zatrudniłem Atenę, bo jej rodzina należała do naszych najpoważniejszych klientów. Ostatecznie wszystko kręci się wokół wzajemnych interesów. Była nazbyt impulsywna, niespokojna, dlatego powierzyłem jej nudną papierkową pracę, w nadziei, że szybko złoży wymówienie. W ten sposób miałbym dobrą wymówkę dla jej ojca, że próbowałem pomóc, ale się nie udało.

Doświadczenie na stanowisku kierowniczym nauczyło mnie rozpoznawać stan ducha pracowników, nawet jeśli na nic się nie skarżą. Na kursie zarządzania wpoili nam jedną podstawową zasadę: jeżeli chcesz pozbyć się pracownika, sprowokuj go, żeby ci naubliżał i dał powód do wręczenia mu wypowiedzenia.

Robiłem wszystko, żeby dopiąć swego. Przecież Atena nie musiała zarabiać na życie. W końcu odkryje, miałem nadzieję, bezsens codziennego wczesnego wstawania, wożenia dziecka do matki, monotonnej pracy biurowej, odbierania syna, robienia zakupów, zajmowania się dzieckiem – wszystko po to, żeby nazajutrz znowu tracić trzy godziny w publicznych środkach transportu – tym bardziej, że istnieją znacznie ciekawsze sposoby spędzania czasu. Coraz częściej widać było po niej rozdrażnienie, a mnie rozpierała duma, bo moja strategia okazała się skuteczna. Sukces był blisko. Zaczęła narzekać na swoje mieszkanie, właściciela, który w środku nocy puszcza muzykę na cały regulator, przez co nie może się porządnie wyspać.

I nagle coś się zmieniło. Najpierw tylko w samej Atenie, a potem w całej firmie.

Jak zauważyłem tę zmianę? Cóż, zespół pracowników jest jak orkiestra, a dobry szef niczym dyrygent wie, kto fałszuje, kto gra czysto i stara się, a kto zbytnio się nie wysila. Z początku wydawało się, że Atena gra na swoim instrumencie bez najmniejszego entuzjazmu. Jakby nieobecna, nie dzieliła się z innymi swoimi radościami i smutkami. Dawała do zrozumienia, że po pracy resztę czasu poświęca tylko dziecku. Aż nagle zaczęła się zachowywać swobodniej, stała się bardziej otwarta, komunikatywna. Opowiadała wszystkim wokół, że odkryła technikę odmładzającą.

Odmłodzenie, rzecz jasna, to słowo magiczne. W ustach kogoś, kto ma zaledwie dwadzieścia jeden lat, brzmi ono dość śmiesznie. Mimo to koledzy uwierzyli i zaczęli dopytywać się o sekret owej techniki.

Atena zwiększyła wydajność – chociaż jej obowiązki pozostały te same. Koledzy, którzy dotychczas ograniczali się do mówienia jej „dzień dobry" i „do widzenia", teraz zaczęli jadać z nią obiady. W efekcie podskoczyła wydajność całego oddziału.

Wiedziałem, że nastrój zakochanych udziela się otoczeniu, uznałem więc, że Atena poznała kogoś bardzo dla niej ważnego.

Kiedy ją o to spytałem, odpowiedziała twierdząco. Dodała przy tym, że nigdy nie umawia się z klientami, jednak w tym przypadku musiała zrobić wyjątek. W normalnej sytuacji natychmiast bym ją zwolnił. Zasady pracy w banku są jasne: żadnych osobistych relacji z klientami. Wiedziałem już, że swym zachowaniem zaraziła praktycznie wszystkich. Z niektórymi kolegami spotykała się po pracy. Z tego co wiem, przynajmniej dwóch lub trzech bywało u niej w domu.

Miałem do czynienia z niezwykle ryzykowną sytuacją: oto młoda stażystka bez żadnego doświadczenia w zawodzie, do tej pory nieśmiała, czasem agresywna, stała się naturalnym liderem moich pracowników. Gdybym ją zwolnił, uznaliby, że powodowała mną zazdrość i straciłbym ich szacunek. Z drugiej strony, zatrzymując ją w firmie, narażałem się na ryzyko utraty kontroli nad zespołem. Postanowiłem trochę poczekać i zobaczyć, jak rozwinie się sytuacja. Tymczasem w pracy dał się zauważyć wyraźny wzrost „energii" (nie cierpię tego słowa, ponieważ w istocie nic konkretnego nie znaczy, chyba że mówimy o elektryczności). Klienci sprawiali wrażenie bardziej zadowolonych i zaczęli polecać nas znajomym. Pracownikom humory dopisywały i chociaż mieli znacznie więcej pracy, nie musiałem zatrudniać dodatkowego personelu, gdyż wszyscy znakomicie wypełniali swoje obowiązki.

Pewnego dnia otrzymałem list z centrali. Miałem pojechać na konferencję do Barcelony i objaśnić tam zasady stosowanej przeze mnie techniki motywacyjnej. Jak wspomniano w liście, udało mi się zwiększyć zyski bez dodatkowych nakładów, co oczywiście jest celem nadrzędnym dla kierownictwa każdego przedsiębiorstwa.

Jaka technika motywacyjna?!

Wiedziałem jedynie, jak się to wszystko zaczęło. Wezwałem Atenę do swojego gabinetu. Pogratulowałem jej wysokiej efektywności, co przyjęła z uśmiechem.

Zacząłem ostrożnie badać grunt:

– No i jak miewa się pani narzeczony? Zawsze uważałem, że człowiek kochany daje jeszcze więcej miłości. Czym się właściwie zajmuje?

– Pracuje w Scotland Yardzie *(N. R.: wydział dochodzeniowy londyńskiej policji)*.

Wolałem nie wchodzić w szczegóły, ale za wszelką cenę musiałem podtrzymać rozmowę, a czasu miałem niewiele.

– Zauważyłem w pani wielką zmianę i...

– A zauważył pan wielką zmianę w firmie?

Jak odpowiedzieć na takie pytanie? Mogłem albo przyznać, że to jej zasługa, co byłoby dość niezręczne, albo odpowiedzieć wymijająco, a wtedy nie otrzymałbym nigdy potrzebnych mi informacji.

– Owszem, zauważyłem wielką zmianę. I rozważam pani awans.

– Chcę podróżować. Miałabym ochotę wyjechać z Londynu, żeby nieco poszerzyć horyzonty.

Podróże? Teraz, kiedy wszystko w banku idzie jak z płatka, ona chce wyjechać? Z drugiej strony, gdyby się dokładniej zastanowić, może właśnie jest to dla mnie najlepsze rozwiązanie?

– Mając szersze uprawnienia, mogę wiele zrobić dla banku – dodała.

Ależ tak! Sama podsunęła mi idealne rozwiązanie. Jak mogłem wcześniej na to nie wpaść? W ten sposób pozbędę się jej, a co ważniejsze, nie ucierpi na tym mój autorytet, uniknę buntu załogi i to bez żadnych kosztów, związanych z wypowiedzeniem umowy o pracę. Musiałem się jednak dobrze zastanowić, bo chodziło o pomoc nie tyle bankowi, co mnie. Teraz, kiedy moi zwierzchnicy zauważyli wyraźny wzrost naszej wydajności, musiałem za wszelką cenę utrzymać ją na tym samym poziomie, w przeciwnym wypadku utraciłbym prestiż i znalazł się w tarapatach. Czasem rozumiem, dlaczego większość moich kolegów robi niewiele dla poprawy wydajności: gdyby im się nie udało, uznano by ich za niekompetentnych, a sukces oznaczałby konieczność stałego doskonalenia się, co najczęściej kończy się zawałem.

Następny krok wymagał dużej ostrożności z mojej strony, bo niewskazane jest płoszyć człowieka, zanim nie wyjawi nam sekretu, który chcemy poznać. Lepiej udać, że na wszystko się zgadzamy.

– Przedłożę pani prośbę moim zwierzchnikom. Mam się z nimi spotkać w Barcelonie i właśnie dlatego wezwałem panią do siebie. Czy nie mam racji, że nasza efektywność wzrosła od momentu, kiedy – jakby to ująć? – pracownicy zaczęli mieć z panią lepszy kontakt?

– Powiedzmy... od momentu, kiedy zaczęli mieć lepszy kontakt z samymi sobą.

– Tak. Ale pod pani wpływem. Chyba się nie mylę?

– Nie myli się pan i dobrze pan o tym wie.

– Czytała pani jakiś nieznany mi podręcznik zarządzania?

– Nie czytuję takich książek. Proszę tylko, żeby potraktował pan moją prośbę bardzo poważnie.

Pomyślałem o jej narzeczonym ze Scotland Yardu. Jeśli jej to obiecam i nie dotrzymam słowa, czy czekają mnie reperkusje z jego strony? Może to dzięki niemu poznała jakąś najnowszą technikę osiągania rzeczy niemożliwych?

– Mogę opowiedzieć absolutnie o wszystkim, nawet jeśli nie spełni pan swojej obietnicy. Tylko nie gwarantuję skutków, o ile pan sam nie będzie wcielać w życie tych nauk.

64

– Chodzi o „technikę odmładzającą"?

– Właśnie.

– Czy nie wystarczy sama teoria?

– Być może. Osoba, która mnie jej nauczyła, poznała ją z kilku kartek papieru.

Byłem rad, że nie zmusza mnie do podejmowania decyzji wykraczających poza moje możliwości i sprzecznych z moimi zasadami. W gruncie rzeczy muszę wyznać, że zaciekawiła mnie, bo sam marzyłem o odnowieniu własnego życiowego potencjału. Obiecałem, że zrobię, co w mojej mocy. Atena zaczęła opowiadać o długim, ezoterycznym tańcu, którego celem jest osiągnięcie jakiegoś Wierzchołka (a może Osi, nie przypominam sobie teraz dokładnie). W trakcie rozmowy próbowałem obiektywnie ocenić jej obłąkańcze pomysły. Po godzinie zaproponowałem spotkanie następnego dnia, żeby razem przygotować sprawozdanie dla zarządu banku. Powiedziała z uśmiechem:

– Może pan spokojnie przedstawić sprawę tak, jak ja to zrobiłam. Myślę, że nawet w zarządzie banku zasiadają ludzie tacy jak my, z krwi i kości, zainteresowani niekonwencjonalnymi metodami.

Atena nie miała racji: w Anglii tradycję ceni się zawsze wyżej niż wszelkie innowacje. Ale co szkodzi zaryzykować, o ile oczywiście nie zagrozi to mojej pozycji? Cała sprawa wydawała mi się kompletnym absurdem, ale postanowiłem streścić ją i przedstawić w jak najbardziej przystępnej formie.

Zanim w Barcelonie stanąłem na mównicy, przez cały ranek powtarzałem sobie: „moja" metoda jest skuteczna i tylko to się liczy. Z lektury kilku stosownych podręczników wiedziałem, że najlepsze wyniki daje prezentacja problemu poprzedzona efektownym wstępem, który rozbudzi zainteresowanie słuchaczy. Dlatego też, zwracając się do wysokiego gremium zebranego w luksusowym hotelu, rozpocząłem od następujących słów, nawiązujących do świętego Pawła: „Bóg ukrył to, co najważniejsze przed mędrcami, bo nie potrafią oni pojąć tego, co proste, i postanowił ujawnić je ludziom, którzy są prości duchem" *(N. R.: nie sposób tutaj ustalić, czy mój rozmówca odnosi się do słów z Ewangelii św. Mateusza [11, 25], gdzie Jezus mówi:* Wysławiam Cię, Ojcze, Panie nieba i ziemi, że zakryłeś te rzeczy przed mądrymi, a objawiłeś je prostaczkom, *czy do słów św. Pawła [Pierwszy List do Koryntian, 1, 27]:* Bóg wybrał właśnie to, co głupie w oczach świata, aby zawstydzić mędrców, wybrał to, co niemocne, aby mocnych poniżyć*).* 65

Na te słowa wszyscy zgromadzeni, którzy przez ostatnie dwa dni analizowali wykresy i statystyki, zamilkli. Przez chwilę pomyślałem, że moja kariera wisi na włosku, ale ciągnąłem dalej. Po pierwsze dlatego, że zgłębiłem temat i wiedziałem, o czym mówię. Po drugie dlatego, że chociaż czasami pomijałem milczeniem olbrzymi wpływ Ateny na cały proces, bynajmniej nie kłamałem.

– Przekonałem się, że w dziedzinie motywacji zespołu pracowników nie wystarczą kursy w jednym z naszych doskonałych ośrodków szkoleniowych. W każdym z nas drzemie pewna niezbadana sfera, która, jeśli dojdzie do głosu, jest w stanie czynić cuda. Wszyscy pracujemy z jakiegoś powodu: żeby wykarmić dzieci, zarobić na własne utrzymanie, nadać życiu sens, zdobyć odrobinę władzy. Jednak niektóre etapy tego procesu bywają nużące i cały sekret polega na tym, żeby je przekształcić w spotkania z samym sobą albo z czymś wzniosłym. Na przykład, poszukiwanie piękna nie zawsze jest zajęciem intratnym, a mimo to szukamy piękna, jakby było najważniejszą rzeczą na świecie. Ptaki uczą się śpiewać nie po to, żeby zdobywać pożywienie, chronić się przed drapieżnikami czy odstraszać pasożyty. Ptaki śpiewają, jak powiada Darwin, ponieważ tylko w ten sposób mogą przyciągnąć partnera i tym samym podtrzymać gatunek.

Przerwał mi dyrektor genewskiej filii, domagający się bardziej konkretnej wypowiedzi. Jednak, ku memu niepomiernemu zadowoleniu, prezes zarządu kazał mi kontynuować.

– Według Darwina, autora dzieła, które odmieniło dzieje ludzkości (*N. R.: O powstawaniu gatunków, 1871, gdzie autor wykazuje, że człowiek wywodzi się od pewnego gatunku małp człekokształtnych*), każdy, kto potrafi rozbudzić w ludziach pewną pasję, powtarza zachowania znane już od czasów jaskiniowych, kiedy to rytuały godowe odgrywały zasadniczą rolę w przetrwaniu i ewolucji gatunku ludzkiego. No a jaka jest różnica między ewolucją człowieka a ewolucją oddziału banku? Moim zdaniem żadna. I gatunek ludzki, i bank podlegają temu samemu prawu doboru naturalnego, zgodnie z którym przeżywają i ewoluują tylko jednostki najsilniejsze.

Tu poczułem się zobowiązany wspomnieć, że wypracowałem ten pogląd przy współpracy jednej z moich podwładnych, Szirin Khalil.

– Szirin wniosła do swego miejsca pracy nowy sposób bycia, czy raczej pasję. Właśnie pasję, a więc coś, o czym zajęci pożyczkami, lokatami i notowaniami na giełdzie nigdy nie pamiętamy. Dzięki muzyce moi pracownicy mogą lepiej zaspokoić potrzeby klientów.

Przerwał mi inny uczestnik spotkania, który zwrócił uwagę, że pomysł nie jest nowy, że w supermarketach już od dawna nastrojowe melodie mają nakłonić klientów do wydawania pieniędzy.

– Nie powiedziałem, że puszczamy muzykę w naszych biurach. Personel zaczął żyć inaczej, ponieważ Szirin nauczyła ich tańczyć przed podjęciem codziennych obowiązków. Nie wiem dokładnie, jaki mechanizm taniec uruchamia w człowieku. Jako dyrektor odpowiadam jedynie za rezultaty, a nie za metody. Sam nie biorę w tym udziału, ale, jak sądzę, poprzez taniec wszyscy czują silniejszą więź z tym, czym się zajmują. Wychowywano nas zgodnie z maksymą: „czas to pieniądz". Wiemy doskonale, czym są pieniądze, ale co oznacza słowo „czas"? Dzień ma dwadzieścia cztery godziny i nieskończoną ilość chwil. Musimy mieć świadomość każdej chwili, umieć ją wykorzystywać bez względu na to, czy pracujemy, czy rozmyślamy o życiu. Jeżeli zwolnimy, wszystko będzie trwać znacznie dłużej. Oczywiście dłużej może trwać także zmywanie naczyń, podsumowywanie sald, zestawianie operacji finansowych i kredytów, ale dlaczego nie wykorzystać tego czasu na rozmyślanie o czymś przyjemnym, dlaczego nie radować się samym faktem, że żyjemy?

Prezes zarządu banku spoglądał na mnie zaskoczony. Jestem przekonany, że chciał, abym przedstawił szczegóły techniki, ale tymczasem niektórzy obecni zaczynali się już niecierpliwić.

– Rozumiem doskonale, co pan ma na myśli – odezwał się. – Rozumiem, że pańscy pracownicy podchodzili do swych zadań z większym entuzjazmem, ponieważ codziennie, przynajmniej przez chwilę, mogli nawiązać kontakt z samymi sobą. Chciałbym panu pogratulować tak elastycznego podejścia w zastosowaniu nie-ortodoksyjnych metod, które, jak widać, przynoszą znakomite rezultaty. A skoro już mowa o czasie, przypominam, że jesteśmy na konferencji i zostało panu tylko pięć minut na podsumowanie. Czy może pan w punktach ująć podstawowe zalety tej metody, którą moglibyśmy wprowadzić w filiach naszego banku?

Miał rację. Dobro pracowników to jedno, ale ważniejsza była moja własna kariera. Zacząłem więc referować pokrótce spisane z pomocą Szirin punkty.

– Opierając się na osobistych obserwacjach, wypracowałem wraz z Szirin Khalil kilka punktów, które z największą przyjemnością omówię szczegółowo z każdym, kto wyrazi taką ochotę. Oto najważniejsze z nich:

Po pierwsze, wszyscy mamy w sobie pewną nieznaną zdolność, która pozostanie prawdopodobnie na zawsze ukryta. Ta zdolność może stać się jednak naszym sprzymierzeńcem. Ponieważ nie można jej zmierzyć, ani nadać jej wartości ekonomicznej, nikt nie traktuje jej poważnie, jednak rozmawiam tutaj z żywymi ludźmi, więc jestem przekonany, że przynajmniej w teorii rozumiecie państwo, o czym mówię.

Po drugie, w mojej filii pracownicy potrafią wykorzystywać tę zdolność poprzez taniec oparty na pewnych rytmach, pochodzących, jeśli się nie mylę, ze stepów azjatyckich. Tak czy owak, ich pochodzenie jest tu bez znaczenia. Chodzi po prostu o wyrażanie własnym ciałem tego, co stara się powiedzieć dusza. Zdaję sobie sprawę, że słowo „dusza" może tutaj zostać źle odebrane, proponuję więc zastąpić je „intuicją". A jeśli to słowo również państwu nie odpowiada, posłużmy się terminem „pierwotne uczucia", z pozoru bardziej naukowym, choć nie w pełni oddającym sens dwóch wcześniejszych.

Po trzecie, zachęcam moich pracowników, żeby zamiast iść na basen czy aerobik przed rozpoczęciem pracy, przynajmniej przez godzinę tańczyli. Taniec pobudza ciało i umysł. Zaczynają dzień, budząc w sobie pewną kreatywność, po czym wykorzystują nagromadzoną w ten sposób energię podczas wypełniania swoich obowiązków służbowych.

Po czwarte, klienci i pracownicy żyją w tym samym świecie: rzeczywistość nie jest niczym innym, jak tylko bodźcami elektrycznymi pobudzającymi nasze mózgi. To, co w naszym przekonaniu „widzimy", jest w istocie impulsem energii w najgłębiej ukrytej strefie naszego umysłu. Dlatego możemy próbować modyfikować tę rzeczywistość, o ile znajdziemy się na tej samej fali co inni. W jakiś niepojęty dla mnie sposób radość okazuje się zaraźliwa, podobnie jak entuzjazm i miłość. Albo jak smutek, depresja czy nienawiść – wszystko to, co klienci i pracownicy odbierają „intuicyjnie". Aby zwiększyć wydajność, musimy stworzyć mechanizmy, które podtrzymują te pozytywne bodźce.

– Bardzo to ezoteryczne! – skomentowała kobieta, która kierowała inwestycjami kapitałowymi naszego przedstawicielstwa w Kanadzie.

Trochę mnie to zbiło z tropu i obawiałem się, że nikogo nie zdołałem przekonać. Udałem, że nie słyszę uwagi, i mobilizując całą swoją pomysłowość, przedstawiłem wniosek końcowy:

– Bank powinien przeznaczyć jakieś fundusze na badania, które ustaliłyby, na czym owa zaraźliwość polega. Dzięki temu udałoby się nam wypracować większe zyski.

To zakończenie wydało mi się stosunkowo zadowalające, zrezygnowałem więc z wykorzystania dwóch minut, jakie mi jeszcze pozostały. Pod koniec wyczerpującego dnia, kiedy posiedzenie dobiegło końca, prezes zarządu zaprosił mnie na kolację, i to w obecności kolegów, jakby wyrażał w ten sposób poparcie dla wszystkiego, co powiedziałem. Nigdy przedtem nie miałem takiej sposobności, dlatego starałem się wykorzystać ją najlepiej, jak umiałem. Zacząłem mówić o nowych projektach, trudnościach na giełdzie, rynkach wschodzących. Przerwał mi. Bardziej ciekawiło go to, czego nauczyłem się od Ateny.

Na zakończenie, ku mojemu zaskoczeniu, skierował rozmowę na sprawy osobiste.

– Wiem, o czym pan mówił podczas konferencji, kiedy wspomniał pan o czasie. W Nowy Rok, korzystając ze świątecznego wypoczynku, postanowiłem posiedzieć trochę w ogrodzie. Wziąłem gazetę, ale nie znalazłem tam niczego ciekawego – same sprawy, które zdaniem dziennikarzy powinniśmy poznać, śledzić i co do których powinniśmy wyrobić sobie jakąś opinię. Chciałem zadzwonić do kogoś z pracy, byłoby to jednak absurdalne, jako że w tym dniu każdy spędzał czas z rodziną. Zjadłem obiad z żoną, dziećmi i wnukami, uciąłem sobie drzemkę, po przebudzeniu zrobiłem jakieś notatki. I nagle spostrzegłem, że jest dopiero druga po południu, a miałem jeszcze trzy dni wolnego. I chociaż kocham swoją rodzinę, poczułem się całkiem bezużyteczny. Następnego dnia, korzystając z wolnego czasu, zrobiłem badania żołądka, które na szczęście nie wykazały niczego poważnego. Poszedłem też do dentysty, który nie znalazł żadnych ubytków. Znowu zjadłem obiad z żoną, dziećmi i wnukami, znowu się zdrzemnąłem, kolejny raz obudziłem się o drugiej po południu i uświadomiłem sobie, że nie ma absolutnie niczego, na czym mógłbym skupić uwagę. Poczułem się dziwnie. Czy nie powinienem czymś się zająć? To nie sztuka znaleźć sobie jakieś zajęcie – zawsze jest coś do zrobienia: żarówki do wymiany, suche liście do zgrabienia, segregowanie książek i plików komputerowych. Ale żeby tak stanąć oko w oko z totalną pustką? I wtedy właśnie przypomniałem sobie o czymś, co wydawało mi się niezwykle istotne: muszę pójść do oddalonej o kilometr drogi od domu skrzynki pocztowej i wrzucić do niej jedną ze świątecznych kartek, która leżała zapomniana na moim biurku. I nagle coś mnie uderzyło: dlaczego mam wysyłać tę kartkę dzisiaj? Czy nie mogę nadal trwać w tym stanie bezczynności? Przez głowę przemykały mi różne myśli: o przyjaciołach martwiących się na zapas, o znajomych, wypełniających każdą minutę życia bezsensownymi zajęciami, o jałowych dyskusjach, długich rozmowach telefonicznych, z których niewiele wynika. Miałem już okazję obserwować, jak moi dyrektorzy wynajdują sobie zajęcia tylko po to, żeby uzasadnić własną przydatność, a także jak ich podwładni drżą ze strachu, bo pewnego dnia nie otrzymali do wykonania żadnego ważnego zadania, a to może przecież oznaczać, że są już zbędni. Pomyślałem o mojej żonie, która się zadręcza rozwodem syna, o synu, który się zadręcza złymi stopniami mojego wnuka, o wnuku, który się zadręcza, bo sprawia zawód swoim rodzicom – chociaż wszyscy wiemy, że te stopnie wcale nie są takie ważne. Stoczyłem długą, niełatwą walkę z samym sobą, żeby nie ruszyć się z miejsca. Stopniowo niepokój ustępował miejsca kontemplacji i zacząłem wsłuchiwać się w swoją duszę – bądź intuicję, albo pierwotne uczucia, zależnie od tego, w co pan wierzy. Tak czy inaczej, ta część mojej osoby marzyła o rozmowie ze mną, ale do tej pory ciągle byłem zajęty. W tym przypadku nie był to taniec, lecz kompletna cisza i bezruch, które pozwoliły mi nawiązać kontakt z samym sobą. I, proszę mi wierzyć, dowiedziałem się niejednego o dręczących mnie problemach – mimo że kiedy tak siedziałem, wszystkie problemy całkowicie zniknęły. Nie ujrzałem Boga, ale wyraźniej zrozumiałem, co powinienem zrobić.

Zanim uregulował rachunek, zaproponował, abym wysłał Atenę do Dubaju, gdzie nasz bank otwierał swoje nowe przedstawicielstwo, a ryzyko z tym związane było spore. Jako dobry menedżer wiedział, że nauczyłem się już wszystkiego, co niezbędne. Teraz trzeba było po prostu kontynuować podjęte dzieło – moja podwładna mogła być bardziej przydatna gdzie indziej. Nieświadomie pomagał mi spełnić obietnicę, którą jej złożyłem.

Zaraz po powrocie do Londynu przedstawiłem Atenie propozycję. Z miejsca ją przyjęła, wspominając jednocześnie, że mówi płynnie po arabsku (o czym wiedziałem, znałem bowiem jej ojca). Nie była to jednak niezbędna umiejętność, ponieważ nie zamierzaliśmy robić interesów z Arabami, tylko z cudzoziemcami. Podziękowałem jej za pomoc. Nie przejawiała żadnego zainteresowania moim wystąpieniem na konferencji – spytała tylko, kiedy ma się zacząć pakować.

Do dzisiaj nie wiem, czy historia z narzeczonym w Scotland Yardzie jest prawdziwa, czy nie. Myślę, że gdyby była prawdą, zabójca Ateny zostałby już ujęty, bo nie wierzę w ani jedno słowo, wypisywane na ten temat przez dziennikarzy. Znam się znakomicie na inżynierii finansowej, mogę nawet pozwolić sobie na luksus stwierdzenia, że taniec umożliwia wydajniejszą pracę personelowi banku, jednak nigdy nie zdołam zrozumieć, dlaczego najlepsza policja świata jednych zabójców łapie, a innych zostawia na wolności.

To jednak nie ma już dzisiaj żadnego znaczenia.

NABIL ALAIHI, wiek nieznany, Beduin

Miło mi niepomiernie, że w swym domu Atena trzymała moją fotografię na honorowym miejscu. Nie sądzę jednak, aby to, czego ją nauczyłem, było w jakikolwiek sposób przydatne. Zjawiła się u mnie na pustyni, prowadząc za rączkę trzyletniego chłopca. Otworzyła torbę, wyjęła z niej magnetofon i usiadła przed moim namiotem. Z miasta często kierowano do mnie cudzoziemców, którzy chcieli skosztować lokalnej kuchni, więc od razu ostrzegłem, że na kolację jest o wiele za wcześnie.

– Nie po to tu jestem – powiedziała. – Dowiedziałam się od pańskiego bratanka Hamida, klienta mojego banku, że jest pan mędrcem.

– Hamid to tylko młody dureń. Nazywa mnie mędrcem, ale sam nigdy nie stosuje się do moich rad. Prorok Mahomet, niech Allach Go błogosławi – to był prawdziwy mędrzec.

Wskazałem na jej samochód.

– Nie powinnaś jeździć samotnie po nieznanych okolicach, ani zapuszczać się na pustynię bez przewodnika.

Zamiast odpowiedzi, włączyła magnetofon. Potem widziałem już tylko młodą kobietę, jak wiruje w tańcu na wydmach oraz przyglądające się jej ze zdziwieniem i radością dziecko. Słyszałem dźwięki, które zdawały się zalewać całą pustynię. Kiedy skończyła, spytała, czy mi się podobało.

Odparłem twierdząco. Adepci jednego z bractw z kręgu naszej religii tańczą, aby się zbliżyć do Allacha – pochwalone niech będzie Jego imię! *(N. R.: chodzi o sufickiej sektę wirujących derwiszy).*

– No cóż – powiedziała – od dziecka czuję potrzebę zbliżenia się do Boga, ale życie wciąż mnie od Niego oddala. Jednym ze znanych mi sposobów jest muzyka, ale to ciągle dla mnie za mało. Kiedy tańczę, widzę światło i to światło każe mi iść dalej. Sama sobie nie poradzę, potrzebuję nauczyciela.

– Wszystko nas zbliża do Niego – odparłem – dlatego że Allach Miłosierny zawsze jest blisko nas. Wystarczy po prostu wieść godne życie.

Nie wydawała się przekonana. Powiedziałem, że jestem zajęty, muszę przygotować kolację dla turystów, których się spodziewałem. Gotowa była poczekać, ile będzie konieczne.

– A dziecko?

– Proszę się nim nie przejmować.

Zająłem się gotowaniem, a jednocześnie obserwowałem kobietę i jej synka. Zachowywali się tak, jakby byli rówieśnikami: biegali po pustyni, zaśmiewali się do rozpuku, obrzucali piaskiem i koziołkowali w dół z wydm. Pod wieczór zjawił się przewodnik w towarzystwie trzech niemieckich turystów. Poprosili o piwo, musiałem więc im wyjaśnić, że moja religia zabrania spożywania i podawania alkoholu. Zaprosiłem też Atenę i jej synka. Na widok pięknej kobiety jeden z Niemców bardzo się ożywił. Nie minęło wiele czasu, a wiedzieliśmy już, że udało mu się zgromadzić sporą fortunę, którą chce zainwestować w ziemię w tym regionie, bo wierzy w jego przyszłość.

– Wspaniale – odparła. – Ja też wierzę.

– Może pojechalibyśmy coś zjeść gdzieś, gdzie można spokojnie porozmawiać...

– Niestety nie – ucięła i wręczyła mu wizytówkę. – Jeżeli myśli pan poważnie o kupnie ziemi, proszę się skontaktować z moim bankiem.

Kiedy turyści odjechali, usiedliśmy przed namiotem. Chłopczyk zasnął na jej kolanach. Przyniosłem dla nas wszystkich koce. Siedzieliśmy wpatrzeni w rozgwież-dżone niebo. W końcu przerwała ciszę.

– Dlaczego Hamid powiedział, że jest pan mędrcem?

– Może dlatego, że mam od niego więcej cierpliwo-ści. Był czas, kiedy próbowałem nauczyć go mojej sztu-ki, ale Hamida bardziej interesowało zarabianie pienię-dzy. Na pewno dziś uważa się za większego mędrca ode mnie. Ma wielki dom, jacht, a ja tkwię na pustyni i usługuję nielicznym turystom, którzy się tu pojawiają. Nie rozumie, że mi to całkowicie wystarcza.

– Rozumie to doskonale i zawsze wyraża się o panu z wielkim szacunkiem. Na czym właściwie polega pań-ska „sztuka"?

– Widziałem dzisiaj, jak tańczysz. No więc ja robię to samo, tylko że zamiast ciału każę tańczyć literom.

Spojrzała na mnie zdziwiona.

– Mój sposób zbliżenia się do Allacha – niech po-chwalone będzie Jego imię! – to kaligrafia, poszukiwanie doskonałego sensu w każdym słowie. W każdą literę wkładam całą należną jej moc, tak jakbym rzeźbił jej znaczenie. Ze spisywanych świętych tekstów emanuje dusza człowieka, który posłużył za narzędzie do ukaza-nia ich światu. I nie tylko ze świętych tekstów. Dotyczy to każdego znaku złożonego na papierze. Ponieważ dłoń, która kreśli kolejne wersy, przekazuje to, co kryje się w duszy piszącego.

– Nauczyłby mnie pan arabskiej kaligrafii?

– Wątpię, czy komuś, kogo rozsadza energia, starczy cierpliwości. Poza tym moja sztuka nie należy do twoje-go świata, w którym króluje słowo drukowane. Wiele się u was drukuje, ale – proszę wybaczyć – bez przywią-zywania wagi do sensu.

– Mimo wszystko chciałabym spróbować.

Odtąd kobieta, która z początku wydała mi się nerwo-wa, nadpobudliwa, niezdolna usiedzieć w miejscu, przez ponad pół roku odwiedzała mnie w każdy piątek. Jej synek siadywał w kącie namiotu z kartką papieru i pędzelkami, po czym, tak jak my, starał się ukazać w swoich rysunkach to, co mu dyktowało natchnienie.

Widziałem, jak wiele wysiłku kosztuje ją zachowanie spokoju i właściwej pozycji. Radziłem, żeby poszukała sobie innej rozrywki. A ona odpowiadała nieodmiennie: „Właśnie tego potrzebuję, muszę uspokoić duszę. Poza tym jeszcze nie wiem wszystkiego, czego mógłby mnie pan nauczyć. Światło Wierzchołka dało mi przekaz, że muszę iść dalej". Nigdy nie zapytałem, czym jest Wierzchołek, nie obchodziło mnie to.

Pierwszą, może najtrudniejszą lekcją była lekcja cierpliwości.

Pisanie nie polega jedynie na wyrażaniu myśli, to także głęboka zaduma nad wymową każdego słowa. Wspólnie pracowaliśmy nad tekstami pewnego arabskiego poety, ponieważ według mnie Koran nie był dziełem odpowiednim dla kogoś wychowanego w innej wierze. Dyktowałem jej litera po literze, tak żeby koncentrowała się na tym, co robi, zamiast dopytywać się od razu o sens słowa, zdania lub wersu.

– Kiedyś ktoś mi powiedział, że muzykę stworzył Bóg, i że tylko w szybkim ruchu człowiek wchodzi w kontakt z samym sobą – powiedziała Atena podczas jednego z naszych spotkań. – Przez lata przekonałam się, że jest w tym wiele prawdy, a teraz zmusza mnie pan do czegoś najtrudniejszego na świecie, do spowolnienia ruchów. Dlaczego cierpliwość jest taka ważna?

– Ponieważ uczy nas skupienia, rozwagi i dyscypliny.

– Ale potrafię tańczyć tylko wtedy, gdy prowadzi mnie moja dusza, która każe mi skoncentrować się na czymś większym niż ja sama i umożliwia mi kontakt z Bogiem – jeżeli wolno mi użyć tego słowa. Taniec pomógł mi wiele zmienić w mym życiu, także w pracy. Czyż dusza nie jest ważniejsza?

– Oczywiście, że tak. Ale gdy twoja dusza zdoła porozumieć się z umysłem, będziesz w stanie dokonać jeszcze więcej.

Dalej wspólnie pracowaliśmy. Wiedziałem, że nadejdzie pora, kiedy zakomunikuję jej coś, czego może nie będzie gotowa przyjąć do wiadomości. Starałem się więc wykorzystać każdą minutę, żeby przygotować ją duchowo na tę chwilę. Wyjaśniałem, że zanim zaistnieje słowo, istnieje myśl. A zanim zaistnieje myśl, istnieje iskra boża, która tę myśl rozniecia. Wszystko, absolutnie wszystko na tym świecie ma sens i każda rzecz, nawet najdrobniejsza, jest warta naszej uwagi.

– Nauczyłam ciało wyrażać pełnię doznań duszy – mówiła.

– Teraz musisz nauczyć palce, aby umiały wyrażać wszystkie doznania płynące z ciała. W taki sposób osiąga się bardzo wysoki stopień koncentracji.

– Jest pan mistrzem.

– Kim jest mistrz? Otóż odpowiem: mistrz nie jest kimś, kto czegoś uczy; mistrz to ktoś, kto zachęca ucznia do dołożenia wszelkich starań, aby odkrył to, o czym już wie.

Przeczuwałem, że mimo młodego wieku Atena doskonale zdawała sobie z tego sprawę. Pismo zdradza osobowość piszącego. Dlatego domyślałem się, że jest świadoma miłości, jaką darzy ją nie tylko synek, ale i rodzina, może także jakiś mężczyzna. Odkryłem też, że posiada tajemne zdolności, ale ukrywałem, że o nich wiem – ponieważ te zdolności mogły przywieść ją do Boga, ale również doprowadzić do zguby.

Oprócz warsztatu starałem się też przekazać jej filozofię kaligrafów.

– Kalamus, którym kreślisz teraz znaki, jest tylko narzędziem – nie ma świadomości, spełnia jedynie zamiary tego, kto go trzyma w dłoni. I ta sytuacja bardzo przypomina to coś, co nazywamy „życiem". Wielu z nas po prostu spełnia na tym świecie swoją powinność jako nieświadome narzędzie kierowane Niewidzialną Ręką. W tej chwili, w twoich dłoniach, w trzcinie, która rysuje poszczególne kreski, zawierają się wszystkie twoje intencje. Spróbuj zrozumieć znaczenie tego faktu.

– Ależ rozumiem. Zdaję sobie też sprawę z potrzeby czynienia zadość pewnym formom. Mam siadać w określonej pozycji, okazać szacunek materiałom, którymi się posłużę, i dopiero wtedy zaczynać pracę. To oczywiste. Okazując szacunek kalamusowi, zrozumie, że aby nauczyć się pisać, potrzebuje spokoju i elegancji. A spokój płynie z serca.

– Elegancja nie jest czymś powierzchownym. W ten sposób człowiek oddaje cześć życiu i pracy. Dlatego jeśli ci niewygodnie w pozycji, w jakiej siedzisz, nie sądź, że jest ona fałszywa lub sztuczna: jest prawdziwa i właściwa właśnie dlatego, że jest trudna. Taka pozycja oznacza, że zarówno papier, jak i kalamus doceniają twoje wysiłki. Papier przestaje być płaską, pustą powierzchnią, zyskuje głębię tego, co na nim napisane. Elegancja jest pozycją najwłaściwszą, jeśli chcesz, aby powstało pismo doskonałe. Podobnie jest z życiem. Po odrzuceniu tego, co zbędne, odkrywamy prostotę i skupienie: im postawa prostsza i bardziej powściągliwa, tym piękniejsza, choćby z początku wydawała się niewygodna.

Czasami opowiadała mi o swojej pracy. Mówiła, że lubi to, co robi, i że właśnie otrzymała pewną propozycję od potężnego emira, który przyszedł pewnego dnia do banku, aby zobaczyć się ze swoim przyjacielem, dyrektorem (emirowie nie odwiedzają banków, aby podjąć pieniądze, do takich zadań mają specjalnych pracowników). Poznał Atenę i w rozmowie napomknął, że szuka kogoś, kto by się zajął sprzedażą gruntów. Spytał, czy byłaby tym zainteresowana.

Kogo może interesować kupno gruntów na środku pustyni lub w porcie położonym na końcu świata? Wstrzymałem się od jakiegokolwiek komentarza. Kiedy teraz spoglądam wstecz, cieszę się, że wybrałem milczenie.

Tylko raz wspomniała o mężczyźnie, którego kochała. W każdej grupie turystów, których gościłem na kolacji, zawsze znalazł się ktoś, kto próbował z nią flirtować, ale Atena zwykle ignorowała ich zaloty – do dnia, kiedy jeden z nich oznajmił, że zna jej narzeczonego.

Zbladła i nerwowo spojrzała na synka, który na szczęście nie zwracał na nas uwagi.

– Skąd pan go zna?

– Żartuję – odparł mężczyzna. – Chciałem tylko wybadać, czy jest pani wolna.

Nic nie odpowiedziała, ale zrozumiałem, że mężczyzna, z którym się związała, nie był ojcem chłopca.

Pewnego dnia przyjechała wcześniej niż zwykle. Powiedziała, że porzuciła pracę w banku, zajęła się handlem nieruchomościami, dzięki czemu miała teraz więcej wolnego czasu. Wyjaśniłem, że i tak nie możemy przesunąć zajęć na wcześniejszą godzinę, ponieważ zawsze jestem zajęty.

– Potrafię połączyć ruch i spokój, radość i skupienie.

Podeszła do samochodu i wyjęła magnetofon. Przed rozpoczęciem lekcji Atena tańczyła na pustyni, a jej roześmiany synek biegał wokół niej. Kiedy zasiadała do kaligrafii, kreśliła znaki ręką pewniejszą niż zwykle.

– Istnieją dwa typy pisma – tłumaczyłem. – Pierwszy typ to litery precyzyjne, ale bez duszy. Kaligraf, posługujący się takim pismem, choćby posiadł wspaniały warsztat, pozostanie na zawsze tylko wyrobnikiem, nie rozwinie swego kunsztu, będzie się powielać i pewnego dnia porzuci kaligrafię, ponieważ stanie się dla niego rutyną. Drugi typ to litery stworzone dzięki umiejętnościom technicznym, lecz mające duszę. Takie litery powstają tylko wówczas, kiedy intencja piszącego pozostaje w zgodzie ze słowem, które pisze. W tym przypadku nawet najsmutniejsze wersy tracą swój nadmierny patos i stają się czymś prostym, szytym na ludzką miarę.

– Co pan robi ze swoimi rysunkami? – płynnym arabskim spytał chłopczyk. Niewiele rozumiał z naszej rozmowy, ale starał się ze wszystkich sił uczestniczyć w pracy matki.

– Sprzedaję je.

– Czy ja też mógłbym sprzedawać swoje rysunki?

– Powinieneś to zrobić. Będziesz bogaty, a wtedy pomożesz mamie.

Przyjął moje słowa z zadowoleniem i powrócił do rozpoczętego dzieła: kolorowego motyla.

– A co ja mam zrobić ze swoimi tekstami? – spytała Atena.

– Wiesz, ile cię wysiłku kosztowało siedzenie we właściwej pozycji, wyciszenie duszy, jasne uświadomienie sobie własnych zamiarów, uszanowanie każdej litery w każdym słowie. Ćwicz i jeszcze raz ćwicz. Kiedy dochodzimy do wprawy, nie musimy zastanawiać się więcej nad każdym ruchem, bo staje się on jakby częścią nas. Jednak zanim osiągniemy ten stan, musimy ciągle ćwiczyć i powtarzać. A jeśli to nie wystarczy, musimy znowu powtarzać i ćwiczyć. Widziałaś kowala przy pracy. Dla niewprawnego oka to po prostu seria beznamiętnych uderzeń młotem. Jednak ktoś biegły w sztuce kaligrafii wie, że za każdym razem, kiedy kowal unosi młot i go opuszcza, siła uderzenia jest inna. Ramię powtarza ten sam gest, ale w miarę zbliżania się do metalu podejmuje decyzję, czy tym razem lekko stuknąć, czy też uderzyć z całych sił. Tak właśnie jest z powtarzaniem: pozornie robisz zawsze to samo, ale w istocie za każdym razem nieco inaczej. Przyjdzie taki moment, kiedy nie będziesz już myśleć o tym, co robisz. Staniesz się literą, tuszem, papierem, słowem.

Ten moment przyszedł rok później. Atenę znano już dobrze w Dubaju. Polecała swoim klientom posiłki w moim namiocie i słyszałem od turystów, że jej kariera rozwija się znakomicie: sprzedawała kawałki pustyni! Pewnego wieczoru zjawił się u mnie sam emir ze swoją świtą. Przestraszyłem się, bo nie byłem przygotowany na odwiedziny tak ważnej osobistości. Uspokoił mnie i podziękował za to, co robiłem dla jego pracownicy.

– To wspaniała osoba, a swoje zalety przypisuje naukom, jakie u pana pobiera. Zastanawiam się, czy nie dopuścić jej do udziału w spółce. Może dobrze byłoby przysłać tu moich pracowników na naukę kaligrafii, zwłaszcza teraz, kiedy Atena wyjeżdża na miesięczny urlop.

– To niczego nie zmieni – odparłem. – Kaligrafia jest tylko jedną z metod, jakie podsunął nam Allach – pochwalone niech będzie Jego Imię! Uczy obiektywności i cierpliwości, szacunku i elegancji, ale możemy nauczyć się tego wszystkiego...

– ...tańcząc – dokończyła Atena, która stała tuż obok.

– Albo sprzedając nieruchomości – dodałem.

Kiedy goście odjechali, a chłopiec, któremu kleiły się już oczy ze zmęczenia, usnął w namiocie, przyniosłem przybory do kaligrafii i poprosiłem, aby coś napisała. W pewnej chwili, kiedy była w połowie słowa, wyjąłem jej kalamus z dłoni. Nadeszła pora, aby powiedzieć to, co musiało być powiedziane. Zaproponowałem, abyśmy przeszli się po pustyni.

– Nauczyłaś się już wszystkiego, czego mogę cię nauczyć – powiedziałem. – Twoje pismo jest coraz bardziej osobiste, coraz bardziej spontaniczne. Nie jest już zwykłym odtwarzaniem piękna, lecz aktem indywidualnej kreacji. Zrozumiałaś to, co wiedzą wielcy malarze: aby zapomnieć o zasadach, należy je znać i szanować. Nie potrzebujesz już narzędzi, które pomagały ci stawiać pierwsze kroki. Nie potrzebujesz papieru, tuszu ani kalamusa, ponieważ sama wędrówka jest ważniejsza od tego, co pchnęło cię do ruszenia w drogę. Opowiadałaś mi kiedyś, że człowiek, który nauczył cię tańczyć, słyszał w głowie muzykę, a potem był w stanie dokładnie odtworzyć jej melodię.

– Tak właśnie było.

– Gdyby wszystkie słowa były połączone, nie miałyby sensu, a zrozumienie fraz byłoby niemal niemożliwe. Niezbędne są przerwy.

Skinęła twierdząco głową.

– Opanowałaś już słowa, ale nie opanowałaś jeszcze białych przerw między nimi. Kiedy się koncentrujesz, twoja dłoń jest nieomylna. Kiedy przechodzisz od jednego słowa do następnego, gubisz się.

– Skąd pan to wie?

– A czy mam rację?

– Całkowitą. Kiedy skupiam się na kolejnym słowie, przez ułamek sekundy gubię się. Kontrolę nade mną przejmują sprawy, o których nie chcę myśleć.

– Wiesz doskonale, co jest przyczyną.

Wiedziała, lecz już do końca spaceru nie odezwała się słowem. Wróciliśmy do namiotu. Wzięła śpiącego syna na ręce. Starała się opanować, ale oczy miała pełne łez.

– Emir mówił, że wyjeżdżasz na wakacje.

Otworzyła drzwi samochodu, włożyła kluczyk do stacyjki i go przekręciła. Przez chwilę tylko dźwięk silnika zakłócał ciszę pustyni.

– Wiem, o czym pan mówił – powiedziała w końcu.

– Kiedy piszę, kiedy tańczę, kieruje mną Ręka, która wszystko stworzyła. Kiedy przyglądam się śpiącemu Viorelowi, jestem przekonana, że wie, iż jest owocem mojej miłości do jego ojca, chociaż nie widziałam tego mężczyzny już od ponad roku. Ale ja...

Zamilkła, a jej milczenie było białą przerwą między słowami.

– ...ale ja nie znam ręki, która pierwsza przytuliła mnie do piersi; ręki, która zapisała mnie w księdze tego świata.

Tylko skinąłem głową.

– Sądzi pan, że to ważne?

– Nie zawsze. Ale w twoim przypadku tak jest. Dopóki nie dotkniesz tej ręki, nie poprawisz... powiedzmy... swojej kaligrafii.

– Nie rozumiem, po co mam szukać kogoś, kto nigdy nie zadał sobie trudu, aby mnie pokochać.

Zatrzasnęła drzwi, uśmiechnęła się i ruszyła w drogę. A ja, mimo tych ostatnich słów, wiedziałem, jaki będzie jej następny krok.

SAMIRA R. KHALIL, matka Ateny

Było tak, jakby sukcesy zawodowe, świetna sytuacja finansowa, szczęście, jakie dawała jej nowa miłość, radość, którą czuła, bawiąc się z moim wnukiem – wszystko zeszło na dalszy plan. Przeraziłam się na wieść, że Szirin ma zamiar odszukać swoją biologiczną matkę.

Na początku, rzecz jasna, pocieszałam się myślą, że ośrodek adopcyjny już nie istnieje, dokumenty się zawieruszyły. Miałam nadzieję, że nie uda jej się przebić przez rumuńską biurokrację, że z powodu niedawnego upadku rządu nie dostanie wizy, albo że po kobiecie, która wydała ją na świat, nie pozostało śladu. Było to jednak pocieszenie krótkotrwałe: moja córka była zdolna do wszystkiego i potrafiła przezwyciężać trudności z pozoru nie do pokonania.

Do tej pory był to w naszej rodzinie temat tabu. Szirin wiedziała, że została adoptowana. Jeszcze w Bejrucie psychiatra radził powiedzieć córce prawdę, kiedy tylko osiągnie wiek pozwalający jej to zrozumieć. Jednak nigdy nie przejawiała zainteresowania swoimi korzeniami. Jej domem był Bejrut – kiedy był on jeszcze domem dla nas wszystkich.

Niespełna szesnastoletni adoptowany syn mojej przyjaciółki popełnił samobójstwo, kiedy na świat przyszła córka przybranych rodziców, dlatego ja i mój mąż nie po-

83

dejmowaliśmy już więcej prób powiększenia rodziny. Robiliśmy wszystko, żeby uwierzyła, że jest jedynym powodem naszych radości i smutków, miłości i nadziei. A mimo to wydawało się, że nie docenia naszych wysiłków. Mój Boże, dzieci bywają bardzo niewdzięczne!

Znałam swoją córkę i wiedziałam, że jak wbije sobie coś do głowy, to trudno jej to wyperswadować. Nie spaliśmy z mężem przez tydzień. Każdego ranka i każdego wieczora zadawała nam w kółko to samo pytanie: w którym mieście w Rumunii się urodziłam? Co gorsza, Viorel płakał, jakby dokładnie rozumiał, co się dzieje.

Postanowiłam znowu zasięgnąć rady psychiatry. Spytałam, dlaczego dziewczyna, która ma wszystko, wciąż jest z życia niezadowolona.

– Każdy chce znać swoje pochodzenie – odparł. – W wymiarze filozoficznym jest to dla ludzkiej jednostki fundamentalna kwestia. Moim zdaniem, jej pragnienie odkrycia własnych korzeni jest absolutnie racjonalne. Czy pani na jej miejscu nie postąpiłaby tak samo?

Nie, na pewno nie. Wręcz przeciwnie. Według mnie szukanie kogoś, kto mnie odrzucił i zostawił na pastwę losu, kiedy go najbardziej potrzebowałam, to przedsięwzięcie bardzo karkołomne.

– Zamiast wchodzić z nią w konflikt, proszę spróbować jej pomóc – przekonywał psychiatra. – Może kiedy uświadomi sobie, że ma w was sojuszników, zrezygnuje z pomysłu. Rok spędzony z dala od bliskich musiał u niej wywołać pewien głód emocjonalny, który stara się teraz zrekompensować, występując przeciwko państwu. Tylko po to, żeby się upewnić, że jest kochana.

Byłoby lepiej, gdyby sama Szirin porozmawiała z psychiatrą. Może to pomogłoby jej zrozumieć siebie i powody własnego zachowania.

– Muszą państwo okazać jej zaufanie i nie traktować jej pomysłu jako zagrożenia. A jeśli ostatecznie postanowi zrealizować swój plan, udzielcie jej wsparcia, podzielcie się z nią wiedzą na ten temat. Z tego co pamiętam, zawsze były z nią rozmaite problemy. Kto wie, może takie doświadczenie wzmocni ją psychicznie.

Spytałam psychiatrę, czy ma dzieci. Zaprzeczył. Nie ma prawa mi doradzać, pomyślałam.

Tego wieczora, kiedy siedzieliśmy przed telewizorem, Szirin znów wróciła do stałego tematu.

– Co oglądacie?

– Wiadomości.

– Po co?

– Chcemy się dowiedzieć, co nowego w Libanie – odparł mój mąż.

Zwietrzyłam podstęp, ale już było za późno. Szirin błyskawicznie wykorzystała sytuację.

– A więc interesuje was, co dzieje się w waszym ojczystym kraju! Od lat mieszkacie w Anglii, macie tu przyjaciół, tata dobrze zarabia, żyjecie dostatnio. A mimo to kupujecie libańskie gazety. Zmieniacie kanały, aż traficie na wiadomości z Bejrutu. Myślicie o przyszłości, jakby była przeszłością, nie dopuszczając do siebie myśli, że ta wojna może nigdy się nie skończy. Chodzi mi o to, że ktoś, kto nie ma kontaktu z własnymi korzeniami, czuje się tak, jakby stracił kontakt ze światem. Tak trudno zrozumieć to, co czuję?

– Jesteś naszą córką.

– I jestem z tego dumna. Zawsze będę waszą córką. Jestem wdzięczna za wszystko, co dla mnie zrobiliście i kocham was. Proszę tylko o jedno: pozwólcie mi dotknąć stopą miejsca moich narodzin, dajcie mi szansę, bym mogła stanąć przed moją matką i zadać jej pytanie, dlaczego mnie porzuciła – może zresztą poniecham tego zamiaru i tylko spojrzę jej w oczy. Jeżeli nie spróbuję, będę się czuła jak tchórz i nigdy nie zdołam zrozumieć białych przerw.

– Białych przerw?

– W Dubaju uczyłam się arabskiej kaligrafii. Tańczę, kiedy tylko mam okazję. Ale muzyka istnieje tylko dlatego, że istnieją pauzy. Zdania także istnieją tylko dlatego, że istnieją odstępy między słowami. Kiedy coś robię, czuję się spełniona, ale nikt nie jest w stanie aktywnie funkcjonować przez dwadzieścia cztery godziny na dobę. Kiedy przerywam, czegoś mi brak. Często mi mówiliście, że jestem z natury niespokojna, ale to nie moja wina. Też wolałabym siedzieć sobie tutaj i oglądać telewizję, ale nie mogę. Mój umysł nie daj mi wytchnienia. Czasami myślę, że oszaleję. Muszę się stale czymś zajmować: Viorelem, tańcem, kaligrafią, sprzedażą gruntów, czytaniem czegokolwiek. Uważacie, że to normalne?

– Może taki już masz temperament – stwierdził mąż.

W tym miejscu rozmowa urwała się z tego samego powodu, co zawsze: Viorel zaczął płakać. Szirin uparcie milczała, a ja utwierdzałam się w przekonaniu, że dzieci nigdy nie potrafią docenić wysiłków swoich rodziców. Nazajutrz przy śniadaniu mąż wrócił do tematu:

– Jakiś czas temu, kiedy byłaś w Dubaju, próbowałem sprawdzić, na ile możliwy jest nasz powrót do domu. Odnalazłem ulicę, przy której mieszkaliśmy. Naszego domu już nie ma, ale pomimo obecności obcych wojsk i ataków z zewnątrz trwa odbudowa kraju. Byłem jak w euforii – może to odpowiedni moment, żeby zacząć wszystko od nowa? I właśnie te słowa, „zacząć wszystko od nowa", otrzeźwiły mnie. Czas, w którym mogłem sobie pozwolić na taki luksus, dla mnie minął już bezpowrotnie. Dzisiaj chcę robić dalej to, co robię, nie potrzebuję nowych wyzwań. Zacząłem szukać ludzi, z którymi kiedyś spotykałem się po pracy na drinka. Większość z nich wyjechała, a ci, którzy pozostali, żyją w ciągłym poczuciu zagrożenia. Przechadzałem się po znajomych miejscach i czułem się obco, jakby nie u siebie. Najgorsze ze wszystkiego było to, że w miarę jak oglądałem swoje rodzinne miasto, marzenia o powrocie rozwiewały się. A jednak wizyta w Bejrucie była mi potrzebna. Wygnańcze piosenki wciąż chwytają mnie za serce, ale wiem, że już nigdy więcej nie zamieszkam w Libanie. W jakiś sposób dni spędzone w Bejrucie pomogły mi zrozumieć lepiej miejsce, w którym jestem teraz, i docenić każdą sekundę spędzaną w Londynie.

– Co mi chcesz przez to powiedzieć, tato?

– Że masz rację. Może rzeczywiście będzie lepiej, jeśli zrozumiesz te białe przerwy. Zaopiekujemy się Viorelem pod twoją nieobecność.

Poszedł do sypialni, a po chwili wrócił z pożółkłą teczką, którą wręczył Szirin – były to papiery adopcyjne. Pocałował ją i wyszedł do pracy.

HERON RYAN, dziennikarz

Przez cały tamten poranek 1990 roku z szóstego piętra hotelu widziałem tylko siedzibę rządu. Właśnie wywieszono narodową flagę na dachu, dokładnie w miejscu, z którego jaśnie dyktator uciekł helikopterem, aby kilka godzin później ponieść śmierć z rąk tych, których przez dwadzieścia dwa lata gnębił. Z woli Ceaucescu stare domy zrównano z ziemią, zgodnie z jego megalomańskim planem stworzenia stolicy, która mogłaby się mierzyć z Waszyngtonem. Skutek tego był taki, że Bukareszt dostąpił wątpliwego zaszczytu: znalazł się na pierwszym miejscu na świecie wśród miast, które uległy największym zniszczeniom, i to nie z powodu wojny czy klęski żywiołowej.

W dniu przyjazdu w towarzystwie tłumacza poszedłem na krótki spacer po mieście, ale dostrzegłem tylko nędzę, zagubienie, brak wiary w przyszłość, przeszłość i teraźniejszość. Ludzie żyli jakby w zawieszeniu, niewiele wiedząc, co się dzieje w ich kraju ani na świecie. Kiedy dziesięć lat później wróciłem i zobaczyłem kraj dźwigający się ze zgliszczy, zrozumiałem, że człowiek zdolny jest przezwyciężyć każdą trudność – a naród rumuński był tego najlepszym przykładem.

Jednak w ten szary poranek, w tym szarym holu ponurego hotelu interesowało mnie wyłącznie to, czy tłumacz znajdzie sprawny samochód i dość benzyny, żeby dowieść mnie na miejsce, żebym mógł zebrać dokumentację dla

BBC. Tłumacz długo nie wracał i zacząłem powątpiewać w pomyślne zakończenie wyprawy. Zdążyłem już sporo zainwestować w konsultacje historyczne, scenariusz, kilka sfilmowanych wywiadów, ale przed ostatecznym podpisaniem umowy szefowie BBC zażądali, abym obejrzał zamek Drakuli i sprawdził jego obecny stan. Podróż ta kosztowała mnie więcej, niż sądziłem.

Chciałem zadzwonić do narzeczonej, ale poinformowano mnie, że na połączenie trzeba czekać ponad godzinę. Nie było czasu do stracenia. Tłumacz z samochodem mógł pojawić się lada chwila, więc postanowiłem nie ryzykować.

Pytałem o angielskie gazety, ale hotelowy kiosk ich nie sprowadzał. Dla zabicia czasu jak najdyskretniej obserwowałem siedzących wokół ludzi. Spokojnie popijali herbatę, jakby obojętni na wszystko, co się zdarzyło rok wcześniej – narodową rewoltę, mordowanie z zimną krwią ludności cywilnej w Timisoarze, uliczne strzelaniny między cywilami a przerażoną tajną policją, która rozpaczliwie usiłowała utrzymać wymykającą się jej z rąk władzę. Zauważyłem grupę trzech Amerykanów, jedną atrakcyjną kobietę pogrążoną w lekturze magazynu mody oraz kilku mężczyzn, którzy rozmawiali bardzo głośno w języku, którego nie byłem w stanie zidentyfikować.

89

Właśnie miałem po raz tysięczny wstać, podejść do hotelowych drzwi i sprawdzić, czy tłumacz wreszcie przyjechał, kiedy weszła ona. Musiała mieć nieco ponad dwadzieścia lat. Usiadła, zamówiła śniadanie i zorientowałem się, że mówi płynnie po angielsku. Żaden z obecnych mężczyzn nie zwrócił na nią uwagi, natomiast kobieta podniosła głowę znad żurnala.

Może dlatego, że się denerwowałem, a może z powodu chandry, o jaką przyprawiło mnie to miejsce, zebrałem się na odwagę i przysiadłem się do jej stolika.

– Proszę mi wybaczyć, zwykle tego nie robię. Śniadanie to dla mnie najintymniejszy posiłek dnia.

Spojrzała na mnie z uśmiechem, po czym się przedstawiła. Coś mnie zaniepokoiło. Zbyt łatwo poszło. Może jest prostytutką, ale posługiwała się nienaganną angielszczyzną, nie była ubrana wyzywająco. Postanowiłem o nic nie pytać i siłą rzeczy zacząłem opowiadać jej o sobie. Spostrzegłem też kątem oka, że kobieta przy stoliku obok odłożyła czasopismo i przysłuchuje się naszej rozmowie.

– Jestem niezależnym producentem, pracuję dla BBC w Londynie. Próbuję dostać się do Transylwanii...

Zauważyłem błysk w jej oczach.

– ...żeby dokończyć dokumentację do filmu na temat mitów o wampirach.

Czekałem na reakcję z jej strony, jako że ten temat zawsze budzi w ludziach ciekawość, ale w tym momencie straciła wszelkie zainteresowanie.

– Wystarczy wsiąść w autobus – odparła. – Chociaż nie sądzę, aby znalazł pan to, czego pan szuka. Jeżeli chce się pan dowiedzieć czegoś więcej o Drakuli, niech pan przeczyta książkę. Autor nawet nigdy nie był w Rumunii.

– A pani zna Transylwanię?

– Nie wiem.

To nie była odpowiedź. Może, pomimo brytyjskiego akcentu, nie znała języka tak dobrze, jak sądziłem.

– Ja też się tam wybieram – ciągnęła. – Oczywiście autobusem.

Sądząc po stroju, nie wyglądała na poszukiwaczkę przygód, która włóczy się po egzotycznych zakątkach świata. Znowu przyszło mi do głowy, że jest prostytutką i stara się mnie poderwać.

– Może panią podwieźć?

– Już kupiłam bilet.

Nalegałem, uznając, że odmowa to część gry. Jednak ona odmówiła ponownie, twierdząc, że musi odbyć tę podróż samotnie. Spytałem, skąd pochodzi. Zawahała się przez chwilę, zanim odpowiedziała:

– Już panu mówiłam, z Transylwanii.

– Niezupełnie tak pani powiedziała. Ale jeśli to prawda, mogłaby mi pani znaleźć plenery do mojego filmu i...

Podświadomie czułem, że nie powinienem tak szybko się poddawać, bo mimo że hipoteza z prostytutką nadal wydawała mi się prawdopodobna, to bardzo, naprawdę bardzo mi zależało, żeby ze mną pojechała. Grzecznie, ale stanowczo raz jeszcze odrzuciła moją propozycję. Kobieta przy sąsiednim stoliku wtrąciła się do naszej rozmowy, jakby postanowiła stanąć w obronie dziewczyny. W tej sytuacji uznałem, że nic nie wskóram i pożegnałem się.

Wkrótce potem wpadł zdyszany tłumacz. Okazało się, że załatwił wszystko, co konieczne, ale jak można się było spodziewać, koszty są dużo wyższe. Poszedłem do pokoju, zabrałem spakowaną już wcześniej walizkę, wsiadłem do rozklekotanego gruchota radzieckiej produkcji i ruszyliśmy w drogę szerokimi, niemal pustymi alejami. Zabieram ze sobą, pomyślałem, niedużą kamerę, rzeczy osobiste, kilka butelek wody mineralnej, kanapki oraz obraz kogoś, o kim nie mogę przestać myśleć.

Podczas kolejnych dni, kiedy usiłowałem sklecić materiał o historycznej postaci Drakuli i przeprowadzić wywiady – jak było do przewidzenia, z miernym skutkiem – z wieśniakami i intelektualistami na temat mitu o wampirze, uświadamiałem sobie równocześnie, że moim celem nie jest już tylko nakręcenie filmu dokumentalnego dla brytyjskiej telewizji. Chciałem znowu spotkać tę zarozumiałą, antypatyczną, samowystarczalną dziewczynę, którą poznałem w hotelowej kawiarni w Bukareszcie i która powinna być gdzieś blisko. Nic o niej nie wiedziałem, znałem tylko jej imię, a przecież jak wampir najwyraźniej wysysała teraz ze mnie całą energię.

Absurd, bzdura, rzecz nie do przyjęcia w świecie moim i ludzi, wśród których się obracam.

Deidre O'Neill, znana jako Edda

– Nie wiem, czego pani tu szuka – powiedziałam.
– Ale tak czy inaczej, musi pani doprowadzić sprawę do końca.

Spojrzała na mnie ze zdumieniem.

– Kim pani jest?

Zaczęłam paplać coś o artykule, który właśnie przeczytałam, aż w końcu mężczyzna wstał i odszedł. Teraz mogłam się przedstawić.

– Jeżeli pyta pani o mój zawód, to kilka lat temu skończyłam medycynę. Jednak chyba nie taką odpowiedź chciała pani usłyszeć – zamilkłam na chwilę, a potem ciągnęłam dalej. – Pewnie zada mi pani teraz kilka podchwytliwych pytań, żeby wybadać, co robię w tym kraju, który dopiero wychodzi z wieloletniej zapaści.

– Wobec tego zapytam wprost: co panią tu sprowadza?

Mogłam odpowiedzieć: przyjechałam na pogrzeb mojego mistrza, ponieważ należy mu się taki hołd. Jednak poruszanie tego tematu uznałam za nieroztropne. Wprawdzie nie zdradziła najmniejszego zainteresowania wampirami, ale słowo „mistrz" na pewno zwróciłoby jej uwagę. Złożona przysięga zabrania mi kłamać, dlatego uciekłam się do półprawdy.

– Chciałam zobaczyć kraj, w którym przyszedł na świat autor Mircea Eliade, o którym pani zapewne nigdy nie słyszała. Eliade spędził znaczną część życia we Francji, a specjalizował się w... nazwijmy to... mitach.

Dziewczyna spojrzała na zegarek, udając brak zainteresowania.

– Nie mówię o wampirach. Mówię o takich ludziach, którzy, powiedzmy, kroczą podobną drogą co pani.

Zatrzymała w pół drogi rękę, unoszącą do ust filiżankę z kawą.

– Pani jest z rządu? A może wynajęli panią moi rodzice, żeby mnie śledzić?

Teraz ja zaczęłam wątpić w celowość dalszej rozmowy. Nie podobał mi się jej agresywny ton, dostrzegłam jednak jej aurę, zdenerwowanie, lęk. Ja też taka byłam w jej wieku: poraniona wewnętrznie i zewnętrznie, i dlatego owładnięta myślą, by leczyć ludzi w wymiarze fizycznym i pomagać im w znalezieniu właściwej drogi w wymiarze duchowym. Kusiło mnie, żeby powiedzieć: „Dziewczyno, twoje blizny są twoją siłą", a potem wstać od stolika i odejść.

Gdybym to zrobiła, być może droga Ateny wyglądałaby zupełnie inaczej, a ona nadal żyłaby u boku ukochanego mężczyzny. Wychowałaby syna, patrzyła, jak rośnie, jak się żeni, jak ją obdarza wnukami. Może prowadziłaby agencję sprzedaży nieruchomości? Miała wszystko, co konieczne by osiągnąć w życiu sukces i zdobyć szczęście. Wycierpiała dostatecznie dużo, aby z odniesionych ran czerpać siłę. Pokonanie dręczącego ją niepokoju i zrobienie kroku naprzód było już tylko kwestią czasu.

Co więc kazało mi zostać i podtrzymywać tę rozmowę? Odpowiem krótko: ciekawość. Nie byłam w stanie zrozumieć, co ta istota promieniująca światłem robi w tym ponurym hotelowym holu.

– Mircea Eliade – mówiłam – nadawał swoim książkom intrygujące tytuły: *Okultyzm, czary, mody kulturalne*. Albo *Sacrum, mit, historia*. Mój mistrz (wyrwało mi się niechcący, ale albo nie słuchała, albo udała, że nie słyszy) bardzo cenił jego dzieła. Coś mi mówi, że te sprawy panią interesują.

Znowu zerknęła na zegarek.

– Wybieram się do Sibiu – powiedziała. – Mam autobus za godzinę. Jadę, żeby odszukać matkę, jeśli właśnie to chce pani wiedzieć. Pracuję na Bliskim Wschodzie jako pośredniczka w handlu nieruchomościami, mam czteroletniego syna, jestem rozwiedziona, a moi rodzice mieszkają w Londynie. Moi przybrani rodzice, rzecz jasna, bo w dzieciństwie zostałam porzucona.

– Tak, właśnie to chciałam wiedzieć.

– Musiała pani jechać taki szmat drogi, żeby badać dorobek jakiegoś pisarza? Czy tam, gdzie pani mieszka, nie ma bibliotek?

– Eliade mieszkał w Rumunii tylko do czasu ukończenia studiów. Gdybym więc chciała czegoś więcej się o nim dowiedzieć, pojechałabym do Paryża lub Londynu, albo do Chicago, gdzie zmarł. To, po co tu przyjechałam, nie jest pracą badawczą w tradycyjnym sensie: chcę zobaczyć miejsca, po których stąpał, chcę poczuć to, co go zainspirowało do pisania o sprawach, które są ważne dla mnie i osób, które szanuję.

– Pisał też o medycynie?

Lepiej było nie odpowiadać. Najwyraźniej zwróciła uwagę na słowo „mistrz", ale uznała, że dotyczy ono mojego zawodu.

Dziewczyna wstała od stołu. Poczułam, że wie, o czym mówię, ponieważ jej wewnętrzne światło lśniło z jeszcze większą mocą. Ten rodzaj wglądu osiągam tylko wtedy, kiedy osoba z którą obcuję, ma podobną wrażliwość jak ja.

– Może mnie pani odprowadzić na dworzec?

Z największą przyjemnością! Mój samolot odlatywał dopiero późnym wieczorem, w związku z czym rozciągała się przede mną perspektywa długiego, nudnego dnia. Przynajmniej miałam z kim zamienić parę słów.

Poszła na górę, wróciła z walizkami i głową pełną pytań. Rozpoczęła swoje przesłuchanie, kiedy tylko wyszłyśmy z hotelu.

– Może nigdy więcej się nie spotkamy – powiedziała – ale czuję, że wiele nas łączy. Możliwe, że to jedyna okazja, żeby porozmawiać ze sobą w tym wcieleniu, dlatego proszę panią o szczerość.

Skinęłam na zgodę głową.

– Skoro przeczytała pani te mądre książki, czy wierzy pani, że poprzez taniec możemy wejść w rodzaj transu i poczuć w sobie światło, które pokazuje nam jedynie stan ducha, w jakim jesteśmy: radość albo smutek?

Trafne pytanie!

– Bez wątpienia. Ale nie tylko taniec. Także wszystko to, co pozwala skupić naszą uwagę i oddzielić ciało od ducha, na przykład joga, modlitwa lub medytacja.

– Albo kaligrafia.

– To mi nie przyszło do głowy, ale niewykluczone. W chwilach, kiedy ciało uwalnia duszę, dusza unosi się do nieba, albo zstępuje do piekła, zależnie od nastroju danej osoby. W jednym i w drugim przypadku zdobywa niezbędną jej wiedzę: jak tworzyć albo jak niszczyć. Ale mnie już nie interesują te indywidualne drogi. Zgodnie z moją tradycją potrzebna mi pomoc od... czy pani mnie słucha?

Stanęła jak wryta przed małą dziewczynką, która wyglądała na sierotę. W tej samej chwili wsunęła rękę do torebki.

– Proszę tego nie robić – powiedziałam. – Niech pani spojrzy na drugą stronę ulicy, na tę kobietę, której źle patrzy z oczu. Wysłała to dziecko, żeby...

– Nie obchodzi mnie to.

Wyciągnęła kilka monet. Chwyciłam ją za rękę.

– Kupmy jej coś do jedzenia. Będzie z tego więcej pożytku.

Zabrałyśmy dziewczynkę do baru, kupiłyśmy jej kanapkę. Podziękowała nam uradowana. Oczy kobiety po drugiej stronie ulicy pałały nienawiścią, za to szare oczy mojej towarzyszki po raz pierwszy spojrzały na mnie z szacunkiem.

– Na czym pani skończyła?

– Nieważne. Wie pani, co się stało kilka minut temu? Weszła pani w taki sam trans, jaki wywołuje taniec.

– Myli się pani.

– Nie mylę się. Coś poruszyło pani podświadomość. Może ujrzała pani samą siebie, porzucone dziecko, którego nikt nie przygarnął, żebrzące na tej samej ulicy. W tym momencie pani umysł przestał reagować. Duch opuścił ciało, zstąpił do piekła i spotkał się z demonami z przeszłości. Dlatego nie zauważyła pani kobiety po drugiej stronie ulicy – była pani w transie, w bezładnym, nerwowym transie, który popychał panią do zrobienia czegoś teoretycznie dobrego, ale praktycznie bezużytecznego. Tak jakby pani była...

– ...w przerwie między słowami, w chwili, kiedy jedna nuta się kończy, a druga jeszcze nie rozbrzmiała.

– Właśnie. A taki trans bywa niebezpieczny.

Kusiło mnie, aby powiedzieć: „Ten rodzaj transu wywoływany jest przez paraliżujący strach, który uniemożliwia człowiekowi jakiekolwiek działanie; jego ciało nie reaguje, a dusza jest już gdzie indziej. Przeraziło cię wszystko, co mogło się wydarzyć, gdyby los nie umieścił na twojej drodze przybranych rodziców". Ale dziewczyna postawiła walizki na ziemi i stanęła naprzeciwko mnie i spojrzała mi prosto w oczy.

– Kim pani jest? Dlaczego pani mi to mówi?

– Nazywam się Deidre O'Neill. A jak pani ma na imię?

– Atena. Chociaż w paszporcie wpisane mam „Szirin Khalil".

– Kto pani dał takie imię?

– Nieważne. Ale nie pytałam o imię. Pytałam, kim pani jest. I dlaczego mnie pani zagadnęła. I dlaczego również poczułam potrzebę rozmowy z panią. Czy dlatego, że byłyśmy w kawiarni jedynymi kobietami? Nie sądzę. Mówi mi pani rzeczy, które nadają sens i ład mojemu życiu.

Chwyciła walizki i ruszyłyśmy w stronę dworca.

– Ja też mam drugie imię: Edda. Nie zostało ono wybrane przypadkowo. Nie wydaje mi się też, żeby przypadkowe było nasze spotkanie.

Znalazłyśmy się przed wejściem na dworzec autobusowy. Ludzie wchodzili i wychodzili: żołnierze w mundurach, wieśniacy, piękne kobiety w strojach sprzed pięćdziesięciu lat.

– Skoro to nie przypadek, to co?

Do odjazdu jej autobusu pozostało jeszcze pół godziny. Mogłam jej odpowiedzieć: to była Wielka Matka. Pewne wybrane duchy, emanujące szczególnym światłem, muszą się w końcu spotkać, i ty, dziewczyno, jesteś jednym z takich duchów. Musisz jednak włożyć dużo pracy, zanim nauczysz się wykorzystywać tę energię dla własnego dobra.

Mogłam jej wyjaśnić: kroczysz klasyczną drogą czarownicy, która sama, bez niczyjej pomocy szuka kontaktu z innym światem, często kosztem własnego życia. Służy innym, daje energię, ale niewiele otrzymuje w zamian.

Mogłam dalej tłumaczyć: chociaż droga każdego człowieka jest inna, zawsze istnieje pewien punkt, w którym wszystkie się zbiegają, ludzie się jednoczą, razem świętują, omawiają swoje problemy i przygotowują się do Powrotu Wielkiej Matki. Kontakt z Boskim Światłem to najwspanialsze doświadczenie, jakie może przydarzyć się ludzkiej istocie, jednak, zgodnie z moją tradycją, kontakt ten nie może nastąpić w pojedynkę – taką nauczkę dały nam wieki prześladowań.

– Może napijemy się kawy? – spytała.

Podziękowałam. Obawiałam się, że powiedziałabym coś, co na obecnym etapie zostałoby źle zrozumiane.

– Pewne osoby odegrały w moim życiu bardzo ważną rolę – ciągnęła. – Na przykład właściciel mojego mieszkania. Albo kaligraf, którego poznałam na pustyni w okolicach Dubaju. Kto wie, może powie mi pani rzeczy, którymi będę mogła się z nimi podzielić, odwdzięczając się w ten sposób za to, czego mnie nauczyli.

A więc byli już w jej życiu mistrzowie. Doskonale! Dojrzała już duchowo. Teraz trzeba było dalej pracować nad sobą, żeby nie stracić wszystkiego, co osiągnęła. Tylko czy ja byłam odpowiednią osobą?

Prosiłam Wielką Matkę o natchnienie, o dobrą radę, ale nie dostałam odpowiedzi, co wcale mnie nie zdziwiło. Zawsze tak jest, ilekroć muszę podjąć samodzielną decyzję.

Wręczyłam Atenie wizytówkę. Ona podała mi swój adres w Dubaju – nie miałam pojęcia, gdzie to jest.

– Czy to nie dziwny zbieg okoliczności, że troje Anglików spotkało się w kawiarni w Bukareszcie?

– Z pani wizytówki wnioskuję, że jest pani Szkotką. Mężczyzna, z którym rozmawiałam, podobno pracuje w Anglii, ale poza tym nic o nim nie wiem – tu wzięła głęboki oddech. – A ja jestem... Rumunką.

Czym prędzej się pożegnałam, tłumacząc, że muszę wracać do hotelu, żeby się spakować.

Wiedziała już, gdzie mnie szukać. Jeśli tak nam jest pisane, jeszcze się spotkamy. Teraz trzeba tylko pozwolić, by los sam decydował o tym, co jest dla nas najlepsze.

Voszo „Buszalo", 65 lat, właściciel restauracji

Tym Europejczykom, którzy tu przyjeżdżają, wydaje się, że wszystkie rozumy zjedli, że mają prawo zasypywać nas pytaniami, a my – obowiązek udzielania na nie odpowiedzi. Przy tym uważają, że określając nas dziwnymi mianami, takimi jak „wędrowny lud" lub „Romowie", naprawią krzywdy wyrządzone nam w przeszłości.

Czemu nie nazywają nas po prostu Cyganami? Czemu wciąż traktuje się nas jako ludzi, na których ciąży przekleństwo? Oskarżają nas o to, że jesteśmy owocem nieprawego związku kobiety z samym Diabłem. Mówią, że jeden z naszych wykuł gwoździe, którymi przybito Chrystusa do krzyża, że matki powinny mieć się na baczności na widok naszych taborów, bo porywamy dzieci.

Przez takie opowieści od zarania dziejów raz po raz dochodzi do masakry. W średniowieczu polowano na nasze kobiety jako na czarownice. Przez stulecia niemieckie sądy nie uznawały nas jako świadków. Urodziłem się, zanim hitlerowska nawałnica przetoczyła się przez Europę. Widziałem, jak mojego ojca wysyłają do obozu koncentracyjnego w Polsce, z poniżającym czarnym trójkątem naszytym na rękawie. Z pół miliona Cyganów wysłanych do niewolniczej pracy przeżyło zaledwie pięć tysięcy, żeby dać świadectwo historii.

I nikt, absolutnie nikt nie chce tego przyjąć do wiadomości.

W tym zapomnianym przez świat regionie, gdzie postanowiła osiąść większość naszych klanów, aż do ubiegłego roku dyskryminowano naszą kulturę, religię i język. Jeżeli spytacie kogogokolwiek, co sądzi o Cyganach, odpowie bez namysłu: „To złodzieje i oszuści". Choćbyśmy jak najusilniej próbowali wieść normalne życie, choćbyśmy osiedlali się na stałe w jednym miejscu, nosili przy sobie dowody osobiste, na rasizm nie ma lekarstwa. W szkole moje dzieci muszą siadać w ostatnich rzędach ławek i nie ma tygodnia, żeby ktoś ich nie znieważył.

A potem inni uskarżają się, że nie odpowiadamy szczerze na pytania, że się maskujemy, że nigdy nie przyznajemy się otwarcie do swoich korzeni. Dlaczego mielibyśmy to robić? Każdy rozpozna Cygana i każdy wie, jak się „chronić" przed rzucanymi przez nas „urokami".

Na widok ciekawskiej, wykształconej dziewczyny, która z uśmiechem twierdzi, że jest jedną z nas, od razu robię się podejrzliwy. Może przysłała ją Securitate, tajna policja tego obłąkańca, Przewodnika, Geniusza Karpat, Wodza. Podobno został osądzony i rozstrzelany, ale ja w to nie wierzę. Jego syn wprawdzie gdzieś chwilowo zniknął, ale w tej okolicy nadal się go boją.

Dziewczyna nalega, uśmiecha się, jakby opowiadała zabawną historyjkę, twierdzi, że jej matka jest Cyganką. Chciałaby ją odszukać. Zna jej imię i nazwisko. Jak mogłaby zdobyć takie informacje bez pomocy Securitate?

Lepiej nie narażać się ludziom, którzy mają konszachty z rządem. Mówię, że o niczym nie wiem, że jestem tylko Cyganem, który postanowił wieść uczciwe życie, ale ona nie ustępuje, chce się zobaczyć z matką. Wiem, kto jest jej matką, wiem też, że dwadzieścia lat temu kobieta ta urodziła dziecko, które oddała do sierocińca i słuch po nim zaginął. Musieliśmy przyjąć ją do społeczności, bo tak chciał kowal, który uważał się za bóg wie kogo. Ale kto może mi zagwarantować, że ta młoda, wykształcona kobieta, która przede mną stoi, jest córką Liliany? Zanim zacznie wypytywać mnie o matkę, mogłaby przynajmniej uszanować niektóre z naszych obyczajów i nie zjawiać się tu w czerwieni, bo to nie ślub. Nie od rzeczy byłoby też założyć nieco dłuższą sukienkę, aby nie budzić w mężczyznach lubieżnych myśli. No i powinna mi okazywać więcej szacunku.

Mówię dzisiaj o niej w czasie teraźniejszym, a to dlatego, że dla tych, którzy przenoszą się z miejsca na miejsce, czas nie istnieje – istnieje tylko przestrzeń. Przybyliśmy z bardzo daleka – jedni mówią, że z Indii, drudzy, że z Egiptu. Tak czy owak dźwigamy ze sobą przeszłość, tak jakby wszystko wydarzyło się chwilę temu. A prześladowania jak trwały, tak trwają.

Dziewczyna stara się być miła, pragnie dowieść, że zna naszą kulturę, ale to nie ma najmniejszego znaczenia. Powinna znać również nasze obyczaje.

– Dowiedziałam się w mieście, że jest pan Baro Romem, głową klanu. Zanim tutaj przyjechałam, wiele czytałam na temat naszej historii...

– Nie „naszej", proszę. To jest historia moja, mojej żony, moich dzieci, mojego klanu. Pani jest Europejką. Pani nigdy nie obrzucono na ulicy kamieniami, tak jak mnie, kiedy miałem pięć lat.

– Ale chyba sytuacja się poprawia.

– Zawsze się poprawia, żeby się potem znowu pogorszyć.

Ciągle się uśmiecha. Zamawia wódkę. Nasze kobiety nigdy by się do tego nie posunęły.

Gdyby przyszła tu tylko po to, aby się napić lub znaleźć towarzystwo, zostałaby potraktowana jak każdy inny klient. Staram się być grzeczny, usłużny, miły, bo od tego zależy mój byt. Kiedy gość chce się dowiedzieć czegoś o Cyganach, opowiadam kilka ciekawostek, radzę posłuchać zespołu, który zaraz tu zagra, wyjaśniam kilka szczegółów z naszej kultury. I klient wychodzi stąd przekonany, że wie już o nas wszystko.

Ale ta dziewczyna nie jest zwykłą turystką. Twierdzi, że w jej żyłach płynie nasza krew.

Znowu pokazuje mi urzędowy dokument. Rząd zabija, kradnie i kłamie, ale, jak sądzę, nie posuwa się do wystawiania fałszywych dokumentów. Chyba rzeczywiście jest córką Liliany, bo w papierach widnieje jej pełne imię i ówczesne miejsce zamieszkania. Z telewizji dowiedziałem się, że Geniusz Karpat, Ojciec Narodu, Nasz Przewodnik, ten, który nas głodził, a całą żywność eksportował za granicę, który mieszkał w pałacach i jadał z pozłacanej zastawy, podczas gdy jego lud przymierał głodem, ten człowiek wraz ze swoją przeklętą żoną wysyłał agentów Securitate do sierocińców, żeby zabierali stamtąd dzieci i szkolili je na zabójców na usługach rządu.

Zabierali tylko chłopców, dziewczynki zostawiali. Może to rzeczywiście jest jej córka.

Jeszcze raz oglądam papiery, cały czas zastanawiam się, czy powiedzieć, gdzie mieszka jej matka. Liliana zasłużyła sobie na to, żeby poznać tę mądralę, która twierdzi, że jest „jedną z nas". Liliana zasłużyła sobie na to, żeby spojrzeć w twarz tej młodej kobiecie. Myślę, że dość już wycierpiała za zdradę swojego klanu, po tym jak legła z gadźem (N. R.: obcym), jak okryła hańbą rodzinę. Może już czas wyrwać ją z piekła. Niech zobaczy, że córka żyje, dorobiła się. Niewykluczone, że wyciągnie matkę z nędzy.

I mnie może coś się dostanie za tę informację. Kto wie, czy w przyszłości nie skorzysta na tym cały nasz klan. Żyjemy w czasach zamętu. Wszyscy mówią, że Geniusz Karpat nie żyje, w telewizji pokazują dziś sceny z jego egzekucji, ale jutro może wrócić i okaże się, że to tylko sprytny manewr, żeby sprawdzić, kto stoi po jego stronie, a kto jest gotów go zdradzić.

Za chwilę zacznie grać zespół, lepiej więc przejdźmy do rzeczy.

– Wiem, gdzie znajdzie pani tę kobietę. Z przyjemnością tam panią zabiorę – uderzam w serdeczniejszy ton. – Ale taka informacja jest chyba czegoś warta.

– Jestem na to przygotowana – odpowiada, wyjmując z torby plik banknotów, więcej, niż zamierzałem zażądać.

– To nie wystarczy nawet na taksówkę.

– Na miejscu dostanie pan drugie tyle.

Czuję, że po raz pierwszy waha się. Mam wrażenie, że się boi.

– Jutro zabiorę panią do Liliany – mówię i szybko chowam leżące na kontuarze pieniądze.

Drżą jej ręce. Zamawia drugą wódkę, kiedy nagle do lokalu wchodzi jakiś mężczyzna. Na jej widok pąsowieje i rusza prosto w jej stronę. Domyślam się, że znają się dopiero od wczoraj, a rozmawiają tak, jakby byli starymi przyjaciółmi. Mężczyzna patrzy na nią pożądliwie. Dziewczyna wie, o co mu chodzi, nawet nie stara się studzić jego zapędów. Mężczyzna zamawia butelkę wina, siadają przy stoliku i wydaje się, że dziewczyna zupełnie zapomniała o matce.

Ale ja nie zapominam o drugiej połowie zapłaty. Kiedy przynoszę im butelkę, pytam, w którym hotelu się zatrzymała, i umawiamy się na dziesiątą rano.

HERON RYAN, dziennikarz

Już przy pierwszym kieliszku wina, niepytana, poinformowała, że ma narzeczonego, detektywa ze Scotland Yardu. Było to oczywiste kłamstwo. Widocznie coś wyczytała z moich oczu i próbowała mnie zniechęcić.

– A więc remis – rzuciłem – bo i ja jestem z kimś związany.

Dziesięć minut po tym, jak muzycy zaczęli grać, wstała z miejsca. Rozmawialiśmy przedtem niewiele, nie pytała o moje badania nad wampirami, wymieniliśmy tylko kilka ogólnych uwag na temat miasta, ponarzekaliśmy na opłakany stan dróg. Ale kiedy zaczęła tańczyć, zobaczyłem, tak jak zobaczyli wszyscy obecni w restauracji, boginię w całej swojej glorii, kapłankę przywołującą anioły i demony.

Miała zamknięte oczy. Wydawało się, że nie wie, kim jest, skąd przybywa, dlaczego tu się znalazła, jakby unosiła się w powietrzu, przyzywając swą przeszłość, wyjawiając teraźniejszość, prorokując przyszłość. Stała się uosobieniem erotyzmu i niewinności, jakby czciła jednocześnie Boga i Naturę.

Wszyscy przyglądali się jej z zaciekawieniem. Już nie poruszała się w takt muzyki – to muzycy starali się nadążyć za jej krokiem, a restauracja w podziemiach starego budynku w mieście Sibiu przeobraziła się w egipską świątynię, gdzie kiedyś zbierały się czcicielki Izis, by odprawiać swe rytuały. Zapach pieczystego i wina zmieniał się w woń kadzidlaną, która wprawiała nas w taki sam trans, doznawaliśmy tego samego uczucia oderwania od rzeczywistości i wkraczania w nieznany dotąd wymiar.

Instrumenty dęte i strunowe zamilkły, słychać było tylko perkusję. Atena tańczyła, jakby była już gdzieś indziej. Po twarzy spływał jej pot, bose stopy uderzały o drewniany parkiet. Jakaś kobieta wstała i ostrożnie osłoniła chustą szyję i piersi tańczącej, bo bluzka niebezpiecznie zsuwała jej się z ramion. Atena jakby niczego nie zauważała, przeniosła się w inne sfery, gdzieś hen, na krańce światów, które niemal stykają się z naszym, lecz zawsze pozostają niewidzialne.

Goście zaczęli klaskać w rytm muzyki. Atena przyśpieszyła kroku, czerpiąc z tego klaskania energię. Wirowała w kółko, balansowała w próżni, rozbudzając to wszystko, co my, biedni śmiertelnicy, winniśmy ofiarować najwyższemu bóstwu.

Nagle się zatrzymała. Wszyscy zamarli, zamilkła perkusja. Oczy miała nadal zamknięte, a po twarzy ciekły jej łzy. Uniosła ramiona ku niebu i krzyknęła:

– Kiedy umrę, pochowajcie mnie na stojąco, bo całe życie przeżyłam na kolanach!

Nikt nie odezwał się słowem. Otworzyła oczy, jakby budząc się z głębokiego snu, po czym, jak gdyby nigdy nic, wróciła do stolika. Muzycy znów zaczęli grać, pary wyszły na parkiet. Niby wszyscy bawili się dalej, jednak coś się wyraźnie zmieniło. Wkrótce goście popłacili rachunki i zaczęli opuszczać restaurację.

– Wszystko w porządku? – spytałem, kiedy już trochę ochłonęła.

– Boję się. Wiem, jak dotrzeć do miejsca, dokąd nie chcę dotrzeć.

– Mam ci towarzyszyć?

Pokręciła przecząco głową.

Kilka dni później skończyłem dokumentację do filmu i odesłałem tłumacza do Bukaresztu, ale siedziałem dalej w Sibiu już tylko po to, żeby znowu ją spotkać.

Przez całe życie kierowałem się logiką, wiedziałem, że miłość trzeba budować, odkryć ją to za mało. Mimo to czułem, że jeśli już jej więcej nie zobaczę, pozostawię na zawsze w Transylwanii jakąś ważną część siebie, choćbym miał to sobie w pełni uświadomić dopiero później. Podczas tych niekończących się godzin walczyłem z monotonią. Kilkakrotnie chodziłem na dworzec autobusowy, żeby sprawdzić odjazdy do Bukaresztu. Na rozmowy telefoniczne z BBC i z narzeczoną wydałem majątek. Tłumaczyłem, że materiał jeszcze nie jest gotowy, że czegoś brakuje, że zostanę jeszcze dzień, dwa, może tydzień, że Rumuni są trudni we współpracy i oburzają się, kiedy ktoś kojarzy piękną Transylwanię z przerażającą historią o Drakuli. Producenci chyba dali się w końcu przekonać, bo pozwolili mi zostać dłużej, niż przewidywała umowa.

Mieszkałem w jedynym hotelu w mieście i pewnego dnia pojawiła się w holu. Tym razem zaproponowała mi wspólne wyjście. Nie posiadałem się z radości: chyba stałem się dla niej kimś ważnym.

Później dowiedziałem się, że zdanie, które wykrzyczała, kończąc swój taniec, to stare cygańskie przysłowie.

LILIANA, szwaczka, wiek i nazwisko nieznane

Mówię w czasie teraźniejszym, ponieważ dla nas czas nie istnieje, istnieje tylko przestrzeń. A zresztą wydaje się, że to było wczoraj.

W jednym tylko skalałam kodeks klanowych obyczajów: kiedy urodziłam Atenę, nie było u mego boku mężczyzny. Zajęły się mną akuszerki, chociaż wiedziały, że spałam z *gadźem*, obcym. Rozpuściły mi włosy, przecięły i zawiązały pępowinę, a potem wręczyły mi dziecko. Zgodnie z tradycją, noworodka należy owinąć w jakąś część ubioru ojca. Po moim ukochanym został mi jedynie szalik. Od czasu do czasu wdychałam zapach szalika, żeby jeszcze raz poczuć bliskość mojego mężczyzny. Po raz ostatni.

Zawinęłam dziecko w szalik i położyłam je na podłodze, żeby Ziemia dała mu energię. Tkwiłam tam, nie wiedząc, co myśleć, ani co czuć. Decyzja nie należała do mnie.

Akuszerki kazały mi wybrać imię i nikomu go nie wyjawiać, aż do chrztu dziewczynki. Dały mi poświęcony olejek i amulety, które przez dwa tygodnie miałam zawieszać dziecku na szyjce. Jedna z nich powiedziała, żeby się nie martwić, bo za dziecko odpowiada cały klan. Na początku, mówiła, spotkasz się z potępieniem, ale to szybko minie. Radziły mi też, żeby nie wychodzić między zmierzchem a świtem, bo grożą nam *ćochano (N. R.: złe duchy)*, które wstępują w człowieka i zamieniają jego życie w piekło.

Tydzień później tuż po wschodzie słońca poszłam do sierocińca w Sibiu. Położyłam zawiniątko na progu w nadziei, że jakaś dobra dusza przygarnie moje dziecko. Właśnie miałam odejść, kiedy złapała mnie pielęgniarka i wciągnęła do środka. Naubliżała mi od najgorszych.

– Znamy takie sztuczki! – wrzeszczała. – Tu stale ktoś obserwuje wejście, nie uda ci się tak łatwo zrzucić z siebie odpowiedzialności. No ale czegóż innego można się spodziewać po Cygance! Wyrodna matka!

Kazała mi wypełnić jakiś formularz, a ponieważ nie umiałam pisać, powtórzyła kilka razy: „No jasne! Cyganka! Tylko nie próbuj podawać fałszywych danych, bo trafisz do więzienia!". Ze strachu na wszystkie pytania odpowiedziałam zgodnie z prawdą.

Po raz ostatni spojrzałam na moje dziecko i w duchu powiedziałam jedynie: „Bezimienna dziecino, obyś znalazła w swoim życiu dużo, dużo miłości".

Potem przez długie godziny błąkałam się po lesie. Wspominałam niejedną noc podczas ciąży, kiedy przepełniały mnie zarówno miłość, jak nienawiść do dziecka i do mężczyzny, który umieścił we mnie swe nasienie.

Jak każda kobieta marzyłam o księciu z bajki, który się ze mną ożeni, da mi dużo dzieci, będzie się o nas troszczył. Jak większość kobiet zakochałam się w mężczyźnie, który nie mógł mi nic z tego dać, ale za to spędziłam z nim niezapomniane chwile. Trudno oczekiwać, by córka kiedykolwiek to zrozumiała, skoro na zawsze pozostałaby napiętnowana przez klan jako *gadźo*, jako bękart. Było mi ciężko na sercu, ale chciałam jej oszczędzić losu, jaki spotkał mnie, kiedy mój brzemienny stan przestał być tajemnicą. Płakałam, kaleczyłam ciało paznokciami, zadawałam sobie ból, żeby nie myśleć, co mnie teraz czeka, jak zniosę konsekwencje hańby, którą okryłam rodzinę. Ktoś zajmie się dzieckiem, pocieszałam się, a ja do końca życia będę łudzić się nadzieją, że pewnego dnia znów ją zobaczę.

Nie mogłam powstrzymać łez. Usiadłam pod drzewem i objęłam ramionami jego pień. Kiedy łzy i krew z moich ran spłynęły na jego korę, poczułam przypływ jakiegoś dziwnego spokoju. Zdało się, że słyszę głos, który mówi: „Nie martw się, twoja krew i twoje łzy oczyszczą drogę dziecka i nie pozwolą, by cierpiało". Od tamtej pory ilekroć ogarnia mnie rozpacz, przypominam sobie ten głos i spokój wraca.

Dlatego nie zdziwił mnie jej widok, kiedy zjawiła się w towarzystwie Baro Roma. Wypił kawę i kieliszek wódki, uśmiechnął się fałszywie i zaraz odszedł. Głos mi kiedyś obiecał, że dziecko wróci, i oto widzę ją przed sobą. Piękna, podobna do ojca, ale nie wiem, co do mnie czuje – pewnie nienawiść za to, że ją porzuciłam. Nie będę tłumaczyć, dlaczego to zrobiłam, i tak nikt nigdy nie byłby w stanie tego zrozumieć.

Mija cała wieczność, a my nie odzywamy się słowem, tylko patrzymy na siebie. Żadnego uśmiechu, żadnych łez, nic. W mojej piersi wzbiera ogromna fala miłości, ale nie wiem, czy interesuje ją, co czuję.

109

– Jesteś głodna? Chcesz coś zjeść?

Instynkt. Zawsze instynkt na pierwszym miejscu. Kiwa twierdząco głową. Wchodzimy do mojej małej izdebki, która służy za pokój gościnny, sypialnię, kuchnię i warsztat krawiecki. Rozgląda się dookoła zdumiona, zażenowana. Udaję, że niczego nie zauważyłam. Podchodzę do pieca, wracam z dwoma talerzami gęstej zupy z warzyw i mięsa. Robię mocną kawę, a kiedy zamierzam ją posłodzić, słyszę jej pierwsze słowa:

– Dla mnie bez cukru. Nie wiedziałam, że znasz angielski.

Już miałam powiedzieć: „To dzięki twojemu ojcu", ale w porę ugryzłam się w język. Jemy w milczeniu. Czas mija i sytuacja zaczyna mi się wydawać coraz bardziej naturalna: oto siedzę tutaj z córką, która przewędrowała cały świat, a teraz znowu jest ze mną. Poznała inne drogi i wróciła do domu. Wiem, że to ułuda, ale w życiu doznałam tak wielu smutnych chwil, że nie zaszkodzi odrobinę pomarzyć.

– Kim jest ta święta? – wskazuje obraz na ścianie.

– To święta Sara, patronka Cyganów. Zawsze chciałam odwiedzić jej kościół we Francji, ale nie mogę wyjeżdżać. Nie dostałabym paszportu, wizy, a poza tym...

Chcę dodać, że nawet gdybym dostała paszport, nie byłoby mnie stać na podróż, ale tego nie robię. Mogłaby uznać, że ją o coś proszę.

– ...a poza tym mam dużo pracy.

Znów zapada milczenie. Kończy zupę, zapala papierosa. Nie mogę nic wyczytać z jej oczu, żadnego uczucia.

– Sądziłaś, że mnie jeszcze zobaczysz?

Odpowiadam twierdząco.

– Nadciąga burza. Nie chcesz się trochę przespać?

– Nic nie słyszę. Wiatr nie wieje ani silniej, ani słabiej niż dotąd. Wolę porozmawiać.

– Uwierz mi, mam mnóstwo czasu, całą resztę życia, żeby być blisko ciebie.

– Nie mów tak.

– Jesteś zmęczona – ciągnę, udając, że nie dosłyszałam. Czuję nadciągającą burzę. Jak każda burza, przynosi zniszczenie, ale także nawadnia pola. Wraz z deszczem spływa na ziemię mądrość nieba. Jak każda burza, musi minąć. A im jest gwałtowniejsza, tym krótsza.

Dzięki Bogu potrafię stawić czoło burzom.

I, tak jakby wysłuchały mnie święte Marie od Morza, o blaszany dach zaczynają bębnić pierwsze krople deszczu. Dziewczyna gasi papierosa. Biorę ją za rękę i prowadzę do łóżka. Kładzie się i zamyka oczy.

Nie wiem, jak długo spała. Przyglądałam się jej, nie myśląc o niczym, a głos, który słyszałam niegdyś w lesie, mówił: „Nie martw się, wszystko będzie dobrze, los zmienia ludzi na lepsze, tylko ludzie nie zawsze potrafią to dostrzec". Nie wiem, kto ją zabrał z sierocińca, kto ją wychował na niezależną kobietę, bo na taką wygląda. Zmówiłam modlitwę za rodzinę, dzięki której moja córka przeżyła i dobrze jej się wiedzie. W połowie modlitwy poczułam zazdrość, rozpacz, żal. Przerwałam rozmowę ze świętą Sarą. Czy powrót córki był rzeczywiście nieodzowny? Widziałam przed sobą wszystko, co straciłam i czego nigdy nie odzyskam. Widziałam też przed sobą owoc mojej miłości. Nie wiedziałam nic, a jednocześnie wszystko zostało mi objawione. Powróciła przeszłość, chwile, kiedy rozważałam samobójstwo, a potem aborcję, kiedy chciałam uciec jak najdalej stąd. Przypomniałam sobie krew i łzy na pniu drzewa, pierwszą rozmowę z Matką Ziemią, z którą odtąd często rozmawiam, chociaż niewielu z moich pobratymców o tym wie. Mój opiekun, który znalazł mnie w lesie, potrafił wszystko zrozumieć, wybaczyć, ale on odszedł na zawsze.

„Światło jest nietrwałe, gaśnie na wietrze, zapala się od błyskawicy, trudno je uchwycić, niczym promień słońca – a jednak warto o nie walczyć", mawiał.

Był jedynym człowiekiem, który mnie zaakceptował, nie potępił, i który przekonał klan, żeby mnie na powrót przyjęli do swej wspólnoty, jedynym o tak wielkim autorytecie moralnym, by zapobiec mojej banicji. 111

I, niestety, jedynym, który miał nigdy nie poznać mojej córki. Płakałam nad nim, a tymczasem ona, przyzwyczajona do wszelkich wygód, spała spokojnie na moim nędznym posłaniu. Powróciły tysiące pytań: kim są jej przybrani rodzice, gdzie mieszka, czy skończyła studia, czy kogoś kocha, jakie ma plany? To nie ja przemierzyłam cały świat, żeby ją odszukać. To ona mnie znalazła. Do mnie nie należało zadawanie pytań, lecz udzielanie odpowiedzi.

Otworzyła oczy. Chciałam pogłaskać ją po włosach, okazać jej czułość, która wzbierała we mnie przez te wszystkie lata, ale nie byłam pewna jej reakcji i wolałam się powstrzymać.

– Przyjechałaś tu, żeby usłyszeć, dlaczego…

– Nie. Nie chcę wiedzieć, dlaczego matka porzuca swoją córkę. Dla czegoś takiego nie ma wytłumaczenia.

Jej słowa rozdzierają mi serce. Nie wiem, co powiedzieć. Brak mi słów.

– Kim jestem? Jaka krew płynie w moich żyłach? Wczoraj, kiedy dowiedziałam się, że cię zobaczę, wpadłam w popłoch. Nie wiem, od czego mam zacząć. Jak wszystkie Cyganki, pewnie umiesz przepowiadać przyszłość?

– Nieprawda. Wróżymy tylko *gadźom*. To jeden ze sposobów zarabiania na życie. Dla siebie nigdy nie czytamy z kart ani z dłoni, ani nie próbujemy odgadywać przyszłości. A ty...

– ...należę do waszego klanu, choć za sprawą kobiety, która wydała mnie na świat, musiałam żyć daleko stąd.

– Wiem.

– Co ja właściwie tutaj jeszcze robię? Zobaczyłam cię, spojrzałam ci w oczy i mogę wracać do Londynu. Mój urlop dobiega końca.

– Chcesz się dowiedzieć czegoś o swoim ojcu?

– On mnie zupełnie nie interesuje.

I nagle zrozumiałam, jak mogłabym jej pomóc. Było tak, jakby z moich ust dobył się jakiś inny głos:

– Spróbuj lepiej zrozumieć krew, która płynie w moich żyłach i w twoim sercu.

To przemawiał przeze mnie mój mistrz. Znowu zamknęła oczy i spała przez następne dwanaście godzin.

Nazajutrz pierwszy raz w życiu miałam ten przywilej, by podać jej śniadanie. Była wypoczęta, już nie tak spięta. Wypytywała o kulturę cygańską, ale nigdy nie pytała o mnie. Opowiedziała też trochę o swoim życiu. Dowiedziałam się, że jestem babcią! Nie wspomniała o mężu ani o przybranych rodzicach. Powiedziała, że sprzedaje grunty gdzieś bardzo daleko stąd i że wkrótce musi wracać do pracy. Potem zawiozłam ją na przedmieścia Sibiu, do takiego muzeum w parku, gdzie przewieziono stare chaty z całego regionu.

Chciałam jej pokazać, jak robi się amulety, chroniące przed złym urokiem, ale nie okazała zainteresowania. Jednak kiedy opowiadałam o roślinach leczniczych, poprosiła mnie, żeby nauczyć ją, jak je rozpoznawać. Podczas spaceru po parku przekazywałam jej całą swoją wiedzę zielarską, chociaż byłam pewna, że o wszystkim zapomni, kiedy tylko wróci w rodzinne strony – co, jak już wiedziałam, oznaczało Londyn.

– Nie mamy ziemi na własność, to my jesteśmy jej własnością. Dawniej, kiedy wędrowaliśmy po świecie, wszystko, co nas otaczało, było nasze: rośliny, woda, pejzaże, wśród których przejeżdżały nasze tabory. Nasze prawa były prawami natury: przeżywają najsilniejsi, a my, słabi, wieczni tułacze, uczymy się ukrywać naszą siłę i uciekać się do niej tylko wtedy, gdy to konieczne. Nie wierzymy, że Bóg stworzył świat. Bóg jest światem, my jesteśmy w Nim, a On jest w nas. Chociaż...

Przerwałam, ale po chwili ciągnęłam dalej, bo tylko w ten sposób mogłam złożyć hołd mojemu opiekunowi.

– ...według mnie powinniśmy mówić raczej Bogini lub Matka. Nie chodzi o taką kobietę, która oddaje swoją córkę do sierocińca, lecz taką, która jest w każdej z nas i nas chroni, kiedy coś nam grozi. Jest zawsze obecna, kiedy z miłością i radością wykonujemy nasze codzienne obowiązki.

Atena – teraz już znałam jej imię – przeniosła wzrok na jedną z budowli rozsianych po parku.

– Co to jest? Kościół?

Po godzinach spędzonych w jej towarzystwie odzyskałam siły. Spytałam, czy próbuje zmienić temat. Odpowiedziała po dłuższej chwili zastanowienia:

– Ależ nie. Chcę cię wysłuchać do końca. Chociaż z tego, co przeczytałam przed przyjazdem, wynika, że to, o czym mówisz, kłóci się z tradycją cygańską.

– Mój opiekun mnie tego nauczył. Wiedział o rzeczach, o których Cyganie nie wiedzą. Zmusił innych, żeby mnie znowu przyjęli pod swe skrzydła. Udzielał mi nauk i stopniowo uświadamiałam sobie potęgę Wielkiej Matki – właśnie ja, która odrzuciłam błogosławieństwo macierzyństwa.

Pokazałam jej nieduży krzew.

– Jeżeli kiedyś twój syn będzie miał wysoką temperaturę, połóż go pod takim młodym krzaczkiem i potrząsaj gałązkami, a wtedy gorączka przejdzie na roślinę. To pomaga również uśmierzyć uczucie niepokoju.

– Opowiedz mi coś jeszcze o swoim opiekunie.

– Mówił, że na początku Pierwsza Istota była tak samotna, że zrodziła kogoś, z kim mogła rozmawiać. Z miłosnego aktu tych dwojga zrodziła się trzecia istota. Odtąd wszystko się mnożyło w tysiące, miliony. Pytałaś o kościół, który przed chwilą mijałyśmy. Nie wiem, kiedy go wybudowano, i nie obchodzi mnie to. Moją świątynią jest ten park, niebo nade mną, woda w jeziorze i w strumieniu, który do niego wpada. Moją prawdziwą rodziną są ludzie, którzy mają podobną wrażliwość, a nie ci, z którymi łączą mnie więzy krwi. Mój rytuał polega na przebywaniu z tymi ludźmi i celebracji wszystkiego, co mnie otacza. Kiedy wracasz do domu?

– Może jutro. Nie chcę sprawiać ci kłopotu.

Kolejny cios w samo serce, ale cóż mam powiedzieć?

– Zostań, jak długo chcesz. Spytałam, bo chciałabym wraz z przyjaciółmi uczcić twój przyjazd. Możemy to zrobić jeszcze dziś, jeśli się zgodzisz.

Nic nie odpowiada, a ja uznaję, że się zgadza. Wracamy do domu. Przygotowuję dla niej obiad. Tłumaczy, że musi wrócić do hotelu w Sibiu, żeby się przebrać. Kiedy wraca, wszystko jest już gotowe. Idziemy na wzgórze na południe od miasta, siadamy wokół ogniska, gramy na instrumentach, śpiewamy, tańczymy, opowiadamy historie. Pilnie na wszystko baczy, ale nie bierze udziału w zabawie, a przecież Baro Rom zachwycał się jej tańcem. Po raz pierwszy od lat jestem szczęśliwa. Przygotowałam uroczystość na cześć córki i wspólnie świętujemy ten cud, że obie żyjemy i cieszymy się zdrowiem, otoczone miłością Wielkiej Matki.

Później mówi, że wraca na noc do hotelu. Pytam, czy to już pożegnanie. Odpowiada przecząco. Wróci rano.

Przez cały następny tydzień ja i moja córka wspólnie celebrujemy życie we wszystkich jego przejawach. Kiedyś przyprowadziła ze sobą przyjaciela, który, jak zaznaczyła, nie jest jej narzeczonym ani ojcem jej dziecka. Musiał być jakieś dziesięć lat starszy od niej. Spytał, kogo czcimy podczas naszych rytuałów. Wyjaśniłam mu, że ten, kto oddaje cześć jakiejś konkretnej istocie – według mojego opiekuna – wyklucza ją naszego świata. Dlatego nikogo ani niczego nie czcimy, tylko czujemy głęboką więź z Naturą, ze Wszystkim, co istnieje.

– A modlicie się?

– Osobiście modlę się do świętej Sary. Ale tutaj wszyscy stanowimy część całości. Świętujemy, zamiast się modlić.

Atena chyba była dumna z mojej odpowiedzi, a przecież tylko powtarzałam słowa mojego opiekuna.

– Dlaczego potrzebujesz do tego innych? Przecież każdy z nas może celebrować wszystko, co istnieje, na swój własny sposób?

115

– Ponieważ inni to ja. A ja to inni.

Atena spojrzała na mnie. Poczułam, że tym razem to ja ją zraniłam.

– Jutro wyjeżdżam – oznajmiła.

– Przed odjazdem, przyjdź pożegnać się z matką.

Po raz pierwszy użyłam tego słowa. Głos mi nie zadrżał, patrzyłam jej prosto w oczy i wiedziałam, że bez względu na wszystko stała przede mną – krew z mojej krwi, owoc mojego łona. Poczułam się w owej chwili jak dziecko, które właśnie odkryło, że świat nie jest pełen upiorów i klątw, jak tego nas uczą dorośli. Świat jest przepojony miłością, niezależnie od tego, jak się ona przejawia. Miłością, która wybacza nam nasze błędy i odkupuje nasze grzechy.

Długo trzymałyśmy się w objęciach. Potem poprawiła chustkę, którą zakrywam włosy – nie miałam męża, ale zgodnie z cygańską tradycją musiałam ją nosić, bo nie byłam już dziewicą. Co przyniesie mi jutro, poza tym, że istota, którą zawsze z oddali kochałam i której się lękałam, odjeżdża?

Nazajutrz Atena zjawiła się z bukietem kwiatów. Posprzątała izbę, powiedziała, że powinnam nosić okulary, bo niszczę sobie szyciem wzrok. Spytała, czy przyjaciele, z którymi odprawiam rytuały, nie popadli w konflikt z klanem.

Odparłam, że nie, bo mój opiekun był człowiekiem powszechnie szanowanym, miał rozległą wiedzę i wiele nas nauczył, i miał uczniów na całym świecie. Wyjaśniłam, że umarł niedługo przed jej przyjazdem.

– Pewnego dnia otarł się o niego kot. Dla nas oznacza to rychłą śmierć, więc wszyscy się zmartwiliśmy. Istnieje pewien rytuał, który odwraca taką klątwę, ale mój opiekun uznał, że już pora odejść, że musi udać się na wędrówkę po zaświatach, w których istnienie głęboko wierzył, ponownie narodzić się jako dziecko, a przedtem odpocząć w łonie Matki. Pochowano go w pobliskim lesie. Pogrzeb był skromny, ale zjechali się z tej okazji ludzie z całego świata.

– Czy była wśród nich ciemnowłosa, około trzydziestopięcioletnia kobieta?

– Dokładnie nie pamiętam, ale to możliwe. Dlaczego pytasz?

– W hotelu w Bukareszcie poznałam kobietę, która przyjechała na pogrzeb przyjaciela. Jeśli się nie mylę, chyba mówiła o nim „mój mistrz".

Poprosiła, żebym opowiedziała jej więcej o Cyganach, ale wiedziała już prawie wszystko. Właściwie poza obyczajami i tradycjami sami niewiele wiemy o własnej historii. Radziłam, żeby pewnego dnia pojechała do miasteczka Saintes-Maries-de-la-Mer we Francji i w moim imieniu złożyła w darze szal pod ołtarzem Sary.

– Przyjechałam tutaj, ponieważ w moim życiu czegoś brakowało – powiedziała. – Musiałam wypełnić białe przerwy. Sądziłam, że wystarczy do tego sam widok twojej twarzy. Ale nie wystarczył. Musiałam się również przekonać, że… jestem kochana.

– Jesteś kochana.

Milczałam przez dłuższą chwilę: wreszcie wyraziłam słowami to, co chciałam powiedzieć od chwili, kiedy zostawiłam ją na pastwę losu. Nie chciałam grać na jej uczuciach, dlatego rzekłam tylko:

– Chciałabym cię o coś prosić.

– Proś, o co tylko chcesz.

– Wybacz mi.

Przygryzła wargi.

– Zawsze byłam bardzo energiczna. Ciężko pracuję, dużo czasu poświęcam synowi, namiętnie tańczę, uczę się kaligrafii, chodzę na kursy handlowe, czytam jedną książkę za drugą. Wszystko po to, żeby w mym życiu nie było tych chwil, kiedy nic się nie dzieje, ponieważ te białe przerwy przepełniają mnie uczuciem absolutnej pustki, w której brak nawet odrobiny miłości. Moi rodzice zawsze robili dla mnie wszystko, a ja tylko ich rozczarowuję. Od kiedy jesteśmy razem i czcimy Wielką Matkę, białe przerwy zaczynają się wypełniać. Stały się pauzami – chwilami, kiedy perkusista odrywa dłoń od bębna, zanim znowu mocno weń uderzy. Myślę, że mogę już odejść. Nie mówię, że odchodzę w pokoju, ale dlatego, że potrzebuję w życiu rytmu, do którego przywykłam. Ale nie odchodzę też z goryczą w sercu. Czy wszyscy Cyganie wierzą w Wielką Matkę?

– Gdybyś ich zapytała, zaprzeczyliby. Przyswajali sobie wierzenia i obyczaje miejsc, gdzie zatrzymywali się na dłużej. Jeżeli chodzi o religię, to jedyne co nas łączy, to oddawanie czci świętej Sarze i przynajmniej raz w życiu pielgrzymowanie do jej grobu w Saintes-Maries-de--la-Mer. Niektóre klany zwą ją Kali Sarą, „Czarną Sarą". W Lourdes nazywana jest Cygańską Madonną.

– Muszę iść – powiedziała po chwili Atena. – Wyjeżdżam z przyjacielem, którego poznałaś.

– Wygląda na miłego człowieka.

– Mówisz jak matka.

– Jestem twoją matką.

– Jestem twoją córką.

Objęła mnie. Tym razem miała w oczach łzy. Pogładziłam ją po głowie. Trzymałam ją w ramionach, tak jak zawsze marzyłam, od kiedy los – albo mój własny strach – nas rozdzielił. Poprosiłam, żeby na siebie uważała. Odparła, że wiele się nauczyła.

– Nauczysz się jeszcze więcej. Chociaż wszyscy jesteśmy dziś przywiązani do swych domów, miast i pracy, w twoich żyłach wciąż tętni krew wędrownych taborów, wciąż żywe są nauki, które Wielka Matka dała nam na drogę, żeby pomóc nam przetrwać. Ucz się, ale zawsze mając u swego boku innych. Nie prowadź poszukiwań samotnie, bo jeśli zrobisz fałszywy krok, nie będzie nikogo, kto by ci pomógł.

Wciąż płakała, obejmowała mnie, jakby prosiła, żebym pozwoliła jej zostać. Modliłam się do mojego opiekuna, żeby nie pozwolił mi uronić ani jednej łzy, bo chciałam dla Ateny jak najlepiej, a jej przeznaczeniem było iść dalej. Tutaj, w Transylwanii, poza moją miłością nie znalazłaby niczego. A chociaż uważam, że miłość usprawiedliwia wszystko, to nie wolno mi było prosić, żeby wyrzekła się swojej przyszłości i pozostała ze mną.

Atena pocałowała mnie w czoło i odeszła bez pożegnania, może sądząc, że pewnego dnia powróci. W każde Święta Bożego Narodzenia przysyłała mi pieniądze na cały rok, żebym nie musiała już zajmować się szyciem. Żadnego z czeków nie zrealizowałam, narażając się na pośmiewisko klanu.

Parę lat temu czeki przestały przychodzić. Widocznie zrozumiała, że dla mnie szycie jest wypełnieniem tego, co nazywała „białymi przerwami".

Tak bardzo chciałabym znowu ją zobaczyć, ale wiem, że nigdy nie wróci. Pewnie jest teraz ważną figurą, wyszła za mąż i mam dużo wnucząt, to znaczy, że moja krew przetrwa na tej ziemi, a moje błędy zostaną mi wybaczone.

SAMIRA R. KHALIL, gospodyni domowa

Kiedy tylko Szirin weszła do domu, wydając z siebie
okrzyki radości i tuląc do piersi trochę wystraszonego
Viorela, wiedziałam, że wszystko poszło lepiej, niż się
spodziewałam. Czułam, że Bóg wysłuchał moich mo-
dlitw. Wiedziała już o sobie wszystko, nie musiała dalej
szukać. Wreszcie mogła prowadzić normalne życie, zająć się synem, ponownie wyjść za mąż i zapomnieć
o tym dziwnym niepokoju, który wywoływał u niej
na zmianę stan euforii i przygnębienia.

– Kocham cię, mamo.

Objęłam ją i przytuliłam mocno do siebie. Przyzna-
ję, że kiedy jej nie było, nie sypiałam po nocach, bo nie
opuszczała mnie potworna myśl, że przyśle kogoś
po Viorela i już nigdy tu nie wrócą.

Zjadła coś, wykąpała się, opowiedziała o spotkaniu
z biologiczną matką, i o tym, co widziała w Transylwanii (sama prawie nic nie pamiętałam, zbyt zaabsorbo-
wana wówczas sprawą adopcji). Spytałam, kiedy wraca
do Dubaju.

– W przyszłym tygodniu. Przedtem jadę do Szkocji,
bo chcę się z kimś zobaczyć.

Mężczyzna!

– Z pewną kobietą – uściśliła, może zauważyła mój
znaczący uśmieszek. – Czuję, że mam do spełnienia jakąś misję. Kiedy celebrowaliśmy cud życia, odkrywałam rzeczy, których istnienia nie podejrzewałam. To, co,

jak sądziłam, można znaleźć jedynie w tańcu, jest wszędzie. I ma twarz kobiety: widziałam...

Przejął mnie lęk

– Twoja misja – powiedziałam – to wychowywać syna, robić karierę, zarabiać więcej, wyjść znowu za mąż, szanować Boga takiego, jakim Go znamy.

Szirin nie słuchała.

– Pewnej nocy siedzieliśmy wokół ogniska. Piliśmy, śmialiśmy się z różnych opowieści, słuchaliśmy muzyki. Tylko raz, podczas całego pobytu w Rumunii, kiedyś w restauracji, czułam potrzebę, żeby tańczyć, tak jakbym gromadziła energię na inną okazję. Tymczasem teraz nagle poczułam, że wszystko wokół mnie tętni życiem, jakbyśmy ja i Wszystko, co istnieje, tworzyli jedność. Zapłakałam ze szczęścia, kiedy w płomieniach ogniska zobaczyłam uśmiechającą się do mnie, pełną dobroci twarz kobiety.

Przeszedł mnie dreszcz. Pewnie to te cygańskie czary. Ale jednocześnie stanęła mi przed oczyma mała dziewczynka, która rzekomo widziała „panią w bieli".

– Nie daj się wciągnąć w takie diabelskie sztuczki. Zawsze staraliśmy się dawać ci dobry przykład. Czy nie możesz po prostu normalnie żyć jak inni?

Najwyraźniej zbyt pochopnie uznałam, że podróż w poszukiwaniu biologicznej matki dobrze jej zrobiła. Zamiast jak dawniej zareagować agresją, uśmiechnęła się i spytała:

– Co to znaczy „normalnie"? Dlaczego tata wciąż się przepracowuje, skoro mamy dość pieniędzy dla trzech pokoleń? Jest uczciwym człowiekiem, zasługuje na te pieniądze, ale zawsze z pewną dumą powtarza, że ma za dużo pracy. Po co? Dlaczego?

– Prowadzi godne, pracowite życie.

– Kiedy z wami mieszkałam, zawsze po powrocie z biura pytał, czy odrobiłam już lekcje, po czym przytaczał kilka przykładów, żeby dowieść, że pracuje dla lepszego jutra całego świata, a następnie włączał telewizję, wypowiadał parę komentarzy na temat sytuacji politycznej w Libanie i czytał sobie przed snem fachową literaturę. Wciąż był zajęty. Z tobą było tak samo. Należałam do najlepiej ubranych dziewcząt w szkole, zabierałaś mnie wszędzie ze sobą. Dbałaś o dom, sprzątałaś, zawsze uprzejma, kochająca. I doskonale mnie wychowałaś. Ale teraz, kiedy zbliża się starość, co chcecie dalej zrobić ze swoim życiem, skoro jestem już dorosła i niezależna?

– Chcemy podróżować, zobaczyć kawałek świata, cieszyć się zasłużonym odpoczynkiem.

– Dlaczego nie zaczniecie już teraz, kiedy macie jeszcze siły i zdrowie?

Sama się nad tym zastanawiałam, ale sądziłam, że mąż nie może żyć bez pracy – nie z powodu pieniędzy, bo tych mieliśmy dość, lecz po to, żeby czuć się użytecznym, by udowodnić, że uchodźca może spłacić dług wobec nowej ojczyzny. Kiedy brał urlop, a nie wyjeżdżał z miasta, zawsze znajdował powód, żeby zajrzeć do biura, porozmawiać z kolegami, podjąć decyzję, z którą spokojnie mógł zaczekać. Namawiałam go na pójście do teatru, do kina lub do muzeum i najczęściej się zgadzał, ale odnosiłam wrażenie, że to go nudzi. Interesowała go wyłącznie firma, praca, interesy.

Po raz pierwszy rozmawiałam z nią jak z przyjaciółką, a nie córką, ale starannie dobierałam słowa, żeby dobrze mnie zrozumiała.

– Chcesz przez to powiedzieć, że ojciec również stara się wypełnić te, jak to nazywasz, „białe przerwy"?

– W dniu przejścia na emeryturę, choć wydaje się, że ten dzień nigdy nie nastąpi, wpadnie w depresję. Jestem tego pewna. Stanie przed dylematem, co zrobić z tą okupioną tak wielkimi trudami wolnością. Wszyscy będą mu gratulować wspaniałej kariery, dorobku, który firma zawdzięcza jego pracowitości i uczciwości. Ale nikt nie będzie miał dla niego czasu. Życie płynie dalej i każdego z nas porywa jego nurt. Tata znowu poczuje się wygnańcem, tyle że tym razem nie będzie już miał dokąd uciekać.

– Masz jakiś lepszy pomysł?

– Tylko jeden. Nie chcę, żeby tak było ze mną. Rozpiera mnie energia i wybacz – bynajmniej nie obwiniam was o nic, naprawdę dawaliście mi dobry przykład – ale potrzebuję zmiany, i to jak najprędzej.

Deidre O'Neill, znana jako Edda

Siedzi w całkowitej ciemności.

Chłopiec, rzecz jasna, natychmiast wyszedł z pokoju – noc to królestwo strachu, potworów z przeszłości, z czasów, kiedy wiedliśmy cygańskie życie, tak jak mój dawny mistrz – niech Wielka Matka zmiłuje się nad jego duszą i niech obdarzy go miłością i opieką, aż do chwili jego powrotu.

Od kiedy zgasiłam światło, Atena nie wie, co ze sobą zrobić. Pyta o syna. Mówię, żeby się nie martwiła, żeby zostawiła wszystko mnie. Wychodzę do sąsiedniego pokoju, włączam telewizję, znajduję kanał z kreskówkami, wyłączam dźwięk. Chłopiec patrzy jak zahipnotyzowany. No i problem rozwiązany. Zastanawiam się, jak to było dawniej, kiedy nie mieliśmy telewizorów. Przecież wtedy kobiety też przychodziły odprawiać ten sam rytuał, w którym niebawem weźmie udział Atena, i również przyprowadzały ze sobą dzieci. Jak z tym radzili sobie dawni mistrzowie?

Cóż, to nie mój problem.

To, czego doświadcza chłopiec przed telewizorem – oknem na inną rzeczywistość – jest tym samym stanem, który zamierzam wywołać w Atenie. Wszystko jest takie proste, a równocześnie takie skomplikowane! Proste – ponieważ wystarczy zmienić swoje nastawienie: nie będę już szukać szczęścia. Od tej chwili jestem niezależna, patrzę na życie własnymi, a nie cudzymi oczyma. Będę szukać przygody, jaką jest samo życie.

I skomplikowane – bo dlaczego nie mam szukać szczęścia, skoro wpaja się mi, że jest to jedyny cel, do którego warto dążyć? Dlaczego mam podejmować ryzyko, wybierając drogę, której nikt nie wybiera?

Czym ostatecznie jest szczęście?

Miłością, odpowiedzą. Jednak miłość nie daje i nigdy nie dawała szczęścia. Wręcz przeciwnie, zawsze jest niepokojem, polem bitwy, ciągiem bezsennych nocy, podczas których zadajemy sobie mnóstwo pytań, dręczą nas wątpliwości. Na prawdziwą miłość składa się ekstaza i udręka.

W takim razie – spokojem. Spokojem? Przyjrzymy się Wielkiej Matce, ona nie zna spokoju. Zima zmaga się z latem, słońce i księżyc nigdy się nie spotykają, tygrys ściga człowieka, którego boi się pies, który ściga kota, który goni za myszą, której boi się człowiek.

Szczęście dają pieniądze. Znakomicie. W takim razie każdy, kto ma dosyć pieniędzy, aby żyć na najwyższym poziomie, powinien przestać pracować. A jednak jeszcze bardziej się dręczy, jakby w obawie, że wszystko straci. Pieniądze robią pieniądze, taka jest prawda. Bieda może unieszczęśliwiać, ale pieniądze szczęścia nie gwarantują.

Bardzo długo szukałam szczęścia, teraz pragnę tylko radości. Radość jest jak seks, ma początek i koniec. Pragnę przyjemności. Chcę być zadowolona – ale szczęście? Już nie dam się na to nabrać.

Kiedy znajduję się w grupie ludzi, próbuję ich sprowokować, zadając im to najważniejsze pytanie: „Czy jesteście szczęśliwi?"; a wtedy oni odpowiadają: „Tak, jesteśmy szczęśliwi".

Wówczas pytam: „Ale czy nie chcielibyście czegoś więcej, czy nie chcielibyście się nadal rozwijać?". Wtedy odpowiedź brzmi: „Oczywiście, że tak".

Na to stwierdzam: „W takim razie nie jesteście szczęśliwi", a oni zmieniają temat.

Muszę wracać do pokoju, w którym przebywa teraz Atena. W ciemności. Słyszy moje kroki, odgłos pocieranej zapałki. Rozbłyskuje świeca.

– Tym, co nas otacza, jest Wszechobecne Pragnienie. To nie jest szczęście, to pragnienie. A pragnienia zawsze pozostają niespełnione. Czyż raz spełnione, nie przestają być pragnieniami?

– Gdzie jest mój syn?

– Nie martw się niczym, ogląda telewizję. Patrz tylko na tę świecę i nic nie mów. Masz tylko wierzyć.

– Wierzyć w co?

– Prosiłam, żebyś nic nie mówiła. Po prostu uwierz – przestań w cokolwiek wątpić. Żyjesz, a płomień tej świecy to jedyny punkt twojego wszechświata – uwierz w to. Pozbądź się raz na zawsze złudzenia, że droga doprowadzi cię do celu: w rzeczywistości do celu docieramy z każdym naszym krokiem. Powtarzaj co rano: „Dotarłam". Zobaczysz, że będzie ci znacznie łatwiej świadomie przeżywać każdą sekundę dnia.

Na chwilę przerwałam.

– Blask świecy rozjaśnia twój świat. Spytaj świecy: „Kim jestem?".

Znowu odczekałam chwilę. I mówiłam dalej:

– Wyobrażam sobie twoją odpowiedź: „Nazywam się tak a tak, przeżyłam to a to. Mam syna, pracuję w Dubaju". A teraz znów zapytaj świecę: „Kim nie jestem?".

Zamilkłam. I znów zaczęłam mówić:

– Odpowiedziałaś pewnie: „Nie jestem osobą zadowoloną. Nie należę do typowych matek, które poświęcają się wyłącznie dziecku, mężowi, marzą o domu z ogródkiem i wakacjach na Majorce". Zgadłam? Możesz już mówić.

– Zgadłaś.

– A zatem jesteśmy na właściwej drodze. Podobnie jak ja, jesteś osobą niezadowoloną z życia. Twoja „rzeczywistość" nie pasuje do „rzeczywistości" innych. I boisz się, że twój syn pójdzie tą samą drogą, prawda?

– Tak.

– Ale wiesz, że nie możesz się zatrzymać. Walczysz, lecz nie potrafisz pozbyć się wątpliwości. Przyjrzyj się dobrze tej płonącej świecy. W tej chwili jest ona całym twoim wszechświatem. Przykuwa twoją uwagę, rzuca nieco światła na to, co się wokół niej znajduje. Weź głęboki wdech, zatrzymaj powietrze w płucach jak najdłużej, a potem zrób wydech. Powtórz pięć razy.

Wykonała moje polecenie.

– To ćwiczenie powinno uspokoić twoją duszę. Teraz przypomnij sobie, co ci powiedziałam: uwierz. Uwierz, że dotarłaś tam, gdzie chciałaś. Jak mi opowiadałaś dziś przy herbacie, w pewnym okresie swego życia odmieniłaś zachowanie kolegów w banku, w którym pracowałaś, ponieważ nauczyłaś ich tańczyć. To nieprawda. Zmieniłaś wszystko, ponieważ tańcem zmieniłaś ich rzeczywistość. Uwierzyłaś w historię z Wierzchołkiem, która wydaje mi się ciekawa, chociaż nigdy przedtem o tym nie słyszałam. Lubisz tańczyć, wierzyłaś w to, co robisz. Nie można wierzyć w coś, czego się nie lubi. Rozumiesz?

Atena skinęła twierdząco głową, nie odrywając wzroku od płomienia świecy.

– Wiara nie jest pragnieniem. Wiara jest Wolą. Pragnienia są czymś, co trzeba spełniać, natomiast Wola daje siłę. Wola zmienia przestrzeń wokół nas, tak jak ty to zrobiłaś w swoim miejscu pracy. Jednak do tego też niezbędne jest Pragnienie. Skoncentruj się na świecy! Twój syn wyszedł stąd i usiadł przed telewizorem, bo boi się ciemności. Jaka jest tego przyczyna? Po prostu w ciemności możemy wyobrazić sobie wszystko, ale zazwyczaj dopadają nas wyłącznie nasze własne urojenia. Dotyczy to zarówno dzieci, jak i dorosłych. Unieś powoli prawą rękę.

Ręka powędrowała w górę. Poprosiłam, żeby teraz uniosła lewą ręką. Przyjrzałam się jej piersiom – były znacznie ładniejsze niż moje.

– Możesz opuścić ręce, ale bardzo powoli. Zamknij oczy i oddychaj głęboko. Zapalę teraz światło. No i już: rytuał dobiegł końca. Chodźmy do salonu.

Podniosła się z trudem – w pozycji, w jakiej kazałam jej siedzieć, nogi drętwieją.

Viorel usnął. Wyłączyłam telewizor i poszłyśmy do kuchni.

– Po co było to wszystko?

– Po prostu, żeby cię wyrwać z twojej codzienności. Mogłam poprosić, żebyś skoncentrowała się na czymkolwiek, ale ja lubię ciemność i płomień świecy. Tak naprawdę chcesz spytać, dokąd zmierzam, mam rację?

Powiedziała, że tłukła się trzy godziny w pociągu z dzieckiem na kolanach, a powinna się w tym czasie przygotowywać do powrotu do Dubaju, że płomieniowi świecy mogła przyglądać się równie dobrze we własnym pokoju, nie musiała w tym celu jechać aż do Szkocji.

– Owszem, musiałaś – odparłam. – Po to, żeby się dowiedzieć, że nie jesteś sama, że inni ludzie mają kontakt z tym samym, co ty. Sam fakt, że to zrozumiesz, pozwoli ci uwierzyć.

– Uwierzyć w co?

– Że jesteś na właściwej drodze. I że, jak już mówiłam, z każdym krokiem docierasz do celu.

– Na jakiej drodze? Myślałam, że po odszukaniu matki w Rumunii znajdę wreszcie spokój ducha, którego tak bardzo potrzebuję, ale nie znalazłam. O jakiej drodze mówisz?

– Nie mam zielonego pojęcia. Dowiesz się tego, kiedy zaczniesz nauczać. Po powrocie do Dubaju znajdź sobie ucznia lub uczennicę.

– Mam uczyć tańca czy kaligrafii?

– Na tym się znasz. Powinnaś uczyć czegoś, czego nie znasz. Czegoś, co poprzez ciebie pragnie ujawnić Wielka Matka.

Spojrzała na mnie jak na wariatkę.

– Właśnie tak – upierałam się. – Dlaczego kazałam ci unosić ręce i głęboko oddychać? Żeby cię przekonać, że wiem coś, czego ty nie wiesz. Ale to nieprawda. To był tylko sposób wyrwania cię ze świata, do którego przywykłaś. Nie poprosiłam, żebyś dziękowała Wielkiej Matce, żebyś jej mówiła, że jest wspaniała, a jej oblicze mieni się blaskiem ognia. Poprosiłam tylko o absurdalny i bezużyteczny gest uniesienia ramion i o skoncentrowanie uwagi na świecy. To wystarczy – starać się, kiedy to tylko możliwe, robić coś, co wykracza poza otaczającą nas rzeczywistość. Kiedy zaczniesz tworzyć rytuały dla swojego ucznia, otrzymasz wskazówki. To będzie początek twojego terminowania – tak przynajmniej mawiał mój opiekun. Jeżeli zastosujesz się do moich wskazówek, wszystko się uda. Jeżeli natomiast z nich nie skorzystasz, będziesz żyć jak dotąd, aż pewnego dnia staniesz pod ścianą zwaną „niespełnieniem".

Zadzwoniłam po taksówkę, porozmawiałyśmy chwilę o modzie i mężczyznach, po czym Atena wyszła. Byłam pewna, że zastosuje się do moich rad – w końcu należała do osób, które zawsze podejmują wyzwanie.

– Ucz, jak być innym. To wszystko! – krzyknęłam za oddalającą się taksówką.

To prawdziwa radość. Szczęściem byłoby zadowolić się wszystkim, co już miała – miłością, dzieckiem, pracą. Ale Atena, tak jak ja, nie urodziła się do takiego życia.

128

HERON RYAN, dziennikarz

Naturalnie nie dopuszczałem do siebie myśli, że to miłość. Miałem narzeczoną, która mnie kochała i dzieliła ze mną wszystkie radości i smutki.

To, co przeżyłem w Sibiu, nie było właściwie niczym nadzwyczajnym. Na wyjeździe, z dala od domu, zdarza się, że człowiek porzuca świat swoich przyzwyczajeń, zapomina o wszelkich barierach, zakazach i nakazach – szuka przygód.

Po powrocie do Anglii od razu oznajmiłem moim zleceniodawcom, że pomysł z dokumentem na temat Drakuli to czysty nonsens. W swej książce pomylony Irlandczyk stworzył zupełnie nieprzystający do rzeczywistości obraz Transylwanii, która faktycznie należy do najpiękniejszych zakątków świata. Oczywiście, najdelikatniej rzecz ujmując, nie byli tym zachwyceni, ale ich opinia już mnie nie obchodziła. Odszedłem z telewizji i podjąłem pracę w jednej z redakcji najbardziej wpływowych gazet na świecie.

Mniej więcej w tym samym czasie uświadomiłem sobie, że tęsknię za Ateną.

Zadzwoniłem do niej. Umówiliśmy się na spacer przed jej wyjazdem do Dubaju. Zaproponowała, że oprowadzi mnie po Londynie.

Wsiedliśmy do pierwszego lepszego autobusu, nie sprawdzając nawet, dokąd jedzie. Na chybił trafił wybraliśmy jedną z pasażerek, z postanowieniem, że wysiądziemy tam, gdzie ona. Wysiadła w Temple, a my za nią. Minęliśmy żebraka, który prosił o jałmużnę, ale go zignorowaliśmy. Pomaszerowaliśmy przed siebie, a za plecami jeszcze długo słyszeliśmy potok przekleństw, które uznaliśmy po prostu za jego sposób komunikowania się z otoczeniem.

Zobaczyliśmy, jak ktoś demoluje budkę telefoniczną. Chciałem wezwać policję, ale Atena mnie powstrzymała – może wandala właśnie rzuciła ukochana i musi jakoś odreagować gorycz rozstania? Albo nie ma nikogo, z kim mógłby porozmawiać, w związku z czym nie może ścierpieć widoku szczęśliwców, którzy przez telefon wyznają komuś miłość lub chwalą się pomyślnie sfinalizowaną transakcją handlową?

Kazała mi zamknąć oczy i dokładnie opisać, co mamy na sobie. Ku mojemu zaskoczeniu zupełnie nie poradziłem sobie z tym zadaniem.

Spytała, co znajduje się na biurku, przy którym pracuję. Odparłem, że leżą na nim między innymi papiery, których nigdy mi się nie chce uporządkować.

– Czy nie przyszło ci nigdy do głowy, że te szpargały żyją, mają uczucia, życzenia, historie do opowiedzenia? Chyba nie poświęcasz życiu tyle uwagi, na ile zasługuje.

Obiecałem, że nazajutrz, zaraz po przyjściu do redakcji, przejrzę je wszystkie po kolei.

Para cudzoziemców z rozłożoną mapą w ręku, spytała nas o drogę do jakiegoś pomnika. Informacje, jakich im udzieliła Atena, były bardzo szczegółowe, tyle że całkowicie błędne.

– Wysłałaś ich w odwrotnym kierunku!

– To bez znaczenia. Zgubią się, ale za to odkryją wiele ciekawych miejsc. Zdobądź się na odrobinę fantazji. Masz nad głową niebo – ludzie obserwują je od tysięcy lat i tworzą na jego temat wiele podobno racjonalnych teorii. Zapomnij o wszystkim, co wiesz o gwiazdach, a znowu przemienią się w anioły albo w dzieci, albo w co tylko będziesz miał akurat ochotę uwierzyć.

Nie staniesz się przez to głupszy. To tylko zabawa, ale taka, która może wzbogacić twoje życie.

Następnego dnia w redakcji z uwagą przejrzałem każdy świstek papieru z osobna, jakby zawierał wiadomość kierowaną do mnie osobiście, a nie do instytucji, którą reprezentuję. W południe uciąłem sobie pogawędkę z sekretarzem redakcji. Zaproponowałem, że napiszę artykuł na temat Bogini czczonej przez Cyganów. Pomysł mu się spodobał, w związku z czym miałem udać się na obchody do mekki Cyganów, Saintes-Maries-de--la-Mer.

Choć to niewiarygodne, Atena nie wyraziła najmniejszej chęci, by mi towarzyszyć. Twierdziła, że jej narzeczonemu – temu tajemniczemu policjantowi, którego sobie wymyśliła, żeby mnie trzymać na dystans – nie spodobałoby się, gdyby wyjechała w podróż z innym mężczyzną.

– Przecież obiecałaś matce, że zawieziesz świętej szal?

– Owszem, pod warunkiem, że mi będzie po drodze. Ale nie jest. Jeżeli któregoś dnia będę w okolicy, spełnię obietnicę.

W najbliższą niedzielę wracała do Dubaju, ale wpierw pojechała z synkiem do Szkocji na spotkanie z kobietą, którą poznaliśmy razem w Bukareszcie. Nikogo takiego sobie nie przypominałem, jednak skoro miała już wyimaginowanego narzeczonego, mogła jako wymówkę wymyślić sobie także „znajomą ze Szkocji". Postanowiłem nie nalegać, ale byłem zazdrosny; wyglądało na to, że woli inne towarzystwo.

To uczucie zazdrości zaskoczyło mnie. W związku z gwałtownym ożywieniem na bliskowschodnim rynku nieruchomości, o którym czytałem w dziale gospodarczym naszej gazety, postanowiłem zgłębić temat, dowiedzieć się czegoś więcej o handlu gruntami, gospodarce, polityce i wydobyciu ropy naftowej w tym regionie – wszystko po to, żeby być bliżej Ateny.

Efektem wyprawy do Saintes-Maries-de-la-Mer był świetny artykuł. Zgodnie z tradycją, Sara, z pochodze-

131

nia Cyganka, mieszkała w nadmorskiej wiosce w czasie, kiedy przybyła tam Maria Salomea, ciotka Jezusa, wraz z grupą innych uciekinierów przed rzymskimi prześladowaniami. Sara pomagała wygnańcom i przeszła ostatecznie na chrześcijaństwo.

Podczas uroczystości, w której miałem okazję uczestniczyć, kapłan wyjmuje z relikwiarza szczątki obu kobiet pochowanych u stóp ołtarza i wznosi je do góry, żeby pobłogosławić wielotysięczny barwny tłum Cyganów, którzy z muzyką i pieśnią ściągają taborami z całej Europy. Następnie z pomieszczenia nieopodal kościoła (Watykan nigdy Sary nie kanonizował) wierni przynoszą obraz świętej, zdobny w przepiękne suknie, i przez usiane płatkami róż uliczki wędrują z nim w procesji nad morze. Czterej Cyganie ubrani w tradycyjne stroje umieszczają relikwie w łodzi pełnej kwiatów, wchodzą do wody i odtwarzają scenę przybycia uciekinierów i ich spotkania z Sarą. Później są śpiewy, tańce, ucztowanie i popisy odwagi przed rozjuszonym bykiem.

Dużo mi pomógł pewien historyk, Antoine Locadour, który dostarczył mi wiele interesujących informacji na temat Kobiecej Boskości. Wysłałem Atenie do Dubaju dwie strony, które napisałem dla turystycznego dodatku do gazety. W odpowiedzi otrzymałem jedynie miłe podziękowania za pamięć, bez cienia komentarza.

Przynajmniej upewniłem się, że podała mi prawdziwy adres.

ANTOINE LOCADOUR, 74 lata, historyk, I. C. P., Francja

Sarę można zaliczyć do Czarnych Madonn, których wiele spotyka się na całym świecie. Według tradycji Sara-la-Kali wywodziła się ze szlachetnego rodu i znała tajemnice tego świata. W moim przekonaniu jest raczej kolejnym z licznych wcieleń tego, co nazywają Wielką Matką, Boginią Stworzenia.

Wcale mnie nie dziwi, że coraz więcej ludzi interesuje się pogańskimi tradycjami. Dlaczego? Dlatego że Bóg Ojciec jest utożsamiany z rygorem i dyscypliną, natomiast Bogini Matka wskazuje na miłość jako na wartość nadrzędną, stojącą ponad wszystkimi znanymi nam zakazami i nakazami.

To zjawisko nie jest niczym nowym. Ilekroć odnotowuje się usztywnienie zasad religijnych, tylekroć spora grupa wiernych odłącza się od macierzystego wyznania w poszukiwaniu swobodniejszej opcji duchowego kontaktu z Bogiem. Tak było w średniowieczu, kiedy Kościół katolicki robił niewiele poza ściąganiem podatków i budowaniem kapiących przepychem klasztorów. Odpowiedzią było zjawisko zwane czarownictwem, które, zwalczane ze względu na jego rewolucyjny charakter, nie zanikło całkowicie i przetrwało przez wszystkie te stulecia, aż do naszych czasów.

W tradycji pogańskiej to natura jest święta, nie księga. Bogini jest obecna we wszystkim i wszystko jest częścią Bogini. Świat jest jedynie przejawem jej boskości. Istnieje wiele systemów filozoficznych – jak taoizm lub buddyzm – w których nie ma rozróżnienia na stwórcę i stworzenie. Zgodnie z nimi człowiek nie stara się zgłębiać tajemnicy życia, tylko jest jej częścią. W buddyzmie i w taoizmie nie ma postaci kobiecej, ale podstawowa zasada głosi, że „wszystko jest jednością".

W kulcie Wielkiej Matki pojęcie „grzechu", który według powszechnego mniemania stanowi naruszenie arbitralnych kodeksów etycznych, po prostu nie istnieje. Seksualność i obyczajowość odznaczają się większą swobodą, ponieważ przynależąc do natury, nie mogą być postrzegane jako źródło zła.

Nowe pogaństwo dowodzi, że człowiek może się obyć bez zinstytucjonalizowanej religii i mimo to kontynuować duchowe poszukiwania, które nadają sens ludzkiej egzystencji. Jeżeli Bóg jest Matką, wystarczy, aby ludzie zbierali się i wielbili Ją poprzez rytuały – na przykład rytuały tańca, ognia, wody, powietrza, ziemi czy śpiewu.

W ostatnich latach ta tendencja nasiliła się. Możliwe, że jesteśmy świadkami bardzo ważnego momentu w dziejach świata, kiedy Duch integruje się ostatecznie z Materią, kiedy jedno łączy się z drugim, po czym ulega przeistoczeniu. Równocześnie przewiduję niezwykle gwałtowną reakcję tradycyjnych instytucji religijnych, które zaczynają tracić wiernych. Nasilenie się postaw fundamentalistycznych wydaje się nieuniknione.

Jako historyk, zadowalam się zbieraniem danych. Analizuję, jak swoboda bogicznego kultu ściera się z modelem religijnym opartym na obowiązku posłuszeństwa. Jak bóg, który kontroluje świat, konfrontuje się z Boginią, która jest częścią świata. Obserwuję starcie między osobami, które tworzą wspólnoty, aby czcić świętość w sposób spontaniczny, a tymi, którzy w zamkniętych kręgach uczą się, co wolno, a czego nie wolno robić.

Chciałbym być optymistą. Chciałbym wierzyć, że człowiek znalazł wreszcie własną drogę do duchowości, ale wszystkie znaki na niebie i ziemi nie napawają zbytnim optymizmem. Tak jak to już działo się wielokrotnie w przeszłości, siły konserwatywne mogą po raz kolejny zdławić kult Wielkiej Matki.

ANDREA MCCAIN, aktorka teatralna

Bardzo trudno zachować bezstronność, opowiadając o czymś, co zrodziło się z fascynacji, a skończyło głęboką urazą. Mimo to spróbuję, podejmę szczery wysiłek, żeby opisać taką Atenę, jaką ujrzałam po raz pierwszy w mieszkaniu przy Victoria Street.

Właśnie wróciła z Dubaju z zamiarem dzielenia się wszystkim, czego się dowiedziała na temat wtajemniczenia w magię. Tym razem przebywała na Bliskim Wschodzie tylko przez cztery miesiące. Sprzedała grunty pod budowę dwóch supermarketów, zainkasowała niebotyczną prowizję. Uznała więc, że ma dosyć pieniędzy, żeby przez następne trzy lata utrzymać siebie i syna, a do pracy może wrócić, kiedy tylko zechce. Nadszedł czas, żeby cieszyć się dniem dzisiejszym, wykorzystać resztki młodości, które jej pozostały, i podzielić się z innymi swoją wiedzą.

Przyjęła mnie niezbyt entuzjastycznie.

– Czego sobie życzysz? – spytała.

– Jestem aktorką. Chcemy wystawić sztukę poświęconą kobiecemu obliczu Boga. Od zaprzyjaźnionego dziennikarza dowiedziałam się, że spędziłaś trochę czasu na pustyni i wśród Cyganów na Bałkanach i że możesz mi w tym pomóc.

– Chcesz uczyć się o Wielkiej Matce tylko z powodu jakiejś sztuki teatralnej?

– A ty dlaczego chciałaś się o Niej uczyć?

Atena zamilkła, zlustrowała mnie od góry do dołu i uśmiechnęła się.

– Masz rację. To była pierwsza lekcja dla mnie jako nauczycielki: ucz każdego, kto pragnie się uczyć, bez względu na powody, jakie nim kierują.

– Słucham?

– Nic, nic.

– Teatr ma sakralne korzenie – ciągnęłam. – Wszystko zaczęło się w Grecji od hymnów na cześć Dionizosa, boga wina, urodzaju i odradzającego się życia. Jednak uważa się, że już w czasach prehistorycznych ludzie odprawiali rytuały, podczas których wcielali się w rozmaite postacie i w ten sposób nawiązywali kontakt z sacrum.

– Druga lekcja, dziękuję.

– Nie rozumiem. Przyszłam tutaj, żeby się czegoś dowiedzieć, a nie żeby udzielać nauk.

Zaczynała mnie irytować. Może ze mnie drwiła?

– Moja opiekunka...

– Opiekunka?

– Kiedyś ci to wyjaśnię. Moja opiekunka powiedziała, że nauczę się tylko wtedy, gdy zostanę sprowokowana. Od kiedy wróciłam z Dubaju, jesteś pierwszą osobą, która mi to unaoczniła. Jej słowa miały sens.

Wyjaśniłam, że gromadząc materiał do naszej sztuki teatralnej, chodziłam od jednego nauczyciela do drugiego, ale w ich naukach nie znalazłam niczego wyjątkowego. Mimo to moja ciekawość rosła, w miarę jak poszerzałam swoje wiadomości na temat tego zagadnienia. Powiedziałam też, że osoby zajmujące się tą dziedziną robią wrażenie zdezorientowanych i nie bardzo wiedzą, czego chcą.

– Co na przykład masz na myśli?

– Chociażby seks. Zdaniem niektórych seks jest całkowicie zakazany, inni natomiast głosili całkowitą swobodę w tej dziedzinie, wręcz zachęcali do udziału w orgiach.

Poprosiła o więcej szczegółów, tyle że nie wiedziałam, czy chce mnie w ten sposób sprawdzić, czy też nie ma bladego pojęcia o tym, co się wokół niej dzieje.

– Czy tańcząc, odczuwasz pożądanie? – spytała, nim zdążyłam odpowiedzieć. – Czy czujesz, że wyzwala się w tobie jakaś wyższa energia? Czy w tańcu zdarzają ci się chwile, kiedy zapominasz o sobie?

Nie wiedziałam, co powiedzieć. Rzeczywiście, czy to w klubie, czy na spotkaniu towarzyskim, czułam, jak taniec wyzwalał moją zmysłowość. Zaczynało się od niewinnego flirtu, cieszyły mnie pożądliwe spojrzenia mężczyzn. Lecz im dłużej tańczyłam, tym lepiej wczuwałam się w siebie i to, czy kogoś uwodzę, czy nie, nie miało już dla mnie żadnego znaczenia.

– Jeżeli teatr jest rytuałem, to jest nim również taniec – powiedziała Atena. – Poza tym taniec należy do najstarszych sposobów zbliżenia się do partnera. Tak jakby więzy, łączące nas z resztą świata, oczyszczały się w tańcu z wszelkich przesądów i lęków. W tańcu możesz sobie pozwolić na luksus bycia sobą.

Zaczęłam jej słuchać z zainteresowaniem.

– A potem znowu wracamy do punktu wyjścia, do dawnych obaw i niepokojów, udajemy, że jesteśmy ważni, choć sami w to nie wierzymy.

Dokładnie tak się czułam. A może wszyscy tego doświadczają?

– Masz narzeczonego?

Przypomniałam sobie, że kiedyś, kiedy zgłębiałam Tradycję Gai, jeden z „druidów" chciał mnie skłonić do uprawiania seksu w jego obecności. Żałosne i straszne zarazem – jak śmiał wykorzystywać czyjeś duchowe poszukiwania do własnych, nikczemnych celów?

– Masz narzeczonego? – powtórzyła pytanie.

– Mam.

Atena nic już więcej nie powiedziała. Tylko położyła palec na ustach na znak, że mam zamilknąć.

I nagle zdałam sobie sprawę, jak trudno zachować milczenie w obecności kogoś dopiero co poznanego. Zwykle w takich okolicznościach mówimy o czymkolwiek – o pogodzie, ulicznych korkach, restauracjach. Siedziałyśmy na kanapie w urządzonym na biało pokoju, którego jedyne umeblowanie stanowił odtwarzacz CD i półka na płyty. Nigdzie nie dostrzegłam śladu książek, nie było też obrazów na ścianach. Biorąc pod uwagę jej liczne podróże, spodziewałam się przedmiotów i pamiątek z Bliskiego Wschodu.

Ale pokój był prawie pusty – a teraz jeszcze ta cisza.

Szare oczy utkwiła w moich, ale wytrzymałam i nie odwróciłam wzroku. Może to instynkt, sygnał, którym dawałam do zrozumienia, że się nie boję, że śmiało podejmuję wyzwanie. Tyle że wszystko – cisza panująca w białym pokoju i dochodzący z oddali uliczny zgiełk – wydało mi się odrealnione. Jak długo mamy tak siedzieć, nie odzywając się słowem?

Starałam się prześledzić tok własnych myśli: czy przyszłam tu w poszukiwaniu materiałów do sztuki, czy też raczej wiedziona pragnieniem poznania, mądrości, mocy? Nie potrafiłam odpowiedzieć, co mnie przywiodło do... Do kogo właściwie? Do czarownicy?

Odżyły młodzieńcze fantazje. Która z nas nie chciała spotkać prawdziwej czarownicy, nauczyć się magii, czuć na sobie pełne szacunku i lęku spojrzenia przyjaciół? Którą z nas w młodości nie oburzały wieki szykanowania kobiet i która z nas nie czuła, że najlepszym sposobem odzyskania utraconej tożsamości jest zostać czarownicą? Ja też przeżywałam kiedyś takie rozterki. Byłam niezależna i w tak konkurencyjnej dziedzinie, jaką jest teatr, robiłam to, co chciałam, a mimo to stale czułam niedosyt. Dlaczego musiałam wciąż zaspokajać ciekawość?

Byłyśmy mniej więcej w tym samym wieku... a może byłam trochę starsza? Czy miała narzeczonego?

Atena przysunęła się bliżej mnie. Znalazła się teraz na wyciągnięcie ramienia. Poczułam się nieswojo. Może to lesbijka?

Nie odwracałam wzroku, ale dobrze zapamiętałam położenie drzwi, a więc mogłam wyjść w każdej chwili. Ostatecznie nikt mnie nie zmuszał do przyjścia tu i spotkania się z kimś, kogo nigdy przedtem nie widziałam.

Nikt mnie nie zmuszał do siedzenia w milczeniu i marnowania czasu. O co jej chodziło?

Może o ciszę. Mięśnie mi zesztywniały. Czułam się samotna, bezbronna. Rozpaczliwie pragnęłam rozmowy, albo czegokolwiek, co pomogłoby mi pokonać lęk. Myśli nie przestawały kłębić mi się w głowie: ile zapłacę za to spotkanie? Przeraziłam się. Czemu od razu o to nie zapytałam? Słono mnie to będzie kosztować! A jeżeli nie zapłacę, czy nie rzuci na mnie uroku i nie przywiedzie mnie do zguby?

Chciałam wstać i podziękować, bo ostatecznie nie przyszłam tu po to, żeby siedzieć w milczeniu. U psychoanalityka trzeba mówić. W kościele słucha się kazania. Poszukujący magii znajduje sobie mistrza, który objaśnia mu świat i uczy odpowiednich obrzędów. Ale milczenie? I dlaczego tak mi to doskwiera?

Jedno pytanie goniło drugie. Nie przestawałam myśleć, szukać powodu, dla którego siedziałyśmy tam obie, nie odzywając się słowem. Nagle, po pięciu lub dziesięciu długich minutach, uśmiechnęła się.

Ja też się uśmiechnęłam i poczułam ulgę.

– Spróbuj być inna. To wszystko.

– Tylko tyle? Siedzieć w milczeniu to znaczy być inną? Podejrzewam, że właśnie w tej chwili, tutaj, w Londynie, tysiące ludzi o niczym innym nie marzy, jak tylko o tym, żeby z kimś porozmawiać, a ty mi mówisz, że liczy się przede wszystkim milczenie i nic więcej?

– Teraz, kiedy zaczęłaś już mówić i porządkować na nowo swój wszechświat, dojdziesz ostatecznie do wniosku, że to ty masz rację, a ja się mylę. Ale przecież sama się przekonałaś, że milczeć to być kimś innym.

– Tyle, że milczenie jest nieprzyjemne i nic nie daje.

Odniosłam wrażenie, że nie przejęła się zbytnio moją reakcją.

– W którym teatrze pracujesz?

Wreszcie zainteresowała się moją osobą! Stałam się dla niej człowiekiem, miałam zawód i życie osobiste! Zaprosiłam ją na sztukę, którą właśnie wystawialiśmy.

Był to jedyny sposób, jaki mi przyszedł do głowy, żeby się na niej zemścić – pokażę jej, że jestem dobra w czymś, o czym ona nie ma pojęcia. Po długim milczeniu odczuwałam gorycz i upokorzenie.

Spytała, czy może przyprowadzić synka, ale powiedziałam, że, niestety, spektakl jest tylko dla dorosłych.

– W takim razie zostawię go u matki. Bardzo dawno nie byłam w teatrze.

Nie wzięła ode mnie ani grosza. Zrelacjonowałam pozostałym członkom zespołu moją wizytę u tej tajemniczej osoby. Wszyscy palili się, żeby poznać kogoś, kto podczas pierwszego spotkania prosi tylko o siedzenie w milczeniu.

W wyznaczonym dniu Atena zjawiła się w teatrze. Obejrzała spektakl, przyszła za kulisy, żeby się przywitać, ale na temat przedstawienia nie wyraziła żadnej opinii. Moi koledzy zaprosili ją do baru, gdzie chodzimy zazwyczaj po spektaklu. Tym razem nie siedziała cicho, przeciwnie – wróciła do pytania, które podczas naszego pierwszego spotkania pozostało bez odpowiedzi:

141

– O ile pamiętam, opowiadałaś mi o ludziach, którzy w imię Wielkiej Matki nakłaniali cię do uprawiania seksu. Powinnaś na siebie uważać.

Moi przyjaciele nic z tego nie rozumieli, ale temat im się spodobał, więc zaczęli ją zasypywać pytaniami. Coś mnie niepokoiło. Jej odpowiedzi brzmiały bardzo sucho, jakby nie miała większego doświadczenia w sprawach, o których mówiła. Dalej rozprawiała o sztuce uwodzenia, rytuałach płodności, a zakończyła greckim mitem – z pewnością zainspirowana tym, co podczas naszego pierwszego spotkania powiedziałam jej o początkach teatru. Pewnie czytała na ten temat przez cały tydzień.

– Po tysiącleciach męskiej dominacji powracamy do kultu Wielkiej Matki. Grecy nazywali ją Gają, która według mitologii wyłoniła się z Chaosu, pustki, jaka istniała, zanim powstał wszechświat. Wraz z Gają pojawił się Eros, bóg miłości, a potem z Gai zrodziło się Morze i Niebo.

– Kto był ojcem?

– Nikt. Istnieje termin naukowy, zwany dzieworództwem, który oznacza zdolność do rozrodu bez udziału męskiego pierwiastka. Istnieje również termin mistyczny, który znamy nieco lepiej: Niepokalane Poczęcie. Z Gai zrodzili się wszyscy greccy bogowie, którzy zamieszkiwali Pola Elizejskie, łącznie ze starym, dobrym Dionizosem, waszym idolem. Jednak w miarę jak mężczyźni umacniali swe polityczne rządy w greckich miastach-państwach, Gaja popadła w zapomnienie i jej miejsce zajęli Zeus, Ares, Apollo, Kronos i cała reszta, wszyscy bardzo kompetentni, ale pozbawieni uroku Gai, która dała wszystkiemu początek.

Potem wypytywała nas o pracę, a reżyser zaproponował, żeby udzieliła nam kilku lekcji.

– Na jaki temat?

– Na temat tego, na czym się znasz.

– Szczerze mówiąc, zgłębiłam wiedzę o początkach teatru w ciągu minionego tygodnia. Uczę się tego, co jest mi w danej chwili potrzebne, tak mi doradziła Edda.

A jednak!

– Ale chętnie podzielę się z wami tym, czego nauczyło mnie życie.

Wszyscy przystali na to z ochotą. Nikt nie spytał, kim jest Edda.

DEIDRE O'NEILL, znana jako Edda

Powtarzałam Atenie: Nie musisz tu ciągle przyjeżdżać i pytać o byle głupstwo. Skoro aktorzy cię zaprosili, dlaczego nie wykorzystasz tej okazji i nie zostaniesz mistrzynią?

Rób to, co ja zawsze robiłam. Myśl o sobie dobrze nawet wtedy, kiedy czujesz się najnędzniejszą istotą pod słońcem. Odrzuć negatywne myśli i pozwól Wielkiej Matce, by rozgościła się w twojej duszy i w twoim ciele. Poddaj się mocy tańca lub milczenia, lub zwykłych codziennych czynności – jak odprowadzanie synka do przedszkola, przygotowywanie kolacji, sprzątanie. Wszystko może być formą celebracji – pod warunkiem, że skoncentrujesz umysł na chwili obecnej.

Nie staraj się nikogo do niczego przekonywać. Jeśli nie wiesz, pytaj albo szukaj. Ale podejmując działanie, bądź jak tocząca swe spokojne wody rzeka i poddaj się wyższej energii. Uwierz – tak powiedziałam podczas pierwszego spotkania. Uwierz, że możesz.

Na początku będą cię dręczyć wątpliwości, niepewność. Później wyda ci się, że każdy podejrzewa cię o szalbierstwo. Nic podobnego, wcale tak nie będzie. Masz już wiedzę, musisz tylko być tego świadoma. Wszystkie umysły na tej planecie bardzo łatwo poddają się najczarniejszym scenariuszom. Drżą przed chorobą, wojną, bandytami, śmiercią. Pomóż im odzyskać utraconą radość życia.

Zapomnij o wątpliwościach.

Wszystkie twoje myśli i odczucia mogą przyczynić się do twojego rozwoju. Kiedy jesteś zirytowana lub zatrwożona, spróbuj śmiać się z samej siebie. Śmiej się głośno z tej kobiety, która się martwi i wścieka, przekonana, że jej problemy są najważniejszymi problemami na świecie. Śmiej się z absurdu, jakim jest fakt, że chociaż stanowisz przejaw Wielkiej Matki, wciąż wierzysz, że Bóg to mężczyzna, który ustala wszystkie zasady. W gruncie rzeczy stąd właśnie bierze się większość naszych problemów: z obowiązku przestrzegania zasad.

Skoncentruj się.

Jeżeli nie znajdziesz niczego, na czym mogłabyś skupić uwagę, skoncentruj się na własnym oddechu. Wciągaj w nozdrza strumień światła Wielkiej Matki. Wsłuchaj się w bicie serca, staraj się porządkować myśli, które wymykają ci się spod kontroli. Stłum w sobie chęć, żeby wstać i zająć się czymś „pożytecznym". Codziennie posiedź bezczynnie przez kilka minut, starając się jak najlepiej wykorzystać tych parę chwil.

Kiedy zmywasz naczynia, módl się. Dziękuj za to, że masz naczynia, które możesz pozmywać, bo to oznacza, że mogłaś podać na stół jedzenie, że kogoś nakarmiłaś, że się kimś troskliwie zajęłaś, ugotowałaś mu posiłek, nakryłaś do stołu. Pomyśl o milionach ludzi, którzy właśnie w tej chwili nie mają czego zmywać, ani czym nakarmić.

Niejedna kobieta powie: mam dosyć zmywania, niech to robią mężczyźni. Oczywiście, niech i oni zmywają, ale nie postrzegaj tego w kategoriach równouprawnienia. Nie ma nic złego w wykonywaniu prostych czynności – chociaż gdybym jutro zaczęła głosić publicznie takie poglądy, okrzyknięto by mnie wrogiem feminizmu. A przecież zmywanie naczyń, noszenie stanika lub otwieranie przede mną drzwi nie musi być czymś upokarzającym dla mnie jako kobiety. Tak naprawdę bardzo lubię, kiedy mężczyzna jest wobec mnie szarmancki. Owszem, zgodnie z zasadami savoir vivre'u taki gest oznacza: „Muszę ją przepuścić, bo to delikatna istota", ale ja w głębi duszy odbieram taki sygnał jako: „Traktuje mnie jak boginię, jestem królową". Nie jestem działaczką ruchu feministycznego. Choć przejawem Wielkiej Matki są zarówno kobiety, jak i mężczyźni.

Chciałabym zobaczyć, jak udzielasz lekcji na temat tego, czego się uczysz. Oto główny cel życia – objawienie! Stajesz się jakby pośrednikiem, wsłuchujesz się w siebie i sama się nie możesz nadziwić, na jak wiele cię stać. Przypominasz sobie pracę w banku? Może tego jeszcze nie wiesz, ale na otoczenie działałaś energią emanującą z twojego ciała, twoich oczu, twoich rąk.

Mówisz, że to wpływ tańca?

Niezupełnie. Taniec jest po prostu rytuałem. A czym jest rytuał? Przekształcaniem czegoś, co jest codzienną rutyną, w coś, co jest inne, oparte na rytmie i połączeniu ze Wszystkim co istnieje. Dlatego powtarzam: bądź kimś innym nawet podczas zmywania naczyń. Posługuj się rękami tak, aby nigdy nie powtarzały tego samego gestu – nawet jeśli będą stale utrzymywać ten sam rytm.

Jeżeli uznasz, że to pomaga, staraj się wyobrazić sobie różne obrazy – kwiaty, ptaki, drzewa w lesie. Nie myśl o poszczególnych rzeczach, takich jak płonąca świeca, na której skupiłaś uwagę podczas pierwszej wizyty u mnie. Staraj się myśleć o zbiorze. Wiesz, co odkryjesz? Że to nie ty decydujesz o własnych myślach.

Dam ci przykład. Wyobraź sobie stado ptaków w locie. Ile ich jest? Odpowiadasz: Jedenaście, dwanaście, pięć. Coś ci świta w głowie, ale nie wiesz ile dokładnie. Skąd zatem wzięła się twoja odpowiedź? Ktoś ją w twojej głowie umieścił. Ktoś, kto zna dokładną liczbę ptaków, drzew, kwiatów, kamieni. Ktoś, kto w tym ułamku sekundy zamieszkał w tobie i pokazał ci swoją moc.

Jesteś tym, czym wierzysz, że jesteś.

Nie wpadaj w pułapkę tych wszystkich, którzy wierzą w „pozytywne myślenie", i mówią sobie: jestem kochany, silny, mądry. Nie musisz sobie tego powtarzać, bo już to wiesz. A kiedy opanowuje cię zwątpienie – co jak sądzę na tym etapie rozwoju musi się zdarzać bardzo często – zrób tak, jak ci doradziłam. Zamiast starać się udowodnić, że jesteś kimś lepszym, niż myślisz, po prostu się śmiej. Śmiej się ze swoich zmartwień i ze swojej niepewności. Patrz z humorem na własne lęki. Początki będą trudne, ale stopniowo się przyzwyczaisz.

A teraz idź i spotkaj się z tymi ludźmi, którzy myślą, że wiesz wszystko. Przekonaj samą siebie, że mają rację – bo każdy z nas wie wszystko. Sęk w tym, żeby w to uwierzyć.

Uwierz.

Jak mówiłam ci o tym w Bukareszcie podczas naszego pierwszego spotkania, działania grupowe są bardzo ważne, ponieważ motywują nas do samodoskonalenia. W samotności możesz jedynie śmiać się z samej siebie, ale będąc wśród innych, śmiejesz się, a następnie działasz. Grupowe działania mobilizują nas, pomagają dokonywać wyboru, wyzwalają zbiorową energię, dzięki której łatwiej nam osiągnąć stan ekstazy – zarażając się nią od innych.

Oczywiście działania grupowe mogą nas również zniszczyć, ale współżycie z innymi stanowi nieodłączny element ludzkiej egzystencji. A jeśli ktoś nie rozwinął w sobie instynktu samozachowawczego, to znak, że nie pojął nic z przesłania Wielkiej Matki.

Masz szczęście, Ateno. Grupa poprosiła cię właśnie, abyś ją czegoś nauczyła. Dzięki temu staniesz się mistrzynią.

HERON RYAN, dziennikarz

Przed pierwszym spotkaniem z aktorami Atena odwiedziła mnie w domu. Od czasu ukazania się mojego artykułu na temat świętej Sary była przekonana, że rozumiem jej świat – co absolutnie mijało się z prawdą. Zależało mi tylko na tym, żeby zwrócić na siebie jej uwagę. Nawet jeśli starałem się przyjąć do wiadomości fakt, że jakaś niewidzialna rzeczywistość oddziałuje na nasze życie, to jedynie z powodu miłości, w którą trudno mi było uwierzyć, a która przecież nieuchronnie rozkwitała w moim sercu.

Całkowicie wystarczał mi mój świat. Mimo nacisków otoczenia wcale nie chciałem go w żaden sposób zmieniać.

– Boję się – powiedziała, kiedy tylko weszła. – Ale muszę iść dalej, zrobić to, o co mnie poproszono. Muszę uwierzyć.

– Masz duże doświadczenie życiowe. Uczyłaś się od Cyganów, od derwisza na pustyni, od...

– Przede wszystkim wcale nie o to chodzi. Co to znaczy „uczyć się"? Gromadzić wiedzę? Czy przekształcać własne życie?

Zaproponowałem kolację na mieście, a potem jakiś klub i tańce. Na kolację zgodziła się, ale do klubu nie chciała iść.

– Powiedz mi – nalegała, rozglądając się po moim mieszkaniu. – Uczyć się to znaczy układać rzeczy na półce, czy też uwalniać się od wszystkiego, co już nieprzydatne i iść dalej naprzód bez zbędnego balastu?

Na półkach stały dzieła, których kupno i wnikliwa lektura kosztowały mnie sporo pieniędzy i czasu. To była moja osobowość, moja wiedza, to byli moi prawdziwi mistrzowie.

– Ile masz książek? Na oko ponad tysiąc. Większości z nich nawet nie otworzysz. Trzymasz je, bo nie wierzysz.

– Nie wierzę?

– Nie wierzysz i już. Kto wierzy, czyta tak, jak ja czytałam o teatrze, kiedy zaprosiła mnie Andrea i jej koledzy. Potem musisz pozwolić przemówić Wielkiej Matce, a w miarę jak Ona mówi, odkrywasz. A w miarę jak odkrywasz, wypełniasz białe przerwy, które autorzy zostawiają celowo, żeby pobudzić wyobraźnię czytelnika. A kiedy wypełnisz te przerwy, uwierzysz we własne zdolności. Ileż osób chciałoby przeczytać te oto książki, ale nie stać ich na ich kupno? Tymczasem ty trwasz tutaj wśród zastygłej energii, bo chcesz epatować swoich gości. A może nie wierzysz, że się czegokolwiek z nich nauczyłeś i czujesz, że będziesz jeszcze musiał do nich zaglądać?

Potraktowała mnie bezwzględnie, ale i zaintrygowała.

– Uważasz, że nie potrzebna mi biblioteka?

– Uważam, że powinieneś czytać, ale po co trzymać raz przeczytane książki. Co powiesz na to, żebyśmy wyszli wcześniej i po drodze do restauracji rozdali większość z nich napotkanym ludziom?

– Nie zmieszczą się w moim samochodzie.

– Wynajmijmy furgonetkę.

– Wtedy nie dotrzemy do restauracji na czas. Poza tym przyszłaś tutaj, bo brak ci wiary w siebie, a nie żeby zajmować się moimi książkami. Bez nich czułbym się nagi.

– Chcesz przez to powiedzieć, że czułbyś się ignorantem?

– Powiedzmy, człowiekiem niekulturalnym.

– W takim razie nie nosisz kultury w sercu, tylko trzymasz ją na półkach regału.

Miałem tego dosyć. Chwyciłem za telefon, zadzwoniłem do restauracji, powiedziałem, że będziemy za kwadrans. Atena unikała poruszania sprawy, która ją do mnie przywiodła – problemu głębokiego poczucia niepewności, które kazało jej od razu przechodzić do ofensywy, zamiast przyjrzeć się samej sobie. Potrzebowała u swego boku mężczyzny, a – kto wie? – może za pomocą starych jak świat kobiecych sztuczek chciała wybadać, ile zniosę i ile jestem gotów dla niej zrobić.

Ilekroć byliśmy razem, moje istnienie wydawało się usprawiedliwione. Czy właśnie to chciała usłyszeć? W porządku, powiem jej o tym przy kolacji. Byłem gotów zrobić niemal wszystko, nawet rzucić dla niej kobietę, z którą byłem od dawna związany. Ale wszystko ma swoje granice, książek na pewno nie oddam. W taksówce wróciliśmy do sprawy grupy teatralnej, chociaż wolałbym mówić raczej o tym, o czym nigdy dotychczas nie mówiłem – o miłości, a więc kwestii znacznie bardziej skomplikowanej niż Marks, Jung, Partia Pracy lub codzienne problemy w redakcjach gazet.

149

– Nie powinnaś się tak przejmować – powiedziałem, czując w sobie wzrastające pragnienie, żeby ją wziąć za rękę. – Wszystko będzie dobrze. Mów o kaligrafii. Mów o tańcu. Mów o tym, na czym się znasz.

– Jeżeli ograniczę się do tego, co znam, wówczas nigdy się nie dowiem, czego nie znam. Podczas spotkania z nimi muszę wyciszyć umysł i pozwolić przemówić sercu. Nigdy dotąd tego nie robiłam, dlatego boję się.

– Chcesz, żebym poszedł z tobą?

Od razu zgodziła się. Pojechaliśmy do restauracji, zamówiliśmy wino i zaczęliśmy pić. Ja piłem, bo potrzebowałem odwagi, żeby powiedzieć jej o tym, co, jak sądziłem, czuję, chociaż, prawdę powiedziawszy, wyznawanie miłości komuś, kogo dobrze nie znałem, wydawało mi się czymś absurdalnym. Atena piła, ponieważ bała się mówić o tym, czego nie znała. Po drugim kieliszku zdałem sobie sprawę, że jest zdenerwowana. Próbowałem ująć jej dłoń, ale ją delikatnie odsunęła.

– Nie mogę się bać.

– Oczywiście, że możesz, Ateno. Często odczuwam strach. A mimo to, kiedy muszę, idę do przodu i stawiam czoło trudnościom.

Sam również byłem spięty. Dolałem wina, raz po raz podchodził kelner z pytaniem, co chcemy zamówić, a ja odpowiadałem, że jeszcze się nie zdecydowaliśmy.

Plotłem, co mi ślina na język przyniosła. Atena słuchała uprzejmie, ale miałem wrażenie, że myślami jest gdzieś daleko, w jakimś mrocznym świecie, pełnym zjaw i urojeń. W pewnym momencie znowu wspomniała o kobiecie ze Szkocji i o tym, co od niej usłyszała. Spytałem o sens uczenia czegoś, czego się samemu nie zna.

– Czy ktoś cię kiedykolwiek uczył kochać? – brzmiała jej odpowiedź.

Czyżby czytała w moich myślach?

– A przecież, tak jak każdy człowiek, jesteś zdolny do miłości. Jak się tego nauczyłeś? Otóż nie nauczyłeś się: po prostu wierzysz. Wierzysz, i dlatego kochasz.

– Ateno...

Zawahałem się, a po chwili dokończyłem zdanie, choć nie tak, jak zamierzałem:

– ...może powinniśmy wreszcie coś zamówić.

Zrozumiałem, że nie jestem jeszcze gotów na rozmowę o sprawach, które wprowadziły chaos do mojego świata. Zawołałem kelnera, zamówiłem przystawki, jeszcze więcej przystawek, dania główne, deser i następną butelkę wina. Grałam na zwłokę. Potrzebowałem czasu – im więcej, tym lepiej.

– Dziwnie się zachowujesz. Chodzi o to, co powiedziałam o twoich książkach? Rób, co chcesz. Nie mam zamiaru zmieniać twojego świata. Najwyraźniej wtykam nos tam, gdzie nikt nie chce moich rad.

Zaledwie kilka sekund wcześniej sam rozmyślałem o „zmianie mojego świata".

– Ateno, stale powtarzasz... Nie, inaczej, muszę z tobą pomówić o tym, co się wydarzyło w Sibiu, w barze z cygańską muzyką...

– Chcesz powiedzieć, w restauracji.

– Właśnie, w restauracji. Przed chwilą mówiliśmy o książkach, o rzeczach, które gromadzimy i które zajmują miejsce. Być może masz rację. Od dnia, kiedy zobaczyłem, jak tańczysz, chcę wyznać ci coś, co coraz bardziej ciąży mi na sercu.

– Nie wiem, o czym mówisz.

– Naturalnie, że wiesz. Mówię o miłości, którą teraz odkrywam, a przy tym robię wszystko, żeby ją zniszczyć w zarodku. Przyjmij, proszę, tę odrobinę mnie, który nie cały do siebie należę. Nie cały mogę też do ciebie należeć, bo jest jeszcze ktoś w moim życiu, ale byłbym szczęśliwy, gdybyś ją w jakikolwiek sposób przyjęła. Khalil Gibran, libański poeta, twój rodak, powiada: *Dobrze jest dawać, kiedy o to proszą, ale jeszcze lepiej dawać tym, co nie proszą, pojmując ich pragnienie.* Jeżeli dziś nie wyznam ci wszystkiego, pozostanę jedynie obserwatorem, świadkiem wydarzeń, a nie ich uczestnikiem.

Wziąłem głęboki oddech, wino dodawało mi odwagi. Wypiła kieliszek do dna, a ja poszedłem w jej ślady. Podszedł kelner z tacą, zachwalał każdą z podawanych potraw, wyliczał jej składniki, objaśniał sposób przyrządzania. A my patrzyliśmy sobie w oczy. Słyszałem od Andrei, że Atena tak samo zachowywała się podczas ich pierwszego spotkania. Wszystko po to, dodała Andrea, żeby mnie onieśmielić.

Milczeliśmy i było w tym milczeniu coś przerażającego. Wyobraziłem sobie, że wstaje od stołu i mówi coś o swoim słynnym a tajemniczym narzeczonym ze Scotland Yardu, lub oświadcza, że było miło, ale pora przygotować się do jutrzejszych zajęć.

– *Dla tych, którzy mają otwarte dłonie ku dawaniu, większą radością niż dar jest samo szukanie człowieka, który ich dar przyjmie. Bo czy możesz cokolwiek zachować na zawsze tylko dla siebie? Co jest posiadane, kiedyś musi być oddane. Zatem dawaj już teraz. Miej swój czas darowania, zamiast czasu spadkobierców twoich.*

Mówiła cicho, starannie artykułując każde słowo. Wszystko wokół nas ucichło.

– *Powiadacie nieraz: Dalibyśmy, ale temu, kto zasłużył. A przecież nie mówią tak ani drzewa sadów waszych, ani stada na waszych pastwiskach. One dają, by żyć. Kto bowiem nie ofiarowuje innym, martwy się staje.*

Wypowiadała te słowa bez uśmiechu. Miałem wrażenie, że mam przed sobą sfinksa.

– To też słowa cytowanego przez ciebie poety – uczyłam się ich w szkole, ale nie potrzebna mi książka, w której zostały zapisane. Zachowałam je głęboko w sercu.

Wypiliśmy jeszcze po lampce wina. Nie potrafiłem zdobyć się na to, żeby zapytać, czy przyjmuje moją miłość, czy nie, ale było mi lżej na sercu.

– Może masz rację. Oddam książki do jakiejś biblioteki publicznej. Zostawię sobie tylko tych kilka, do których rzeczywiście wracam.

– I o tym chcesz rozmawiać?

– Nie. Po prostu nie wiem, co powiedzieć.

– W takim razie jedzmy kolację i cieszmy się jej smakiem. Czyż to nie dobry pomysł?

Nie, nie uważałem tego za dobry pomysł. Chciałem usłyszeć coś innego, ale bałem się zapytać, a więc plotłem o bibliotekach, książkach, poetach, o tym, że niepotrzebnie zamówiliśmy aż tyle dań. Gadałem jak najęty. Teraz to ja chciałem uciec, bo nie wiedziałem, co dalej.

Na koniec kazała mi obiecać, że przyjdę na pierwsze zajęcia grupy teatralnej. Odczytałem to jako sygnał: potrzebowała mnie, przyjęła dar, który podświadomie pragnąłem jej ofiarować od chwili, kiedy ujrzałem ją tańczącą w transylwańskiej restauracji, tyle że dopiero teraz to zrozumiałem.

Lub uwierzyłem, jak powiedziałaby Atena.

ANDREA MCCAIN, aktorka

Naturalnie, to moja wina. Gdyby nie ja, Atena nie pojawiłaby się tamtego ranka w teatrze, nie zebrałaby nas w grupę, nie kazałaby nam leżeć na deskach sceny i poddawać się treningowi relaksacyjnemu z ćwiczeniami na oddech i świadome odczuwanie każdej części ciała.

„Rozluźnijcie mięśnie ud..."

Wykonaliśmy jej polecenie, tak jakby przemawiała do nas bogini, ktoś, kto wie więcej niż my wszyscy razem wzięci, a przecież robiliśmy już takie ćwiczenia setki razy. Ciekawiło nas, co nastąpi po „teraz rozluźnijcie mięśnie twarzy, oddychajcie głęboko".

Czy naprawdę wierzyła, że uczy nas czegoś nowego? Czekaliśmy na wykład, na prelekcję! Spokojnie! Sama nie wiem, czemu się tak denerwuję. Wróćmy do tamtego dnia. Odprężyliśmy się, a potem zapanowała cisza, co nas kompletnie zbiło z tropu. Później z rozmowy z kolegami wywnioskowałam, iż wszyscy odnieśliśmy wrażenie, że trening dobiegł końca, że powinniśmy usiąść i rozejrzeć się dookoła. Ale nikt tego nie zrobił. Dalej leżeliśmy, jakby z konieczności medytując, przez długie jak wieczność piętnaście minut.

Wtedy znowu rozległ się jej głos.

– Mieliście dość czasu, żeby we mnie zwątpić. Ten czy ów był wyraźnie zniecierpliwiony. Teraz poproszę tylko o jedno: kiedy policzę do trzech, wstańcie i bądźcie inni. Nie mówię: bądźcie innymi osobami, zwierzętami, domami. Zapomnijcie o wszystkim, czego uczono was w szkole teatralnej. Nie proszę o to, żebyście byli aktorami, prezentującymi swoje umiejętności. Proszę, żebyście przestali być ludźmi i przeistoczyli się w coś, czego nie znacie.

Leżeliśmy z zamkniętymi oczami. Żadne z nas nie widziało reakcji pozostałych. Atena bawiła się naszą niepewnością.

– Rzucę kilka słów. Pomyślcie o obrazie, jaki się wam z każdym z nich kojarzy. Pamiętajcie, że macie umysły zatrute narzuconymi wam pojęciami, dlatego słysząc słowo „przeznaczenie", pewnie wyobrazicie sobie własną przyszłość, a gdybym powiedziała „czerwony", zinterpretowalibyście je na modłę psychoanalityczną. Nie o to mi chodzi. Jak powiedziałam, chcę, żebyście byli inni.

Plątała się, nie potrafiła nawet wyjaśnić dokładnie, o co jej chodzi! Nikt nie zaprotestował, nabrałam więc przekonania, że starają się być uprzejmi, a kiedy „wykład" dobiegnie końca, już nigdy więcej Ateny nie zaproszą. I jeszcze będą mi wypominać, że ją w ogóle ściągnęłam.

– Oto pierwsze słowo: świętość.

Żeby nie umrzeć z nudów, postanowiłam wziąć udział w grze: wyobraziłam sobie matkę, narzeczonego, przyszłe dzieci, wspaniałą karierę.

– Wykonajcie gest, który oznaczałby „świętość".

Skrzyżowałam ręce na piersi, jakbym przytulała do siebie wszystkie ukochane istoty. Jak się później dowiedziałam, większość kolegów rozpostarła szeroko ramiona niczym rozciągnięci na krzyżu, a jedna z dziewczyn rozłożyła nogi, jakby w miłosnym akcie.

– Znowu zrelaksujcie się. O wszystkim zapomnijcie, nie otwierajcie oczu. Nie chcę krytykować, ani oceniać, ale po waszych gestach widzę, że temu, co uważacie za świętość, nadajecie określoną formę. Po usłyszeniu następnego słowa nie próbujcie go przedstawiać zgodnie z symboliką funkcjonującą w naszym świecie. Spróbujcie oderwać się od rzeczywistości, którą znacie, a otworzy się przed wami świat ducha, do którego was wiodę.

Ostatnie zdanie zabrzmiało niczym rozkaz. Jednocześnie poczułam, jak salę wypełnia inny rodzaj energii. Teraz głos wiedział, dokąd nas chce poprowadzić. Już nie była prelegentką, była mistrzynią.

– Ziemia – powiedziała.

Nagle zrozumiałam, o czym mówi. Nie liczyła się już wyobraźnia, tylko moje ciało w kontakcie z podłożem. Ja byłam Ziemią.

– Zróbcie gest przedstawiający Ziemię.

Nie poruszyłam się. Ja sama byłam Ziemią.

– Doskonale – powiedziała. – Nikt się nie poruszył. Po raz pierwszy wszyscy poczuliście to samo. Zamiast opisywać, przeistoczyliście się w samo pojęcie.

Znowu zamilkła na – jak mi się zdawało – długie pięć minut. W tej ciszy poczuliśmy się zagubieni. Nie mieliśmy pojęcia, czy nie wie, co ma dalej robić, czy obcy jej jest nasz intensywny rytm pracy.

– Wypowiem teraz trzecie słowo.

Na chwilę zamilkła.

– Centrum.

Poczułam – w sposób zupełnie podświadomy – że cała moja życiowa energia skupia się w pępku i emanuje z niego złocistym światłem. Przelękłam się. Gdyby teraz ktoś dotknął mojego pępka, umarłabym.

– Gest centrum!

Jej słowa zabrzmiały jak komenda. Obronnym gestem położyłam dłonie na brzuchu.

– Doskonale – powiedziała Atena. – Możecie usiąść.

Otworzyłam oczy. Daleko w górze zobaczyłam wygaszone reflektory. Przetarłam oczy, podniosłam się z podłogi. Moi koledzy byli, jak sądzę, nieco zaskoczeni.

– To miał być wykład? – zapytał reżyser.

– Może pan to nazwać wykładem.

– No cóż, dziękuję za przybycie. A teraz, jeśli pani pozwoli, zaczynamy próbę do nowego przedstawienia.

– Ale ja jeszcze nie skończyłam.

– Może innym razem.

Wszyscy byli zmieszani reakcją reżysera. Myślę, że po początkowych wątpliwościach, taka zabawa nam się spodobała – to było coś nowego, żadne tam udawanie, żadne wyobrażanie sobie świec czy jabłek, siedzenie w kółku, trzymanie się za ręce i markowanie świętych rytuałów. To było po prostu coś tak absurdalnego, że każdy z nas chciał się dowiedzieć, czym to wszystko się skończy.

Z kamiennym spokojem Atena schyliła się po torebkę, a wtedy dobiegł nas z parteru czyjś głos:

– Wspaniale!

To był Heron. A reżyser bał się Herona, który przyjaźnił się z krytykami teatralnymi ze swojej gazety i w ogóle miał świetne kontakty w mediach.

– Przestaliście być jednostkami i przemieniliście w wyobrażenia! Jaka szkoda, że jesteście zajęci! Nie przejmuj się, Ateno. Mam wiele znajomości, znajdziemy inną grupę, a wtedy poprowadzisz swoje warsztaty do końca.

Wciąż miałam w pamięci światło wędrujące przez moje ciało i skupiające się w pępku. Kim była ta kobieta? Czy to możliwe, że moi koledzy doświadczyli tego samego, co ja?

– Chwileczkę – powiedział reżyser, świadomy zaskoczonych spojrzeń nas wszystkich. – Może moglibyśmy przełożyć próbę, a dzisiaj...

– Nie, nie ma sensu. Zresztą i tak muszę wracać do redakcji, żeby napisać coś o tej kobiecie. Wracajcie do swoich obowiązków. Ja znalazłem właśnie genialny temat.

Nawet jeśli Atena nie bardzo wiedziała, o co chodzi w tym sporze, nie dała nic po sobie poznać. Zeszła ze sceny i dołączyła do Herona, a my zwróciliśmy się z pretensjami do reżysera, że nie potraktował naszego gościa należycie.

– Z całym szacunkiem, Andreo, według mnie rozmowa, jaką prowadziliśmy w barze na temat seksu, była znacznie ciekawsza niż te głupstwa, które dziś wyczynialiśmy. Chyba zauważyliście, jak co chwilę milknie, gubi wątek? Nie miała pojęcia, co robić dalej!

– Poczułem jednak coś dziwnego – zaoponował starszy aktor. – Kiedy powiedziała „centrum", odniosłem wrażenie, że wszystkie siły witalne koncentrują się w moim pępku. To niesamowite!

– Naprawdę? Jesteś pewien? – spytała jedna z aktorek, a z tonu jej głosu wywnioskowałam, że poczuła to samo.

– To jakaś czarownica – zakończył reżyser, po czym kazał nam zabrać się do pracy.

Jak zwykle rozpoczęła się rozgrzewka, medytacja, wszystko zgodnie z podręcznikiem, potem kilka improwizacji i przejście do próby czytanej nowego tekstu. Stopniowo zapominaliśmy o Atenie, wszystko stawało się na powrót tym, czym było – teatrem, stworzonym tysiące lat temu przez Greków rytuałem, w którym udawaliśmy, że jesteśmy innymi ludźmi.

Ale to było tylko przedstawienie. Atena była inna, a ja miałam ochotę ponownie się z nią zobaczyć, zwłaszcza po tym, co powiedział o niej reżyser.

HERON RYAN, dziennikarz

Atena o tym nie wiedziała, ale przez cały czas pod jej kierunkiem robiłem dokładnie to samo, co aktorzy, posłuszny wszystkim jej poleceniom, aczkolwiek z jedną różnicą – miałem otwarte oczy i pilnie obserwowałem, co się dzieje na scenie. Kiedy powiedziała „gest centrum", położyłem dłoń na pępku i ku mojemu zaskoczeniu spostrzegłem, że wszyscy zrobili dokładnie to samo. O co tu chodziło?

Tego samego dnia miałem napisać koszmarnie nudny artykuł o wizycie głowy jakiegoś państwa. Istna próba charakteru. W przerwie między rozmowami telefonicznymi zapytałem kolegów z redakcji, jaki uczyniliby gest, gdyby mieli za jego pomocą wyrazić pojęcie „centrum". Większość dowcipkowała coś o partiach politycznych. Ktoś wskazał na wnętrze kuli ziemskiej, ktoś inny położył dłoń na sercu. Ale nikt, dosłownie nikt, nie postrzegał pępka jako centrum czegokolwiek. Jednak znalazłem w końcu kogoś, kto był skłonny podzielić się ze mną ciekawymi informacjami.

Kiedy wróciłem do domu, Andrea była już po kąpieli. Nakryła do stołu i czekała na mnie z kolacją. Otworzyła butelkę wybornego wina, napełniła dwa kieliszki i podała mi jeden.

– Jak ci się udała wczorajsza kolacja?

Jak długo można żyć w kłamstwie? Nie chciałem stracić siedzącej naprzeciw mnie kobiety, która towarzyszyła mi w trudnych chwilach i zawsze była przy mnie, kiedy życie wydało mi się pozbawione sensu. Kochałem ją, ale w tym obłąkanym świecie, w który się na ślepo pogrążałem, moje serce znalazło się między młotem a kowadłem.

Taki mam charakter, że wolę nie ryzykować utraty tego, czego jestem pewien na rzecz czegoś, co może okazać się iluzją. Dlatego bagatelizowałem wagę epizodu w restauracji, tym bardziej, że nie zdarzyło się absolutnie nic, poza wymianą kilku wersów pewnego poety, który cierpiał z powodu miłości.

– Atena to osoba trudna we współżyciu.

Andrea roześmiała się.

– No i właśnie dlatego fascynuje mężczyzn. Rozbudza w was ten wasz zmysł opiekuńczy, o którym coraz częściej zapominacie.

Lepiej zmienić temat. Zawsze byłem przekonany, że kobiety mają nadprzyrodzoną zdolność odgadywania, co mężczyźnie w duszy gra. Wszystkie są czarownicami.

– Zastanawiałem się nad tym, co wydarzyło się dzisiaj w teatrze. Prawdę powiedziawszy, podczas waszych ćwiczeń miałem cały czas otwarte oczy.

– Zawsze masz otwarte oczy. To chyba skrzywienie zawodowe. A teraz opowiesz mi o tej chwili, kiedy wszyscy wykonaliśmy ten sam gest. Mówiliśmy o tym bardzo dużo po próbie.

– Pewien historyk powiedział mi, że w greckiej świątyni, gdzie przepowiadano przyszłość *(N. R.: chodzi o świątynię w Delfach, poświęconą Apollinowi)*, znajdował się kamienny stożek, zwany właśnie „pępkiem". Wierzono wtedy, że ten kamień to centrum świata. Pogrzebałem w archiwach gazety, żeby dowiedzieć się czegoś więcej: w Petrze, w Jordanii, można obejrzeć inny „stożkowaty pępek", który symbolizuje nie tylko centrum świata, ale wręcz centrum wszechświata. Zarówno ten w Delfach, jak i ten w Petrze mają pokazywać oś, przez którą przepływa energia świata, a więc w widzialny sposób zaznaczają coś, co przejawia się tylko w wymiarze, nazwijmy to, „niewidzialnym". Pępkiem świata nazywa się też Jerozolimę, jak również pewną wyspę na Pacyfiku i jeszcze jedno miejsce, o którym zapomniałem – bo nigdy nie kojarzyłem jednego z drugim.

– Taniec!

– Co?

– Nic.

– Wiem, co masz na myśli. Chodzi ci o orientalny taniec brzucha, najstarszy znany taniec, w którym wszystko obraca się wokół pępka. Nie chciałem o tym wspominać, ale jak pamiętasz, opowiadałem ci kiedyś, że w Transylwanii widziałem, jak Atena tańczy. Była wtedy oczywiście ubrana, ale widać było...

– ...że każdy ruch zaczynał się od pępka i dopiero potem stopniowo przenosił się na całe ciało.

Miała rację.

Wolałem zmienić temat, porozmawiać o teatrze, o nudnych sprawach dziennikarskich, wypić trochę wina i skończyć razem w łóżku. I kochać się, podczas gdy na dworze pada deszcz. W chwili szczytowania zauważyłem, jak spazm rozkoszy rozchodzi się od okolic pępka Andrei. Zresztą tak jak zawsze, tyle tylko, że do tej pory nie zwracałem na to uwagi.

ANTOINE LOCADOUR, historyk

Heron wydał chyba fortunę na rozmowy telefoniczne z Francją. Prosił, żebym zebrał wszystkie informacje do końca tygodnia. Stale przy tym odwoływał się do historii z pępkiem, która, nawiasem mówiąc, wydawała mi się najmniej istotną i najmniej romantyczną sprawą na świecie. No cóż, Anglicy patrzą na wszystko inaczej niż Francuzi. Zamiast więc go wypytywać, postanowiłem ustalić, co nauka ma na ten temat do powiedzenia.

Wkrótce zrozumiałem, że sama wiedza historyczna nie wystarczy. Zlokalizowanie pomnika lub dolmenu nie stanowiło problemu, zastanawiało mnie jednak coś innego – kultury starożytne najwyraźniej były zgodne w tej jednej kwestii i używały tego samego pojęcia na określenie miejsc uznawanych za święte. Nigdy przedtem nie zwróciłem na to uwagi, a więc sprawa zaczęła mnie intrygować. Wobec tylu osobliwych zbiegów okoliczności, skupiłem się na tym, co pozwoliłoby mi zrozumieć tę kwestię: na ludzkim zachowaniu i na wierzeniach człowieka.

Z miejsca odrzuciłem pierwsze, najlogiczniejsze wyjaśnienie, że pępek stanowi centrum życia, ponieważ przez pępowinę otrzymujemy pokarm. Pewien psycholog zwrócił uwagę na absurd takiej teorii. Pojęcie pępka występuje przede wszystkim w kontekście „przecięcia" pępowiny, od którego to momentu najważniejszego symbolicznego znaczenia nabierają umysł i serce.

Tak to bywa, że kiedy jesteśmy czymś pochłonięci, wszystko wokół nas zaczyna nam o tym przypominać (mistycy mówią w takim przypadku o „znakach", sceptycy o „zbiegu okoliczności", psycholodzy o „zogniskowaniu uwagi", a historycy nie nazwali dotąd tego zjawiska). No więc pewnego dnia moja nastoletnia córka wróciła do domu z kolczykiem w pępku.

– Po co to zrobiłaś?

– Bo miałam ochotę.

Wyjaśnienie absolutnie szczere i uczciwe, nawet dla historyka, który dla wszystkiego musi szukać motywów. Na ścianie jej pokoju zobaczyłem plakat z jej ulubioną piosenkarką: brzuch miała odkryty, a jej pępek – nawet na zawieszonym na ścianie fotosie – wydawał się centrum świata.

Zadzwoniłem do Herona i spytałem, dlaczego tak się tą sprawą interesuje. Po raz pierwszy opowiedział mi o tym, co się zdarzyło w teatrze, jak wszyscy w spontaniczny, nieoczekiwany sposób zareagowali na słowo „centrum". Wiedziałem, że od córki nic nie uda mi się wyciągnąć, dlatego postanowiłem zasięgnąć rady specjalistów.

162

Żadnego z moich rozmówców nie zastanowiła ta kwestia, poza François Shepką, psychologiem hinduskiego pochodzenia *(N. R.: nazwisko i narodowość zmienione na życzenie naukowca)*, który właśnie zainicjował rewolucyjne zmiany w obowiązującym modelu terapii. Nigdy nie przemawiała do niego metoda powrotu do dzieciństwa w leczeniu urazów psychicznych. Wiele przezwyciężonych raz problemów w końcu wraca, tłumaczył, i pacjent na nowo zaczyna obwiniać swoich rodziców za wszelkie klęski i niepowodzenia. Shepka prowadził otwartą wojnę z francuskimi środowiskami psychoanalitycznymi i rozmowa na absurdalny temat – jakim była sprawa pępka – najwyraźniej działała na niego odprężająco.

Podszedł do zagadnienia entuzjastycznie, choć początkowo w sposób pośredni. Według jednego z najwybitniejszych psychoanalityków, Szwajcara Carla Gustava Junga – wyjaśniał – wszyscy czerpiemy z tego samego źródła, zwanego „Duszą Świata". Choć staramy się na wszelkie sposoby zachować indywidualność, pewna część naszej pamięci – podświadomość zbiorowa – jest wspólna nam wszystkim. Wszyscy szukamy ideału piękna, tańca, muzyki, boskości.

Tymczasem społeczeństwo stara się określić sposób, w jaki te ideały powinny się przejawiać w wymiarze rzeczywistym. I tak, na przykład, dzisiejszy ideał kobiecego piękna to smukła, wręcz chuda sylwetka, chociaż boginie sprzed tysięcy lat były dorodne, żeby nie powiedzieć grube. To samo ze szczęściem: istnieje szereg zasad, które określają czym jest szczęście, i jeśli ich nie spełniasz, twoja świadomość nie dopuszcza do siebie myśli, że jesteś szczęśliwy.

Jung dzielił rozwój osobowy jednostki na cztery etapy. Pierwszym jest Persona – maska, którą przywdziewamy, żeby wydać się takimi, jakimi chcą nas widzieć inni. Wierzymy, że świat zależy od nas, że jesteśmy idealnymi rodzicami, a nasze dzieci nas nie rozumieją, że przełożeni traktują nas niesprawiedliwie, że marzeniem człowieka jest nigdy nie pracować i spędzać całe życie na podróżowaniu. Wielu zdaje sobie sprawę, że coś w tym myśleniu jest nie tak – ale, ponieważ nie chcą niczego zmieniać, wolą sobie tym nie zaprzątać głowy. Tylko nieliczne jednostki starają się zrozumieć, gdzie leży błąd i w efekcie znajdują Cień.

Cień to nasza mroczna strona, która dyktuje nam, jak mamy postępować. Kiedy usiłujemy uwolnić się od Persony, zapala się w nas światło i dostrzegamy pajęcze sieci, własne tchórzostwo i nikczemność. Cień jest po to, aby hamować nasz rozwój – i zazwyczaj mu się to udaje. Szybko wracamy do tego, czym byliśmy, zanim opanuje nas zwątpienie. Jednak niektórzy wychodzą z tego starcia z pajęczynami zwycięsko i przyznają: „Tak, mam wiele wad, lecz wcale nie jestem taki zły i chcę się rozwijać".

Wówczas Cień znika i wchodzimy w kontakt z Duszą. O Duszy Jung nie mówi w sensie religijnym. Ma na myśli powrót do owej Duszy Świata, źródła poznania. Wyostrzają się wtedy zmysły, następuje radykalizacja emocji, interpretacja sygnałów staje się ważniejsza niż logika, postrzeganie rzeczywistości traci swoją dotychczasową sztywną formę podziału na czarne i białe. Zaczynamy mierzyć się z rzeczami, do których nie przywykliśmy, i reagować w sposób, który zaskakuje nas samych.

Wreszcie odkrywamy, że kanalizując cały ten nieprzerwany strumień energii, jesteśmy w stanie przekształcić go w silny ośrodek, który Jung nazywa w przypadku mężczyzn Starym Mędrcem, a w przypadku kobiet Wielką Matką.

Jeśli pozwalamy na ujawnienie się tej sfery, grozi nam niebezpieczeństwo. Ogólnie rzecz biorąc, człowiek, który osiąga ten etap, uważa siebie za świętego, pogromcę duchów, proroka. Potrzeba wielkiej dojrzałości, aby wejść w głęboki, prawdziwy kontakt z energią Starego Mędrca lub Wielkiej Matki.

– Jung oszalał – powiedział Shepka, wyjaśniwszy mi, na czym polegają cztery etapy opisane przez szwajcarskiego psychoanalityka. – Po wejściu w kontakt z własnym Starym Mędrcem zaczął opowiadać, że jego przewodnikiem był duch zwany Filemonem.

– I w końcu...

– ...dochodzimy do symbolu pępka. Podział na te cztery etapy odnosi się nie tylko do indywidualnych jednostek, lecz także do całych społeczeństw. Zachodnia cywilizacja ma swoją Personę, a więc idee, którymi się kierujemy. Próby dostosowania się do zachodzących zmian prowadzą do nawiązania kontaktu z Cieniem – stąd masowe demonstracje, podczas których łatwo manipulować zbiorową energią, zarówno w dobrej, jak i w złej wierze. Nagle z jakiegoś powodu ani Persona, ani Cień już ludzi nie zadowalają. Nadchodzi pora na skok, na nieuświadomiony związek z Duszą. Pojawiają się nowe wartości.

– Zauważyłem. Miałem okazję obserwować odradzanie się kultu kobiecego oblicza Boga.

– Znakomity przykład. A na końcu tego procesu, o ile oczywiście nowe wartości mają zaistnieć na stałe, cała ludzkość wchodzi w kontakt z symbolami – zaszyfrowanym językiem, za którego pomocą dzisiejsze pokolenia porozumiewają się z wiedzą przodków. Jednym z tych symboli odrodzenia jest pępek. Na pępku Wisznu, hinduskiego bóstwa stworzenia i zagłady, siada bóg, który będzie nadzorował kolejne cykle. Jogini uważają pępek za jeden z czakramów, świętych punktów energetycznych na ludzkim ciele. Plemiona prymitywne ustanawiały kiedyś miejsca kultu tam, gdzie ich zdaniem mieścił się pępek świata. W Ameryce Południowej szamani w transie opowiadają, że prawdziwa postać człowieka to opalizujące jajo, połączone z innymi istotami świetlistą pępowiną. Symbolicznym przedstawieniem tej wizji jest mandala, krąg wspomagający medytację.

Przekazałem te informacje Heronowi jeszcze przed upływem terminu. Powiedziałem, że kobieta, która wywołuje we wszystkich członkach grupy taką samą absurdalną reakcję, musi posiadać niezwykłą moc i nie zdziwiłbym się, gdyby kryły się za tym jakieś zdolności paranormalne. Radziłem, aby spróbował poznać ją bliżej.

Nigdy przedtem nie zastanawiałem się nad tą kwestią i starałem się jak najszybciej o niej zapomnieć. Tymczasem córka zarzuciła mi, że dziwnie się zachowuję, myślę tylko o sobie i nie widzę świata poza własnym pępkiem!

DEIDRE O'NEILL, znana jako Edda

– Wszystko poszło nie tak. Dlaczego wbiłaś mi do głowy, że potrafię uczyć? Żeby mnie przed nimi upokorzyć? Powinnam wykreślić cię z mojego życia. Kiedy uczono mnie tańca, tańczyłam. Kiedy uczono mnie kaligrafii, kreśliłam litery. Ale zmuszać mnie do tego, co przerasta moje możliwości, to czysta niegodziwość. Wsiadłam do pociągu i przyjechałam aż tu, żeby powiedzieć ci, jak bardzo cię nienawidzę!

Nie przestawała płakać. Na szczęście zostawiła dziecko u rodziców. Mówiła trochę za głośno, a jej oddech zalatywał lekko winem. Zaprosiłam ją do środka. Takie wrzaski na progu domu nie pomogłyby mojej już i tak dostatecznie nadszarpniętej reputacji, bo i bez tego sąsiedzi szeptali między sobą, że spraszam mężczyzn i kobiety na orgie seksualne ku czci Szatana.

Nie weszła. Stała przed drzwiami i wrzeszczała:

– To twoja wina! Poniżyłaś mnie!

Otworzyło się jedno okno, zaraz potem drugie. Podeszłam do Ateny i zrobiłam dokładnie to, czego potrzebowała: objęłam ją.

Szlochała z głową na moim ramieniu. Delikatnie ujmując ją pod rękę, pomogłam jej pokonać schody i wejść do mieszkania. Przygotowałam ziołowy napar, którego receptury nikomu nie zdradzam, ponieważ przekazał mi ją mój opiekun. Postawiłam przed nią kubek. Wypiła duszkiem, a to znaczyło, że w dalszym ciągu darzy mnie zaufaniem.

– Dlaczego taka jestem? – pytała.

Wiedziałam, że już kompletnie wytrzeźwiała.

– Są w moim życiu mężczyźni, którzy mnie kochają. Mam syna, dla którego jestem wzorem do naśladowania, przybranych rodziców, których uważam za swoją prawdziwą rodzinę i którzy są gotowi poświęcić dla mnie życie. Odnalazłam matkę biologiczną, a więc wypełniłam białe plamy w mojej przeszłości. Mam dość pieniędzy, by przez następne trzy lata nic nie robić, tylko korzystać z życia. A mimo to nie jestem zadowolona! Czuję się nieszczęśliwa i winna, bo Bóg pobłogosławił mnie tragediami, które zdołałam przezwyciężyć i cudami, które umiałam docenić, ale mnie to nie wystarcza! Wciąż chcę więcej. Po co w ogóle poszłam do tego teatru? W ten sposób do mojej listy zwycięstw dodałam sromotną klęskę!

– Uważasz, że postąpiłaś niewłaściwie?

Spojrzała na mnie ze zdumieniem.

– Dlaczego pytasz?

Nie odezwałam się ani słowem, czekałam na odpowiedź.

– Postąpiłam właściwie. Poszłam tam razem z pewnym dziennikarzem, nie mając najmniejszego pojęcia, co mam zrobić. I nagle wszystko zaczęło jakby powstawać z nicości. Poczułam obecność Wielkiej Matki, która mnie prowadzi, która sprawia, że w moim głosie jest pewność, jakiej nigdy nie miałam.

– To czemu się skarżysz?

– Bo nikt nic nie zrozumiał!

– A to takie ważne? Tak ważne, że musiałaś przyjechać aż tu, do Szkocji i naubliżać mi przed sąsiadami?

– Oczywiście, że to ważne! Skoro jestem zdolna do wszystkiego, skoro wiem, że to, co robię, jest właściwe, to dlaczego oni mnie nie kochają i nie podziwiają?

A więc w tym tkwił problem. Wzięłam ją za rękę i zaprowadziłam do tego samego pokoju, w którym parę tygodni temu wpatrywała się w płomień świecy. Poprosiłam, żeby usiadła i spróbowała się trochę uspokoić, chociaż byłam pewna, że napar już zaczął działać. Poszłam do sypialni, skąd przyniosłam okrągłe lusterko. Ustawiłam je przed Ateną.

– Masz wszystko, choć o każdą piędź własnego terytorium musiałaś walczyć. Teraz przyjrzyj się swoim łzom. Przyjrzyj się swojej twarzy, goryczy, jaka się na niej maluje. Przyjrzyj się uważnie kobiecie w lustrze. Tym razem się nie śmiej, tylko postaraj się ją zrozumieć.

Dałam jej czas, by przyjęła moje wskazówki. A kiedy, zgodnie z moją intencją, weszła w trans, ciągnęłam dalej:

– Na czym polega tajemnica życia? Nazwijmy to „łaską" lub „błogosławieństwem". Każdy pragnie się zadowolić tym, co ma. Z wyjątkiem mnie. Z wyjątkiem ciebie. Z wyjątkiem tych nielicznych, którzy muszą coś poświęcić w imię wyższego celu. Nasza wyobraźnia przerasta świat, który nas otacza. Wykraczamy poza własne granice. Dawniej nazywano to czarownictwem. Na szczęście świat się zmienił, w przeciwnym razie spłonęłybyśmy na stosie. Kiedy zaprzestano palenia kobiet, nauka znalazła wyjaśnienie dla naszego zachowania, zwykle określanego jako „kobieca histeria". Nie giniemy już w płomieniach, ale nadal ta „kobieca histeria" przysparza nam wielu problemów, głównie w pracy. Ale nie przejmuj się, wkrótce zaczną to nazywać mądrością. Nie odrywaj oczu od lusterka: kogo w nim widzisz?

– Kobietę.

– A za kobietą?

Zawahała się. Powtórzyłam pytanie, a wtedy odpowiedziała:

– Drugą kobietę, prawdziwszą, mądrzejszą ode mnie. Jakby była duszą, która do mnie nie należy, ale stanowi część mnie samej.

– Dokładnie. Teraz poproszę cię, żebyś wyobraziła sobie jeden z najważniejszych symboli alchemicznych: węża, skręconego w kółko i pożerającego własny ogon. Możesz to sobie wyobrazić?

Skinęła twierdząco głową.

– Oto życie takich jak ja i ty. Stale się niszczymy i odradzamy na nowo. Wszystko w twoim życiu odbyło się według tego schematu: od porzucenia do przygarnięcia, od rozwodu do nowej miłości, od pracy w banku do sprzedaży gruntów na pustyni. Tylko jedno pozostaje nietknięte – twój syn. On jest nicią, która łączy wszystkie inne, i musisz to przyjąć do wiadomości.

Znowu się rozpłakała, ale to były inne łzy.

– Przyjechałaś tu po raz pierwszy, gdyż ujrzałaś w płomieniach twarz kobiety. Była to ta sama twarz, którą widzisz teraz w lustrze. Nie zawiedź jej. Nie zadręczaj się tym, co myślą inni, bo za kilka lub kilkadziesiąt lat, albo za kilka wieków ten sposób myślenia będzie przeżytkiem. Doświadczaj teraz tego, czego inni doświadczą dopiero w przyszłości. Czego pragniesz? Nie szczęścia, bo to zbyt łatwe i zbyt nudne. Nie idealnej miłości, bo to niemożliwe. A więc czego tak naprawdę chcesz? Chcesz wiedzieć, po co żyjesz i żyć tak intensywnie, jak się da. Pamiętaj tylko, że to jednocześnie pułapka i źródło ekstazy. Miej się na baczności, ale raduj się tym, że dane ci jest być kobietą, która kryje się za twoim odbiciem w lustrze.

Zamknęła oczy, ale wiedziałam, że moje słowa przeniknęły do jej duszy i że pozostaną tam na zawsze.

– Jeżeli chcesz zaryzykować i nadal uczyć, zrób to. Jeżeli nie, pamiętaj, że i tak zaszłaś już znacznie dalej niż większość ludzi.

Napięcie, początkowo widoczne w całej jej postawie, minęło. Otoczyłam ją ramionami, żeby nie upadła. Zasnęła z głową wspartą na mojej piersi.

Szeptałam jej jeszcze do ucha słowa otuchy, wspominając te same etapy, przez które musiałam sama przejść.

Było dokładnie tak, jak mówił mój opiekun, i czego sama doświadczyłam na własnej skórze. Mimo wielu trudności, nie żałuję tego doświadczenia.

Jakiego doświadczenia? Poczucia, że jestem zarówno ludzką, jak i boską istotą, że mogę przechodzić od napięcia do odprężenia, od odprężenia do transu, od transu do intensywniejszego kontaktu z innymi ludźmi, od tego kontaktu ponownie do napięcia, i tak w kółko – jak wąż pożerający własny ogon.

To nie było łatwe, głównie dlatego, że wymagało bezwarunkowej miłości, która nie lęka się cierpienia, odrzucenia, utraty.

Kto raz napije się wody z tego źródła, już nigdy nie zechce ugasić pragnienia z innego.

ANDREA MCCAIN, aktorka

– Mówiłaś kiedyś o Gai, która samoistnie powstała z Chaosu i urodziła syna bez udziału mężczyzny. Powiedziałaś, zresztą słusznie, że ostatecznie Wielka Matka ustąpiła miejsca bogom męskim. Ale zapomniałaś o Herze, jednej z potomkiń twojej bogini. Hera jest ważniejsza, bo podchodzi do wszystkiego bardziej praktycznie. Rządzi niebiosami i ziemią, porami roku i burzami. Według cytowanych przez ciebie Greków, widniejąca na niebie Droga Mleczna powstała z mleka, które wyciekło z piersi Hery. Z niezwykle pięknej piersi, nawiasem mówiąc, skoro sam Zeus wszechwładny przemienił się w ptaka, tylko po to, żeby ją zdobyć.

Szłyśmy przez wielki supermarket w Knightsbridge. Wcześniej zadzwoniłam do niej, bo chciałam z nią porozmawiać. Namówiła mnie na pójście na zimową wyprzedaż, chociaż, szczerze mówiąc, wolałam wypić gdzieś wspólnie herbatę lub zjeść obiad w zacisznej restauracji.

– Viorel może się zgubić w tym tłumie.

– Nie martw się o niego. Opowiadaj dalej.

– Hera wykryła podstęp i zmusiła Zeusa do ożenku. Ale tuż po ślubie wielki władca Olimpu powrócił do życia playboya. Uwodził wszystkie boginie i ziemianki, jakie tylko stanęły na jego drodze. Hera dochowywała mu wierności, a zamiast męża, obwiniała kobiety, które według niej zachowywały się jak wszetecznice.

– W pewien sposób wszystkie tak postępujemy.

Nie wiedziałam, co ma na myśli, więc udałam, że nie słyszę i ciągnęłam dalej:

– Aż postanowiła odpłacić mu tą samą monetą – poznać boga lub śmiertelnika i zaciągnąć go do łóżka. Może gdzieś usiądziemy i napijemy się kawy?

Ale Atena właśnie weszła do sklepu z bielizną.

– Podoba ci się? – spytała, pokazując mi frywolny komplet, składający się ze skąpych majteczek i stanika w cielistym kolorze.

– Bardzo. Tylko czy ktoś będzie miał okazję go oglądać?

– No pewnie. Myślisz, że jestem święta? Ale mów dalej o Herze.

– Zeus był oburzony, ale Hera odzyskała już niezależność i miała w nosie małżeństwo. Czy ty właściwie masz narzeczonego?

Rozejrzała się, czy chłopczyk nie słyszy naszej rozmowy i rzuciła półgębkiem:

– Mam.

– Nigdy go nie widziałam.

Podeszła do kasy, zapłaciła za bieliznę i włożyła zakupy do torebki.

– Viorel jest już głodny. Zupełnie go nie interesują greckie mity. Kończ tę opowieść o Herze.

– Zakończenie jest właściwie idiotyczne. W obawie, że straci swoją ukochaną, Zeus udał, że się żeni ponownie. Na wieść o tym Hera zrozumiała, że sprawy zaszły za daleko. Kochanki to jedno, ale rozwód w głowie się jej nie mieścił.

– Nic oryginalnego.

– Postanowiła udać się na uroczystość zaślubin i zrobić awanturę, ale dopiero na miejscu zdała sobie sprawę, że Zeus chce poślubić posąg.

– I co Hera zrobiła?

– Wybuchnęła śmiechem. Tym sposobem rozładowała napięcie. Małżonkowie pogodzili się i Hera znowu była panią niebios.

– Wspaniale! Więc jeśli któregoś dnia przydarzy ci się to samo...

– ... niby co?

– Jeżeli twój mężczyzna znajdzie sobie inną kobietę, pamiętaj, żeby się z tego śmiać.

– Nie jestem boginią. Obmyśliłabym wyrafinowaną zemstę. No dobra, ale dlaczego nigdy nie widziałam twojego narzeczonego?

– Bo jest zawsze bardzo zajęty.

– Gdzie go poznałaś?

Zatrzymała się.

– W banku, gdzie pracowałam. Miał u nas konto. A teraz muszę cię przeprosić, syn na mnie czeka. Masz rację, może się zgubić w tłumie, jeżeli go nie przypilnuję. W przyszłym tygodniu spotykamy się u mnie. Oczywiście jesteś zaproszona.

– Wiem nawet, kto zorganizował to spotkanie.

Atena pocałowała mnie lekko w oba policzki i odeszła. Przynajmniej zrozumiała moją aluzję.

Tego wieczora w teatrze reżyser oświadczył na wstępie, że irytuje go moje zachowanie. To twoja sprawka, oskarżał, po co organizujesz spotkanie u „tej kobiety"? Wyjaśniłam, że pomysł nie wyszedł ode mnie, lecz od Herona. Zafascynowany historią z pępkiem, zapytał, czy wraz z innymi nie mam przypadkiem ochoty na dalszy ciąg „wykładu".

– Chociaż, prawdę powiedziawszy – dodałam – ostatecznie to ja ich namówiłam.

I tak faktycznie było, tyle tylko, że chodziło mi przede wszystkim o to, żeby Heron nie znalazł się z Ateną sam na sam.

Aktorzy byli już w komplecie, ale zamiast zarządzić kolejne czytanie nowej sztuki, reżyser zmienił program.

– Dzisiaj czekają nas kolejne ćwiczenia z psychodramy *(N. R.: technika wyrażania przeżyć w formie improwizacji scenicznej)*.

Nie było takiej potrzeby. Wszyscy wiedzieliśmy, jak poszczególne postacie powinny się zachować w sytuacjach opisanych przez autora.

– Czy mogę zaproponować temat? – rzuciłam.

Wszyscy obrócili się w moją stronę.

– Czy to bunt? – spytał zaskoczony reżyser.

– Wcale nie. Wysłuchaj mnie do końca. Wyobraźmy sobie, że pewien człowiek po wielkich trudach zbiera grupę ludzi, z którymi ma odprawić ważny dla społeczności rytuał, powiedzmy, związany z dożynkami. Tymczasem do wsi przybywa piękna nieznajoma i rozchodzą się pogłoski, że kobieta jest boginią w przebraniu. W społeczności, którą ten zacny człowiek zebrał dla podtrzymania tradycji lokalnych, następuje rozłam, a niektórzy jej członkowie, zamiast uczestniczyć w uroczystościach, idą na spotkanie z nieznajomą.

– Przecież to nie ma żadnego związku z naszą sztuką! – zaoponowała jedna z aktorek.

Ale reżyserowi spodobał się pomysł.

– Doskonale. Zaczynamy.

Po czym zwracając się w moją stronę, dodał:

– Andrea, ty będziesz nowoprzybyłą. Dzięki temu lepiej zrozumiesz nastroje panujące we wsi. Ja zaś będę tym zacnym obywatelem, który stoi na straży tradycji. A grupa składać się będzie z par, które chodzą przykładnie do kościoła i spotykają się w soboty, żeby pracować dla dobra ogółu i wzajemnie sobie pomagać.

Położyliśmy się na podłodze. Wykonaliśmy kilka ćwiczeń relaksacyjnych, po czym przystąpiliśmy do rzeczy. Nic trudnego, po prostu główna postać (w tym przypadku ja) tworzy pewne sytuacje, a inni na nie reagują.

Przeistoczyłam się w Atenę. W wyobraźni moja bohaterka przemierza świat jako wcielenie Zła w poszukiwaniu poddanych do swojego królestwa, ale czyni to w przebraniu Gai, bogini, która wszystko wie i która wszystko stworzyła. W ciągu kwadransa utworzyły się „pary", poznały nawzajem i wymyśliły wspólną historię: dzieci, dom, w którym panuje zrozumienie i przyjaźń. Kiedy poczułam, że wszystkie elementy tego mikrokosmosu są już na miejscu, usiadłam w rogu sceny i zaczęłam mówić.

– Przybyłam do tej wioski z daleka. Jestem dla was obca, ciekawi więc was, co mam do powiedzenia. Nigdy nie podróżowaliście, nie znacie świata za tymi górami, ale jedno mogę wam powiedzieć: nie ma potrzeby czcić Ziemi. Ziemia zawsze będzie łaskawa dla waszej społeczności. Ważne jest, żeby czcić człowieka. Mówicie, że kochacie podróże? „Kochać" to niewłaściwe słowo – człowiek może kochać tylko drugiego człowieka. Waszym jedynym pragnieniem jest to, żeby żniwa były obfite i dlatego postanowiliście „kochać" Ziemię? Kolejna głupota: miłość nie jest pragnieniem ani wiedzą, ani uwielbieniem. Jest wyzwaniem, ogniem niewidzialnym. Twierdzicie, że jestem tu obca? Mylicie się. Ja jestem z tego świata, bo we mnie jest siła i ogień, a kiedy odejdę, już nikt nie będzie taki, jak dawniej. Przynoszę ze sobą miłość prawdziwą, a nie taką, o jakiej mówi się w bajkach.

„Mąż" z jednej z „par" zaczął mi się przyglądać, a jego „żona" najwyraźniej była wściekła.

Przez resztę ćwiczenia reżyser – a raczej, zacny człowiek – robił, co mógł, żeby wytłumaczyć wszystkim wagę tradycji, kultu Ziemi, modłów błagalnych i dziękczynnych. Ja mówiłam tylko o miłości.

– Mówi wam, że Ziemia potrzebuje rytuałów? Otóż zapewniam, że jeśli zapanuje między wami miłość, zbiory będą obfite, ponieważ to uczucie wszystko odmienia. Ale co widzę? Przyjaźń. Namiętność wygasła dawno temu, bo już do siebie przywykliście. Właśnie dlatego Ziemia daje tylko tyle, ile dała w zeszłym roku, ani więcej, ani mniej. I dlatego też w mrocznych zakamarkach duszy uskarżacie się bezgłośnie na to, że w waszym życiu nic się nie zmienia. Dlaczego? Bo usiłowaliście kontrolować siłę, która wszystko przeobraża tylko po to, żeby wasze życie mogło się toczyć spokojnie dalej i nie zmuszało was do podejmowania żadnych nowych wyzwań.

– Nasza społeczność – tłumaczył zacny człowiek – przetrwała tylko dzięki temu, że zawsze przestrzegaliśmy praw, którym podlega nawet miłość. Ten, kto kieruje się namiętnością, nie zważając na dobro ogółu, jest skazany na życie w nieustającym lęku. Boi się, że może zranić męża czy żonę, urazić kochankę czy kochanka, stracić wszystko, co zbudował. Ta obca kobieta bez zobowiązań i bez przeszłości może mówić, co chce, nie wie bowiem, ile trudu nas kosztowało, zanim znaleźliśmy się w miejscu, w którym dzisiaj jesteśmy. Nie wie, ile poświęciliśmy dla dobra naszych dzieci. Nie jest świadoma tego, że pracujemy bez wytchnienia po to, żeby Ziemia była łaskawa, żeby panował pokój, żeby gromadzić zapasy na przyszłe dni.

Przez godzinę broniłam gorącej namiętności, która wszystko pochłania, podczas gdy zacny człowiek rozprawiał o uczuciu, które przynosi pokój i ukojenie. Na końcu nikt mnie już nie słuchał. Cała społeczność zgromadziła się wokół niego.

Wczułam się w swoją rolę, zagrałam ją z zapałem i przekonaniem, o jakie sama bym siebie nie podejrzewała, ale mimo to nieznajoma musiała opuścić wioskę, nie przekonawszy nikogo do swoich racji.

I byłam z tego bardzo, bardzo zadowolona.

HERON RYAN, dziennikarz

Mój dobry znajomy mawia: „Ludzie uczą się w 25 procentach od mistrza, w 25 procentach słuchając samych siebie, w 25 procentach od przyjaciół, a w 25 procentach uczy ich czas". Podczas pierwszego spotkania w mieszkaniu Ateny, gdzie zamierzała dokończyć przerwaną w teatrze lekcję, uczyliśmy się od... sam nie wiem kogo ani czego.

Razem z synkiem przyjęła nas w niedużej bawialni, pomalowanej na biało. Jeśli nie liczyć stolika ze sprzętem grającym i sterty płyt kompaktowych, pokój był nieumeblowany. Zdziwiła mnie obecność dziecka – przecież to, co się tu będzie działo, musi być dla niego nudne i niezrozumiałe. Sądziłem, że Atena zacznie w miejscu, w którym przerwała wtedy w teatrze. Jednak ona miała inne plany.

– Medytacja w moim przypadku nie działa – powiedziała. – Widzę ludzi, jak siedzą z zamkniętymi oczami, z uśmiechem na ustach lub z powagą na twarzy albo z wyniosłą miną. Wszyscy koncentrują się na czymś, czego nie ma, w przeświadczeniu, że właśnie łączą się z Bogiem lub Boginią. Zamiast medytacji posłuchamy razem muzyki z syberyjskich stepów. Wsłuchajcie się w nią.

Nic więcej.

I znowu niepewność w jej głosie, jakby nie bardzo wiedziała, co dalej. Zjawił się prawie cały zespół, z reżyserem włącznie – który, zdaniem Andrei, przyszedł na przeszpiegi do nieprzyjacielskiego obozu.

Muzyka umilkła.

– Teraz zatańczcie w rytmie, który nie ma nic, absolutnie nic wspólnego z melodią.

Atena nastawiła muzykę, podkręciła dźwięk na cały regulator i zaczęła tańczyć, jakby nie przejmując się harmonią ruchów, jakby wbrew rytmowi. Tylko jeden starszy aktor, który w ostatniej sztuce grał pijanego króla, wykonał jej polecenie. Nikt inny nie ruszył się z miejsca, wszyscy wydawali się nieco skrępowani. Ktoś spojrzał na zegarek – minęło zaledwie dziesięć minut.

Atena znieruchomiała i rozejrzała się wokół siebie.

– Czemu tak stoicie?

– Bo to jest chyba trochę śmieszne – odezwała się nieśmiało jedna z aktorek. – Uczono nas harmonii, a nie czegoś odwrotnego.

– Zróbcie, jak proszę. Mam to wyjaśnić? Proszę bardzo! Zmiany zachodzą tylko wtedy, gdy idziemy pod prąd, kiedy robimy coś całkowicie wbrew wszystkiemu, do czego przywykliśmy.

Po czym zwróciła się do „pijanego króla":

– Dlaczego zgodziłeś się poruszać niezgodnie z rytmem?

– Po prostu zawsze fatalnie tańczyłem.

Wszyscy wybuchnęli śmiechem. Gromadzące się nad nami czarne chmury odpłynęły w dal.

– No dobrze. Zacznę od początku. Ale tym razem albo pójdziecie w moje ślady, albo wyjdźcie. Dziś ja decyduję, kiedy kończymy spotkanie. Jednym z najcięższych wykroczeń człowieka jest opór wobec tego, co uważamy za miłe i ładne. I właśnie dzisiaj to zrobimy. Będziemy wszyscy źle tańczyć.

Był to dla nas kolejny eksperyment. Nie chcąc sprawiać pani domu przykrości, wszyscy zaczęliśmy tańczyć źle, nie do taktu. Walczyłem z samym sobą, jako że człowiek w sposób naturalny stara się zawsze poruszać w rytm melodii, zwłaszcza że tym razem słyszeliśmy cudowne, tajemnicze dźwięki perkusji. Czułem się tak, jakbym obrażał muzyków i kompozytora. Co i rusz moje ciało buntowało się, ale musiałem zachowywać się zgodnie z poleceniem Ateny. Chłopiec również tańczył z roześmianą buzią, aż w pewnym momencie zatrzymał się i usiadł na kanapie, może wyczerpany wysiłkiem. Melodia urwała się w środku akordu.

– Zaczekajcie.

Wszyscy zamarli w oczekiwaniu.

– Właśnie robię coś, czego nigdy dotąd nie robiłam.

Zamknęła oczy i ukryła twarz w dłoniach.

– Nigdy nie tańczyłam niezgodnie z rytmem...

A więc ta próba najwyraźniej była dla niej trudniejsza niż dla pozostałych obecnych.

– Źle się czuję...

Wszyscy zamarliśmy. Andrea spojrzała na mnie z furią, a po chwili skierowała się w stronę Ateny, która w tym momencie kazała nam wrócić na swoje miejsca.

– Czy ktoś chciałby coś powiedzieć? – wyszeptała drżącym głosem. Wciąż kryła twarz w dłoniach.

– Ja chcę – odezwała się Andrea.

– Najpierw uspokój mojego synka. Powiedz mu, że nic mi nie jest. Muszę tak chwilę postać, zanim dojdę do siebie.

Viorel wyglądał na przestraszonego. Andrea wzięła go na kolana i przytuliła.

– Co chciałaś powiedzieć? – zapytała Atena.

– Nic. Zmieniłam zdanie.

– To dziecko kazało ci zmienić zdanie. Ale mów, nie krępuj się.

Atena powoli odkryła twarz i uniosła głowę. Zmieniła się kompletnie na twarzy.

– Nic nie powiem – odparła Andrea zniecierpliwionym tonem.

– W porządku. W takim razie ty – wskazała na starego aktora. – Pójdziesz jutro do lekarza. Te kłopoty ze spaniem, częste wstawanie nocą do ubikacji, to poważna sprawa: rak prostaty.

Mężczyzna zbladł.

– A ty – spojrzała na reżysera – pogódź się ze swoją orientacją seksualną. Nie bój się. Przyznaj, że nienawidzisz kobiet, a kochasz mężczyzn.

– Co też opowiadasz…

– Nie przerywaj. Nie mówię tego ze względu na Atenę. Po prostu mówię o twojej seksualności. Kochasz mężczyzn i nie ma w tym nic złego.

Nie mówię tego ze względu na Atenę? Przecież to ona była Ateną!

– A ty – wskazała na mnie – podejdź tutaj. Uklęknij.

Bałem się, co na to powie Andrea, do tego czułem się zażenowany spojrzeniami obecnych, ale zrobiłem, o co prosiła.

– Pochyl głowę. Chcę dotknąć twojego karku.

Poczułem ucisk jej palców, ale nic poza tym. Trwaliśmy tak prawie przez minutę, aż kazała mi wstać i wrócić na miejsce.

– Już nie potrzebujesz proszków nasennych. Odtąd będziesz spać spokojnie.

Spojrzałem na Andreę. Sądziłem, że coś powie, ale wyglądała na równie zdumioną, jak ja.

Jedna z aktorek, chyba najmłodsza w zespole, podniosła rękę.

– Chcę o coś spytać, ale muszę wiedzieć, do kogo się zwracam.

– Do Hagii Sofii.

– Chciałabym się dowiedzieć, czy…

Zawstydzona, rozejrzała się dookoła, a reżyser skinął głową na znak przyzwolenia.

– …czy z moją matką jest wszystko dobrze?

– Jest przy tobie. Wczoraj, kiedy wychodziłaś z domu, sprawiła, że zapomniałaś zabrać torebkę. Wróciłaś po nią, ale nie mogłaś dostać się do środka, bo zatrzasnęłaś drzwi i klucz został w zamku. Straciłaś godzinę na poszukiwanie ślusarza, w związku z czym nie zdążyłaś na umówione spotkanie, nie spotkałaś się z człowiekiem, który na ciebie czekał, i nie dostałaś upragnionej pracy. Jednak gdyby wszystko odbyło się tak, jak to sobie rano zaplanowałaś, za pół roku zginęłabyś w wypadku samochodowym. To, że zostawiłaś wczoraj torebkę, zmieniło bieg twojego życia.

Dziewczyna rozpłakała się.

– Czy ktoś chce jeszcze o coś spytać?

Podniosła się kolejna ręka, tym razem reżysera.

– Czy on mnie kocha?

A wiec to była prawda. Historia z matką dziewczyny wywołała burzę emocji.

– Zadajesz niewłaściwe pytanie. Powinno ono brzmieć: czy jestem zdolny dać mu miłość, której on potrzebuje? I cieszyć się, cokolwiek z tego wyniknie lub nie wyniknie. Wiedzieć, że jest się zdolnym do miłości, to wystarczająco dużo. Jeżeli nie on, to będzie ktoś inny. Odkryłeś źródło, a teraz pozwól mu wytrysnąć, a wypełni cały twój świat. Nie trzymaj się na dystans, żeby z dali obserwować rozwój wypadków. Nie czekaj, aż nabierzesz pewności, zanim zrobisz kolejny krok. Ile dasz, tyle otrzymasz, czasem z najbardziej niespodziewanej strony.

Te słowa przemawiały także do mnie. Atena – lub ktokolwiek to był – zwróciła się w stronę Andrei.

– Przygotuj się na to, że utracisz świat, który stworzyłaś.

Skamieniałem.

– Co masz na myśli mówiąc „świat"?

– To wszystko, co, jak sądzisz, już masz. Otoczyłaś swój świat kratami, ale wiesz, że musisz go oswobodzić. Wiem, że rozumiesz, o czym mówię, chociaż wolałabyś tego nigdy nie usłyszeć.

– Rozumiem.

Byłem przekonany, że mówią o mnie. Czyżby to wszystko zostało ukartowane przez Atenę?

– Koniec – powiedziała. – Przyprowadź mi dziecko.

Viorel nie chciał do niej podejść. Przestraszył się zmian, jakie zaszły w jego matce. Andrea ujęła go delikatnie za rękę i przyprowadziła do Ateny.

Atena – czy Hagia Sofia, czy może Szirin, nieważne, kto to był – zrobiła to samo, co ze mną: dotknęła karku malca palcami i powiedziała:

– Nie bój się rzeczy, które widzisz. Nie próbuj ich od siebie odsuwać, bo i tak w końcu odejdą. Dopóki możesz, ciesz się towarzystwem aniołów. W tej chwili boisz się, ale nie za bardzo, bo wiesz, że jest nas tutaj dużo. Przestałeś się śmiać i tańczyć, kiedy zobaczyłeś, że obejmuję twoją matkę i proszę ją, by pozwoliła mi przemówić przez jej usta. Przecież nie zrobiłabym tego, gdybym nie otrzymała od niej pozwolenia. Zawsze pojawiam się pod postacią światła, i nadal jestem tym światłem, ale dzisiaj postanowiłam przemówić.

Chłopczyk przytulił się do niej mocno.

– Możecie już iść. Zostawcie mnie z nim samą.

Jedno po drugim opuszczaliśmy mieszkanie, zostawiając kobietę z dzieckiem. W drodze do domu, w taksówce, próbowałem zagadać do Andrei, ale, jak powiedziała, mogła rozmawiać o wszystkim, byle nie o tym, co się właśnie wydarzyło.

Umilkłem. Moją duszę przepełniał smutek. Myśl o utracie Andrei nie dawała mi spokoju, a z drugiej strony poczułem ulgę. Wydarzenie minionego wieczoru zmieniło wewnętrznie nas wszystkich, a to oznaczało, że poczułem się zwolniony z bolesnego obowiązku powiedzenia prosto w oczy kobiecie, którą bardzo kochałem, że kocham także inną.

Wybrałem milczenie. Wróciliśmy do domu, włączyłem telewizję, Andrea poszła się wykąpać. Przymknąłem oczy, a kiedy je otworzyłem był już dzień – spałem nieprzerwanie przez dziesięć godzin. Obok mnie leżał liścik. Andrea pisała, że nie chciała mnie budzić, poszła prosto do teatru, ale zostawiła mi kawę. Liścik był romantyczny, ozdobiony odciskiem umalowanych warg i rysunkiem serduszka.

Nie miała najmniejszego zamiaru „utracić swojego świata". Postanowiła walczyć. A przy tym zamienić moje życie w koszmar.

Wieczorem zadzwoniła. Jej głos nie zdradzał jakiejkolwiek emocji. Opowiedziała mi, że stary aktor poszedł do lekarza, który go zbadał i stwierdził niepokojące powiększenie prostaty. Zlecił badania krwi, które wykazały znacznie podwyższony poziom antygenu PSA. Obraz kliniczny materiału pobranego do biopsji budził podejrzenie nowotworu złośliwego.

– Lekarz powiedział mu: Ma pan szczęście. Zakładając najczarniejszy scenariusz, jeszcze nie za późno na operację i ma pan dziewięćdziesiąt dziewięć procent szans na wyleczenie.

DEIDRE O'NEILL, znana jako Edda

Jaka tam Hagia Sofia! To była ona sama, Atena, tyle że sięgnąwszy do głębin rzeki, która płynie w jej duszy, nawiązała kontakt z Wielką Matką.

Po prostu zobaczyła przez chwilę inną rzeczywistość. Matka tamtej młodej aktorki, jako zmarła, przebywa poza czasem, dlatego mogła odmienić bieg wydarzeń. Natomiast my, ludzie, znamy tylko teraźniejszość. Nawiasem mówiąc, to wcale niemało, bo przecież potrafimy wykryć toczącą nas chorobę, zanim stanie się naprawdę groźna, pobudzać ośrodki nerwowe i uwalniać energię.

Oczywiście wiele z nas spłonęło na stosie, wiele skazano na wygnanie, ukrywałyśmy się i tłumiłyśmy w duszy iskrę Wielkiej Matki. Nigdy nie starałam się popychać Ateny do kontaktu z Jej mocą. Sama powzięła taką decyzję, choć nie bez powodu. Bo Wielka Matka dawała jej już wcześniej rozmaite sygnały: była światłem, kiedy Atena tańczyła, przeistaczała się w litery, kiedy Atena uczyła się kaligrafii, jej twarz pojawiła się w płomieniach ogniska i w odbiciu lustra. Moja uczennica nie wiedziała tylko, jak z Nią współistnieć, aż zrobiła coś, co wywołało całą lawinę zdarzeń.

Atena, która mówiła każdemu, że powinien być inny, w gruncie rzeczy była dokładnie taka, jak wszyscy śmiertelnicy. Miała swój własny rytm, swój wewnętrzny „sterownik". Czy była bardziej ciekawa świata niż inni?

Być może. Czy zdołała oprzeć się pokusie odgrywania roli ofiary? Z pewnością. Czy czuła potrzebę, aby tym, czego się uczyła, dzielić się z innymi – z kolegami z banku czy z aktorami? W niektórych przypadkach tak było, w innych starałam się ją do tego zachęcać, ponieważ samotność nie jest naszym przeznaczeniem, a samych siebie poznajemy tylko wtedy, kiedy możemy się przejrzeć w oczach innych ludzi.

Jednak na tym moja ingerencja się kończyła.

Może tamtego wieczora Wielka Matka chciała się objawić, może szepnęła jej do ucha: „Przeciwstaw się wszystkiemu, czego się dotychczas nauczyłaś. Ty, mistrzyni rytmu, pozwól, żeby przeniknął on twoje ciało, ale mu nie ulegaj". Właśnie dlatego Atena zaproponowała to ćwiczenie. Jej podświadomość była już gotowa na przyjęcie Wielkiej Matki, ale ona sama wciąż tańczyła w rytm muzyki, dlatego to, co przyszło z zewnątrz, nie mogło się w pełni ujawnić

Ze mną było tak samo. Medytacja i nawiązywanie kontaktu ze światłem przychodziły mi najłatwiej, kiedy robiłam na drutach – jeszcze w dzieciństwie nauczyła mnie tego moja matka. Potrafiłam liczyć oczka, zmieniać ściegi, tworzyć harmonijne kompozycje o przepięknych wzorach. Pewnego dnia mój opiekun poprosił, abym zaczęła przerabiać oczka bez żadnego powziętego z góry planu! To było dla mnie wielkie wyzwanie – zawsze dziergałam z dbałością, cierpliwością i precyzją, a teraz, jak nalegał, miałam postąpić wbrew wszelkim regułom sztuki dziewiarskiej.

Przez dwie godziny robiłam, co mi nakazał, choć uważałam to za śmieszne, absurdalne. Rozbolała mnie głowa, kosztowało mnie to wiele wysiłku, żeby nie pozwolić, aby druty kierowały moimi dłońmi. Każdy człowiek potrafi pracować byle jak, ale dlaczego mnie o to poprosił? Dlatego że znał moją obsesję na punkcie symetrii i doskonałości.

Aż nagle stało się: zamarłam z drutami w rękach, poczułam olbrzymią pustkę, która wypełniała się jakąś gorącą, miłą sercu obecnością. Wszystko wokół mnie było odmienione, miałam ochotę mówić rzeczy, których w normalnej sytuacji nigdy nie ośmieliłabym się powiedzieć. Nie utraciłam świadomości. Wiedziałam, że ja to ja, a jednocześnie – jakkolwiek zabrzmi to paradoksalnie – nie byłam osobą, którą znałam.

Dlatego, choć mnie przy tym nie było, potrafię „zobaczyć" wszystko, co tam zaszło – duszę Ateny, wsłuchaną w dźwięki muzyki, podczas gdy jej ciało porusza się w zupełnie innym rytmie. Dzięki temu jej dusza mogła oddzielić się od ciała i pojawiła się przestrzeń na przyjęcie Wielkiej Matki.

Mówiąc ściślej: pojawiła się iskra Wielkiej Matki. Starej, a zarazem bardzo młodej. Mądrej, ale nie wszechmocnej. Wyjątkowej, ale bynajmniej nie butnej. Zmieniła się percepcja Ateny, dostrzegała rzeczy, które widziała jako dziecko – równoległe światy. W takich chwilach potrafimy dostrzec nie tylko ciało fizyczne, lecz również stan emocjonalny człowieka. Podobno taką samą zdolność mają koty, i ja w to wierzę.

Między światem materialnym a światem duchowym istnieje rodzaj przesłony, zmieniającej barwę, przejrzystość i natężenie światła. Mistycy nazywają ją aurą. Ta aura może nam wiele powiedzieć o tym, co się z człowiekiem dzieje. Gdybym była tam obecna, Atena ujrzałaby wokół mnie barwę fioletową z kilkoma żółtymi plamkami. To znak, że przede mną jeszcze długa droga, zanim uda mi się spełnić swoją misję na ziemi.

Czasem aurę człowieka przenika przezroczysta forma, którą potocznie nazywamy duchem. To był przypadek dziewczyny i jej zmarłej matki – i jest to, nawiasem mówiąc, jedyny przypadek, kiedy może dojść do zmiany czyjegoś przeznaczenia. Jestem niemal pewna, że ta młoda aktorka od początku nie wątpiła w obecność matki u swego boku, niespodzianką była dla niej tylko historia z torebką.

W tym tańcu wbrew rytmowi wszyscy czuli się onieśmieleni. Dlaczego? Ponieważ każdy przywykł do tego, aby robić wszystko „tak, jak trzeba". Nikt z nas nie lubi stawiać mylnych kroków, zwłaszcza świadomie. Atena nie jest wyjątkiem. Dlatego nie przyszło jej łatwo proponować coś, co stało w sprzeczności z wszystkim, co ukochała.

Cieszę się, że Wielka Matka przemówiła za jej pośrednictwem. Dzięki temu ktoś uniknął śmierci, ktoś inny pogodził się z własną seksualnością, a ktoś trzeci przestał cierpieć na bezsenność. Atena zakłóciła rytm, gwałtownie zahamowała rozpędzony pojazd – i wywróciła wszystko do góry nogami.

Wracając do robienia na drutach. Dość długo posługiwałam się tą metodą, aż w końcu udało mi się przywołać tę obecność bez żadnych zbędnych sztuczek, ponieważ już ją poznałam i do niej przywykłam. Z Ateną było tak samo. Kiedy wiemy już, gdzie znajdują się Drzwi Percepcji, otwieranie i zamykanie ich nie sprawia wielkich trudności, o ile oswoimy się z własnym „dziwnym" zachowaniem.

Jeszcze jedno wypada tu dodać. Po tym doświadczeniu robiłam na drutach z jeszcze większą niż dotąd wprawą, tak samo jak Atena zaczęła tańczyć ze znacznie większym wyczuciem rytmu, po tym jak ośmieliła się przełamać swoje ograniczenia.

ANDREA McCAIN, aktorka

Wieść obiegła miasto lotem błyskawicy. W następny poniedziałek, kiedy w teatrze mamy wolne, mieszkanie Ateny pękało w szwach. Każdy z nas przyprowadził ze sobą znajomych. Zaproponowała to samo ćwiczenie co poprzednio – kazała nam tańczyć niezgodnie z rytmem, tak jakby potrzebowała grupowej energii, żeby móc spotkać się z Hagią Sofią. Chłopczyk znowu był razem z nami. Pilnie go obserwowałam. Usiadł na kanapie, zaraz potem muzyka ucichła i Atena weszła w trans.

Rozpoczęły się też pytania. Jak można się było spodziewać, pierwsze trzy dotyczyły miłości: czy ode mnie odejdzie, czy mnie kocha, czy mnie zdradza. Atena milczała uparcie. Czwarta osoba nie ustępowała:

– Proszę mi tylko powiedzieć: zdradza mnie czy nie?

– Mówi do was Hagia Sofia, uniwersalna mądrość. Gdy pojawiłam się na świecie, towarzyszyła mi jedynie Miłość. Jestem początkiem wszystkiego, przede mną był tylko chaos. Dlatego jeśli ktokolwiek z was pragnie kontrolować siły, które zawładnęły chaosem, niech o nic Hagię Sofię nie pyta. Dla mnie wszystko jest przepojone miłością. Nie można jej pragnąć, ponieważ sama w sobie jest celem. Nie może zdradzić, ponieważ nie ma nic wspólnego z posiadaniem. Nie można jej poskromić, ponieważ jest rzeką, która występuje z brzegów. Kto chce uwięzić miłość, musi odciąć karmiące ją źródło, a wówczas zmieni ją w sadzawkę pełną brudnej, cuchnącej wody.

Wzrok Hagii Sofii przebiegł po wszystkich zgromadzonych, w większości po raz pierwszy uczestniczących w takiej sesji. Potem zaczęła wyliczać nieszczęścia, które wśród nas dostrzegła: groźby chorób, problemy w pracy, kłótnie rodzinne, kłopoty natury seksualnej, niewykorzystany potencjał życiowy. Pamiętam, jak zwróciła się do trzydziestoparoletniej kobiety:

– Ojciec wpoił ci, jak powinno być i jak powinna się zachowywać kobieta. Przez całe dotychczasowe życie spychałaś własne marzenia na dalszy plan, nigdy nie ośmieliłaś się nawet pomyśleć „chcę". Zawsze było tylko „powinnam", „mam obowiązek" lub „muszę". A przecież masz piękny głos. Weź lekcje śpiewu. Po roku ćwiczeń twoje życie zmieni się diametralnie.

– Mam dziecko i męża.

– Atena też ma dziecko. Z początku mężowi się to nie spodoba, ale szybko pogodzi się z tym faktem. I nie trzeba być Hagią Sofią, żeby o tym wiedzieć.

– Może już jestem za stara.

– Nie akceptujesz tego, kim naprawdę jesteś, ale to już nie mój problem. Powiedziałam to, co należało powiedzieć.

189

Staliśmy stłoczeni w niewielkim pokoju, zmęczeni, spoceni, zażenowani tym, że daliśmy się wciągnąć w to żałosne widowisko, a Hagia Sofia wywoływała nas po kolei i udzielała nam rad.

Ostatnia w kolejce byłam ja:

– Jeżeli chcesz przestać być dwiema kobietami i stać się jedną, zostań, kiedy inni wyjdą.

Tym razem nie trzymałam jej synka na kolanach. Siedział sam, przyglądał się wszystkiemu. Wydawało się, że po tym, co od niej usłyszał kilka dni wcześniej, przestał się bać.

Skinęłam głową na znak, że się zgadzam. Poprzednim razem poprosiła nas o opuszczenie mieszkania i zostawienie jej z dzieckiem. Tym razem natomiast przed zakończeniem rytuału Hagia Sofia wygłosiła kazanie.

– Nie dam wam tu ostatecznych odpowiedzi. Moim zadaniem jest was prowokować. Kiedyś zarówno rządzący, jak rządzeni zasięgali opinii wyroczni, która przepowiadała przyszłość. Jednak przyszłość nigdy nie jest pewna, ponieważ zależy od decyzji podejmowanych tu i teraz. Mocno naciskajcie na pedały, bo jeśli nadmiernie zwolnicie, przewrócicie się. Zwracam się teraz do tych, którzy przyszli do Hagii Sofii tylko po to, żeby utwierdzić się w swoich racjach: proszę was – więcej tu nie przychodźcie. Albo zacznijcie tańczyć i skłońcie do tańca wszystkich wokół was. Los będzie nieubłagany dla pragnących żyć w świecie, który już odszedł. Nowy świat należy do Wielkiej Matki, która przybyła z Miłością, aby oddzielić niebiosa od wód. Kto wierzy, że poniósł klęskę, zawsze będzie ponosił klęski. Kto uznał, że nie może postępować inaczej, tego zniszczy rutyna. Kto postanowił powstrzymywać zmiany, obróci się w proch. Przeklęci niech będą ci, którzy nie tańczą i przeszkadzają tańczyć innym!

Jej oczy miotały płomienie.

– Możecie iść.

Wszyscy zaczęli zbierać się do wyjścia. Na większości twarzy malowała się konsternacja. Przyszli po słowa otuchy, a to, co otrzymywali, było jedynie prowokacją. Chcieli się dowiedzieć, jak można zapanować nad miłością, a usłyszeli, że miłość to wszechobejmujący płomień, który spala wszystko, co napotka. Szukali potwierdzenia, że podjęli słuszne decyzje, że ich mężowie, żony, przełożeni i dzieci darzą ich szacunkiem, a znaleźli tylko i wyłącznie słowa zwątpienia.

Niektórzy się uśmiechali. Oni zrozumieli znaczenie tańca i z pewnością od tej chwili pozwolą ciału i duszy swobodnie dryfować, nawet jeśli – jak to zawsze bywa – mieliby za to drogo zapłacić.

W pokoju została tylko Hagia Sofia, dziecko, ja i Heron.

– Prosiłam, abyś została tylko ty.

Bez słowa Heron chwycił płaszcz i wyszedł.

Hagia Sofia przyglądała mi się, a ja obserwowałam, jak stopniowo przeistacza się w Atenę. Przypominało to trochę przemianę, jaka zachodzi w dziecku ogarniętym złością – wściekłość czai się jeszcze w jego oczach, ale wystarczy odwrócić jego uwagę, by cała złość minęła; odnosimy wówczas wrażenie, że to nie to samo dziecko, które przed chwilą się awanturowało. Wydawało się, że ta, powiedzmy, „inna istota" rozpłynęła się w powietrzu z chwilą, kiedy jej medium utraciło zdolność koncentracji. Siedziałam teraz naprzeciwko wyczerpanej kobiety.

– Zaparz mi zioła.

Wydawała mi rozkazy! Nie była już uniwersalną mądrością, tylko kimś, kim interesował się – lub w kim się kochał – mój facet. Dokąd nas to wszystko zawiedzie?

No cóż, pomyślałam, w końcu korona mi z głowy nie spadnie. Poszłam do kuchni, zagotowałam wodę, wrzuciłam do niej rumianek i wróciłam do pokoju. Chłopczyk zasnął na jej kolanach.

– Nie lubisz mnie – stwierdziła.

Nie odpowiedziałam.

– Ja też cię nie lubię – ciągnęła. – Jesteś ładna, świetnie się ubierasz, jesteś znakomitą aktorką. Pod względem ogólnej kultury i wykształcenia, na pewno ci nie dorównuję. Ale jesteś też chimeryczna, zarozumiała, podejrzliwa. Jak powiedziała Hagia Sofia, jesteś dwiema kobietami, choć mogłabyś być tylko jedną.

– Nie wiedziałam, że pamiętasz, co mówisz w transie. W takim razie ty również jesteś dwiema kobietami: Ateną i Hagią Sofią.

– Mam dwa imiona, lecz jestem jedna – a jednocześnie mogę być wszystkimi ludźmi na świecie. I właśnie o tym chcę z tobą porozmawiać. Ponieważ mogę równocześnie być sobą i każdym innym, iskra, która się pojawia, kiedy wchodzę w trans, przekazuje mi bardzo dokładne wskazówki. Oczywiście przez cały czas pozostaję w stanie półświadomości, ale mówię rzeczy, które pochodzą z jakiegoś nieznanego miejsca mojej duszy, tak jakbym piła z piersi Wielkiej Matki mleko, które w postaci mądrości spływa na Ziemię. Kiedy w zeszłym tygodniu po raz pierwszy weszłam w ten dziwny trans, otrzymałam z pozoru absurdalny przekaz: powinnam udzielać ci nauk.

Na chwilę zamilkła.

– Oczywiście uznałam ten pomysł za bzdurę, bo bynajmniej nie darzę cię sympatią.

Tym razem zamilkła na dłużej.

– Ale dzisiaj usłyszałam to samo. Dlatego daję ci taką możliwość.

– Hagia Sofia, skąd to imię?

– Tak ją ochrzciłam, bo spodobała mi się nazwa pewnego pięknego meczetu, który zobaczyłam w jakimś albumie fotograficznym. Możesz być moją uczennicą, ale to oczywiście musi być twój wybór. Może właśnie dlatego zjawiłaś się u mnie, a to zapoczątkowało nowy etap w moim życiu, łącznie z odkryciem Hagii Sofii. Pewnego dnia weszłaś przez te drzwi i powiedziałaś: „Jestem aktorką. Chcemy wystawić sztukę poświęconą kobiecemu obliczu Boga. Od znajomego dziennikarza dowiedziałam się, że spędziłaś trochę czasu na pustyni i wśród Cyganów na Bałkanach i że możesz podzielić się ze mną swoimi spostrzeżeniami".

– Nauczysz mnie wszystkiego, co umiesz?

– Wszystkiego, czego nie umiem. Obcując z tobą, jak już ci powiedziałam przy naszym pierwszym spotkaniu, sama będę się uczyć. Kiedy już się nauczę wszystkiego, co mi potrzebne, nasze drogi rozejdą się.

– Możesz uczyć kogoś, kogo nie lubisz?

– Mogę kochać i szanować kogoś, kogo nie lubię. Podczas obydwu transów ujrzałam twoją aurę – najbardziej rozwiniętą aurę, jaką widziałam w życiu. Jeżeli przyjmiesz moją propozycję, możesz przeobrazić świat.

– Nauczysz mnie dostrzegać aury?

– Ja sama nie wiedziałam, że jestem do tego zdolna, dopóki nie zobaczyłam takiej aury po raz pierwszy. Jeśli kroczyć będziesz właściwą drogą, nauczysz się.

Zrozumiałam, że też mogę kochać kogoś, kogo nie lubię. Powiedziałam, że się zgadzam.

– W takim razie zamieńmy naszą rozmowę w rytuał. Rytuały przenoszą nas w nieznany świat, a tego, co tam odkrywamy, nie sposób zlekceważyć, ani traktować niefrasobliwie. Nie wystarczy powiedzieć „tak". Trzeba położyć na szali całe swoje życie i to bez chwili wahania. Jeżeli jesteś taką kobietą, jaką w tobie przeczuwam, nie powiesz: „Muszę się zastanowić". Powiesz...

– Jestem gotowa. Zaczynajmy rytuał. A właściwie gdzie się go nauczyłaś?

– Dopiero teraz się go nauczę. Już nie muszę wychodzić z mojego rytmu, żeby nawiązać kontakt z iskrą Wielkiej Matki, bo kiedy już raz się objawi, łatwo dotrzeć do tego źródła ponownie. Już wiem, jakie drzwi przede mną otworzy, choć mam do wyboru wiele wejść i wyjść. Potrzebuję tylko trochę ciszy.

Znowu ta cisza!

Siedziałyśmy nieruchomo, szeroko otwartymi oczyma wpatrywałyśmy się w siebie, jakby szykując się do pojedynku na śmierć i życie. Rytuały! Zanim po raz pierwszy zadzwoniłam do drzwi Ateny, miałam okazję w kilku uczestniczyć. Za każdym razem na końcu czułam się wykorzystana i stłamszona, za każdym razem stawałam przed drzwiami, które były w zasięgu mojego wzroku, lecz których nie byłam w stanie otworzyć. Rytuały!

Atena nie robiła nic – upiła tylko trochę ziół, które jej zaparzyłam.

– Rytuał został spełniony. Poprosiłam, żebyś coś dla mnie zrobiła. Wykonałaś moje polecenie, a ja to zaakceptowałam. Teraz twoja kolej, by mnie o coś poprosić.

Natychmiast pomyślałam o Heronie, ale moment nie był odpowiedni.

– Rozbierz się.

Nie spytała dlaczego. Spojrzała na chłopca, upewniła się, że śpi, i bez wahania zaczęła ściągać sweter.

– Nie trzeba – powiedziałam. – Nie wiem, czemu o to poprosiłam.

Puściła moje słowa mimo uszu i rozbierała się dalej. Zdjęła bluzkę, dżinsy, stanik – zobaczyłam jej piersi – u żadnej kobiety nigdy tak pięknych nie widziałam. W końcu zdjęła majtki i stanęła przede mną nieruchomo, ofiarując mi swoją nagość.

– Pobłogosław mnie – poprosiła.

Pobłogosławić moją „mistrzynię"? Jednak zrobiłam już pierwszy krok i nie mogłam zatrzymać się w połowie drogi. Zanurzyłam palce w filiżance z ziołami, skropiłam jej ciało naparem.

– Tak jak z tej rośliny powstał napój, tak jak ta woda zmieszała się z rośliną, błogosławię cię i proszę Wielką Matkę, aby źródło, z którego pochodzi ta woda, nigdy nie wyschło i aby ziemia, z której wyrosła ta roślina, zawsze była łaskawa i urodzajna.

Byłam zaskoczona własnymi słowami. Tak, jakbym je znała od zawsze i wypowiadała niezliczoną ilość razy.

– Otrzymałaś błogosławieństwo. Możesz się ubrać.

Nie poruszyła się nawet, tylko lekko się uśmiechnęła. Czego chciała? Jeżeli Hagia Sofia potrafiła postrzegać aury, to musiała też wiedzieć, że nie mam najmniejszej ochoty na seks z kobietą.

– Chwileczkę.

Wzięła chłopca na ręce, zaniosła go do sąsiedniego pokoju i zaraz wróciła.

– Ty też się rozbierz.

Kto mnie o to prosił? Hagia Sofia, która odkryła we mnie potencjał na idealną uczennicę? Czy Atena, którą ledwo znałam i która, jak się zdawało, była zdolna do wszystkiego, nauczona przez życie, jak przekraczać własne granice i zaspokajać ciekawość?

Doszło między nami do konfrontacji, od której nie było odwrotu. Rozebrałam się z taką samą swobodą, z takim samym uśmiechem, z takim samym spojrzeniem.

Ujęła mnie za rękę i usiadłyśmy na kanapie. Przez najbliższe pół godziny obecna była zarówno Atena, jak Hagia Sofia. Obie chciały wiedzieć, jak będzie mój kolejny krok. W miarę jak padały pytania, uświadamiałam sobie, że wszystko zostało już wcześniej zapisane, a drzwi do tej pory nie otwierały się przede mną, bo nie rozumiałam, że jestem jedyną osobą na świecie upoważnioną, by je otworzyć.

HERON RYAN, dziennikarz

Sekretarz redakcji wręcza mi kasetę wideo. Idziemy do sali projekcyjnej, żeby obejrzeć materiał.

Film został nakręcony rankiem 26 kwietnia 1986 roku. Ukazuje zwyczajne życie zwykłego miasta. Jakiś mężczyzna siedzi i popija kawę. Matka spaceruje z dzieckiem. Ludzie śpieszą się do pracy. Kilka osób czeka na przystanku autobusowym. Na skwerku na ławce starszy pan czyta gazetę.

Ale z kasetą jest coś nie tak. Na ekranie ukazują się poziome paski. Podnoszę się z miejsca, żeby wyregulować obraz, ale sekretarz mnie powstrzymuje:

– To nic nie pomoże. Oglądaj dalej.

Pojawiają się i nikną obrazki z prowincjonalnego miasta – absolutnie nic ciekawego, ot, zwykła kronika dnia codziennego.

– Może niektórzy z tych ludzi wiedzą o wypadku, który nastąpił przed chwilą dwa kilometry dalej – odezwał się mój zwierzchnik. – Może wiedzą o trzydziestu ofiarach śmiertelnych. To dużo, ale nie dość, żeby zakłócić normalny tryb życia mieszkańców miasteczka.

Na ekranie pojawiają się teraz parkujące szkolne autobusy. Pozostaną tam przez wiele, wiele dni. Obraz jest coraz gorszy.

– To nie usterka techniczna. To promieniowanie. Film nakręciło KGB, tajna policja sowiecka. Dwudziestego szóstego kwietnia, o 1.23 w nocy, w Czarnobylu na Ukrainie miała miejsce największa spowodowana przez człowieka katastrofa w historii. Wskutek wybuchu reaktora jądrowego okoliczni mieszkańcy otrzymali dziewięćdziesięciokrotnie większą dawkę promieniowania niż po wybuchu bomby atomowej w Hiroszimie. Należało natychmiast ewakuować wszystkich mieszkańców regionu, ale nie zostali o niczym poinformowani – przecież władza nie popełnia błędów. Dopiero tydzień później na trzydziestej drugiej stronie lokalnej gazety ukazała się krótka notatka, wszystkiego pięć linijek, w której bez żadnych wyjaśnień zawiadomiono o śmierci pracowników elektrowni. W tym samym czasie w całym Związku Radzieckim obchodzono uroczyście Święto Pracy, a w Kijowie, w stolicy Ukrainy, ludzie defilowali ulicami, nieświadomi tego, że w powietrzu unosi się niewidzialna śmierć.

Zamilkł na chwilę, po czym podsumował:

– Pojedź do Czarnobyla. Zobacz, co się tam dzisiaj dzieje. Właśnie awansowałeś na wysłannika specjalnego. Dostaniesz dwudziestoprocentową podwyżkę i prawo współdecydowania o tym, co publikujemy.

Powinienem skakać z radości, a jednak opanował mnie bezmierny smutek, który starałem się ukryć. Nie sposób się z nim spierać, bo jak mam mu wytłumaczyć, że w moim życiu są teraz dwie kobiety, że nie chcę wyjeżdżać z Londynu, że stawką jest moje życie i moja równowaga psychiczna. Pytam, kiedy wyjazd. Jak najszybciej, odpowiada, bo mówi się o znacznym zwiększeniu produkcji energii jądrowej przez inne państwa.

Ostatecznie udaje mi się trochę utargować. Najpierw mam zasięgnąć języka u specjalistów, bliżej poznać zagadnienie i zgromadzić niezbędne materiały, a potem niezwłocznie ruszę w drogę.

Ściska mi dłoń, życzy powodzenia. Nie mam czasu porozmawiać z Andreą, bo kiedy wracam do domu, jest jeszcze w teatrze. Idę od razu spać, a po przebudzeniu znów znajduję obok siebie liścik, informujący mnie o tym, że wyszła na próbę i że na stole czeka kawa.

Idę do redakcji, schlebiam szefowi, który „tyle dla mnie zrobił", dzwonię do różnych specjalistów od promieniowania i energii jądrowej. Dowiaduję się, że wskutek katastrofy ucierpiało w sumie dziewięć milionów ludzi na całym świecie, w tym od trzech do czterech milionów dzieci. Według specjalisty Johna Gofmansa, liczba trzydziestu zabitych wzrosła do 475 tysięcy osób, które zmarły na raka, nie mówiąc o takiej samej liczbie chorych, którzy jak dotąd przeżyli.

W sumie z mapy Europy zniknęło dwa tysiące miasteczek i wsi. Według Ministerstwa Zdrowia Białorusi, w latach 2005–2010 wskaźnik zachorowań na raka tarczycy znacznie wzrośnie z powodu utrzymującego się wysokiego poziomu promieniowania. Jak twierdzi pewien ekspert, poza dziewięcioma milionami osób bezpośrednio narażonych na promieniowanie, ponad 65 milionów mieszkańców globu ucierpiało pośrednio na skutek spożywania skażonej żywności.

To poważna sprawa, zasługująca na szczególne potraktowanie. Pod wieczór znowu idę do sekretarza redakcji. Proponuję, że pojadę do Czarnobyla w rocznicę katastrofy. Do tego czasu poszperam, przeprowadzę więcej rozmów z fachowcami, zbadam, jak rząd brytyjski zareagował na wieść o tragedii. Zgadza się.

Dzwonię do Ateny. Przecież podobno spotyka się z kimś ze Scotland Yardu. Proszę ją o przysługę, jako że katastrofa w Czarnobylu nie jest już objęta klauzulą tajności, a Związek Radziecki nie istnieje. Obiecuje porozmawiać z „narzeczonym", ale nie gwarantuje, że coś wskóra.

Mówi też, że nazajutrz wyjeżdża do Szkocji i wróci dopiero na kolejne spotkanie grupy.

– Jakiej grupy? – pytam.

Tej grupy, odpowiada. A więc teraz spotkania odbywają się regularnie? Ale mnie przede wszystkim interesuje, kiedy my się spotkamy, żeby wyjaśnić sobie różne niedopowiedziane sprawy.

Rozłączyła się, zanim zdążyłem o to zapytać. Wracam do domu, oglądam wiadomości, jem samotnie kolację, idę do teatru po Andreę. Trafiam na koniec sztuki i widzę coś zdumiewającego: oto osoba, która stoi na scenie, ta z którą żyję pod jednym dachem prawie od dwóch lat, wydaje mi się całkiem odmieniona. Jest w jej gestach coś magicznego, jej monologi i dialogi nabierają nowej mocy. Oglądam nieznajomą kobietę, kobietę, którą chciałbym mieć u swego boku – i zdaję sobie sprawę, że już ją znam, że jest ze mną.

– Jak ci poszła rozmowa z Ateną? – pytam w drodze do domu.

– W porządku. A jak tam w pracy?

Zmieniła temat. Opowiadam o awansie i o Czarnobylu, ale nie przejawia szczególnego zainteresowania. Wydaje mi się, że tracę miłość, którą mam, a jednocześnie nie zdobyłem jeszcze tej, na którą liczę. Jednak po przyjściu do domu proponuje wspólną kąpiel i lądujemy w łóżku. Przedtem włącza na cały regulator znaną mi już muzykę perkusyjną – wyjaśnia, że ją sobie przegrała. Nie martw się sąsiadami, mówi, ludzie zawsze zbytnio się nimi przejmują, zamiast żyć własnym życiem.

199

Tego, co teraz następuje, nie potrafię wyjaśnić. Czy to możliwe, że kobieta, która uprawia miłość z tak dziką, nieokiełznaną namiętnością, odkryła wreszcie w sobie seksualność – i że nauczyła ją tego, lub do tego sprowokowała, inna kobieta? Bo kiedy pieściła mnie z niespotykanym dotąd pożądaniem, powtarzała przy tym nieustannie:

– Dzisiaj jestem twoim mężczyzną, a ty jesteś moją kobietą.

Przeżyłem coś, co przeszło moje najśmielsze oczekiwania. Chwilami odczuwałem zażenowanie, chciałem prosić, żeby przestała, ale ona całkowicie przejęła ster, złożyłem więc broń, ponieważ nie dała mi wyboru.

Pod koniec byłem wyczerpany, natomiast Andrea jakby na nowo naładowała akumulatory.

– Zanim zaśniesz, chcę ci coś powiedzieć – rzekła. – Jeżeli się nie zatrzymasz i pójdziesz dalej, będziesz mógł się kochać z bogami i boginiami. Właśnie tego przed chwilą doświadczyłeś. Zaśnij teraz ze świadomością, że obudziłam Wielką Matkę, która jest w tobie.

Miałem ochotę spytać, czy nauczyła się tego od Ateny, ale się nie odważyłem.

– Przyznaj, że podobało ci się być przez jedną noc kobietą.

– Owszem. Nie wiem, czy zawsze będzie mi się podobało, ale było to coś, co mnie wprawiło jednocześnie w przerażenie i zachwyt.

– Przyznaj, że zawsze ci się to marzyło.

Co innego pozwolić się ponieść żywiołowi, a co innego na chłodno o tym rozprawiać. Nic nie powiedziałem, ale nie wątpiłem, że zna odpowiedź.

– Cóż – ciągnęła Andrea – wszystko to drzemało we mnie, lecz nie zdawałam sobie z tego sprawy. Tak jakby tkwiła we mnie postać ukrywająca się za maską, która podczas dzisiejszego spektaklu wreszcie spadła. Zauważyłeś jakąś różnicę?

– Niesamowitą. Promieniałaś niezwykłym światłem.

– To charyzma, boska siła. Nadprzyrodzona moc, której nikomu nie musimy pokazywać, bo wszyscy, nawet ci najmniej wrażliwi, potrafią ją dostrzec. Ale charyzma objawia się dopiero wtedy, gdy stajemy się nadzy, kiedy umieramy dla świata i odradzamy się dla samych siebie. Wczoraj umarłam. Dzisiaj, kiedy weszłam na scenę i uświadomiłam sobie, że robię dokładnie to, co sobie zamierzyłam, odrodziłam się z popiołów. Zawsze chciałam być sobą, ale mi się nie udawało. Zawsze starałam się imponować innym, prowadzić inteligentne rozmowy, sprawiać przyjemność rodzicom, a równocześnie uciekałam się do różnych sposobów, żeby robić to, na co mam ochotę. Zawsze torowałam sobie drogę krwią, łzami, siłą woli, ale wczoraj zrozumiałam, że źle się do tego zabrałam. Moje marzenie niczego takiego ode mnie nie wymaga. Wystarczy tylko, jeśli mu się w pełni poświęcę. Jeśli przyjdzie cierpienie, to zacisnę zęby i wytrwam, bo wiem już, że cierpienie przemija.

– Czemu mi o tym mówisz?

– Pozwól mi skończyć. Na tej drodze, gdzie, jak się wydawało, przed cierpieniem nie ma ucieczki, walczyłam o rzeczy, o które walczyć nie warto. Takie jak miłość. Człowiek kocha albo nie kocha, i żadna siła na świecie nie ma na to wpływu. Możemy udawać, że kochamy. Możemy przywyknąć do drugiej osoby. Możemy przeżyć całe życie w przyjaźni i wzajemnym zrozumieniu, założyć rodzinę, kochać się każdej nocy i każdej nocy mieć orgazm, a mimo to czuć wokół żałosną pustkę, wiedzieć, że czegoś ważnego brakuje. W imię wszystkiego, co wydawało mi się, że wiem o relacjach między mężczyzną i kobietą, starałam się walczyć o to, co wcale na to nie zasługiwało. To dotyczy też ciebie. Kiedy się dzisiaj kochaliśmy, kiedy dawałam ci całą siebie i czułam, że i ty osiągasz swoje wyżyny, pojęłam, iż twoje wyżyny już mnie nie interesują. Spędzę tę noc u twego boku, a rano odejdę. Moim rytuałem jest teatr, tam mogę wyrażać i rozwijać siebie.

Zacząłem żałować wszystkiego – tego, że pojechałem do Transylwanii i że trafiłem tam na kobietę, która chyba właśnie rujnuje mi życie, że zaaranżowałem pierwsze spotkanie „grupy", że wyznałem jej w restauracji miłość. W tej chwili nienawidziłem Ateny.

– Wiem, co sobie myślisz – powiedziała Andrea. – Że twoja znajoma zrobiła mi pranie mózgu. Ale to nieprawda.

– Jestem mężczyzną, mimo że dziś w łóżku zachowywałem się jak kobieta. Jestem gatunkiem wymierającym, bo nie widzę wokół zbyt wielu prawdziwych mężczyzn. Który z nich odważyłby się na ten rodzaj doświadczenia?

– Za to cię podziwiam. Ale dlaczego nie spytasz mnie, kim jestem, czego chcę, czego pragnę?

Spytałem.

– Chcę wszystkiego. Chcę dzikości i czułości. Chcę dokuczać sąsiadom i ich przepraszać. Nie chcę w łóżku kobiet. Pragnę mężczyzny – takiego jak na przykład ty. Chcę być wolna w miłości i tego samego pragnę dla wszystkich. A co do Ateny, to rozmawiałyśmy wyłącznie o prostych sposobach rozbudzania stłumionej energii, takich jak seks albo spacer ulicą i powtarzanie sobie: „Jestem tu i teraz". Nic specjalnego, żadne tajemne rytuały. Z tą różnicą, że obie byłyśmy nago. Odtąd będziemy się widywały co poniedziałek i jeśli będę miała jakieś uwagi, to nie omieszkam się nimi z nią podzielić. Nie chodzi mi o przyjaźń. Tak samo ona, gdy chce się komuś zwierzyć, jeździ do Szkocji, do tej Eddy, którą podobno znasz, choć nigdy nie raczyłeś mi o niej opowiedzieć.

– Nawet nie pamiętam tego spotkania!

Czułem, że Andrea stopniowo się uspokaja. Zaparzyłem kawę, nalałem do dwóch filiżanek. Znowu zaczęła się uśmiechać, spytała o mój awans. Wyznała, że martwi się o poniedziałkowe spotkania, bo jak się dowiedziała tego ranka, znajomi znajomych pospraszali kolejnych gości, a mieszkanie Ateny jest niewielkie. Z trudem przyszło mi udawać, że traktuję wszystko, co zaszło tej nocy, jedynie jako kryzys nerwowy, napięcie przedmiesiączkowe czy atak kobiecej zazdrości.

Objąłem ją, Andrea przytuliła się do mnie. Zaczekałem, aż zaśnie, chociaż byłem kompletnie wyczerpany. Tej nocy nic mi się nie śniło i nie miałem żadnych złych przeczuć.

Ale kiedy nazajutrz otworzyłem oczy, spostrzegłem, że jej ubrania zniknęły i że na stole leży klucz od mieszkania. Nie znalazłem żadnego pożegnalnego listu.

Deidre O'Neill, znana jako Edda

Ludzie czytają o czarownicach, wróżkach, zjawiskach nadprzyrodzonych, dzieciach opętanych przez złe duchy. Oglądają filmy o obrzędach z pentagramami, inwokacjami, szpadami. I wszystko w porządku, każdy powinien puszczać wodze wyobraźni i przechodzić przez kolejne etapy. A każdy, kto przez nie przejdzie i nie da się zwieść na manowce, ostatecznie nawiąże kontakt z Tradycją.

Oto na czym polega Tradycja: mistrz nigdy nie mówi uczniowi, co powinien robić. Mistrz i uczeń są jedynie towarzyszami podróży. Dzielą ze sobą to samo niemiłe uczucie „wyobcowania", które towarzyszy nieustannym zmianom percepcji i poszerzaniu horyzontów. Na ich drodze pojawiają się przeszkody – drzwi, które się zamykają, rzeki, których w istocie nie należy przekraczać, lecz płynąć z ich nurtem.

Różnica między mistrzem i uczniem jest tylko jedna: pierwszy boi się odrobinę mniej niż drugi. Kiedy siądą razem przy stole albo przy kominku, aby porozmawiać, ten bardziej doświadczony zapyta: „Dlaczego tego nie zrobisz?". Nigdy nie powie: „Pójdź tą drogą, a dotrzesz tam, gdzie ja", ponieważ każda droga i każdy cel podróży jest sprawą indywidualną.

Prawdziwy mistrz inspiruje ucznia do zburzenia porządku własnego świata, chociaż uczeń lęka się rzeczy, które odkrył, a jeszcze bardziej lęka się tego, co czai się za następnym zakrętem.

Byłam młodą, pełną zapału lekarką. Do Rumunii pojechałam w ramach rządowego programu wymiany, z zamiarem niesienia pomocy bliźnim. Ruszyłam w drogę z bagażem pełnym lekarstw, z głową pełną ideałów i stereotypów. Miałam jasną wizję tego, jak ludzie powinni postępować, czego im potrzeba do szczęścia, jakie marzenia należy w sobie kultywować, jak powinny wyglądać relacje międzyludzkie. Kiedy wylądowałam w Bukareszcie, trwała jeszcze krwawa dyktatura. Pojechałam do Transylwanii w ramach programu masowych szczepień ludności.

Nie zdawałam sobie sprawy, że jestem tylko pionkiem w skomplikowanej partii szachów. Niewidzialne dłonie igrały z moimi ideałami, a za wszystkim, co, jak mi się zdawało, robiłam z pobudek humanitarnych, kryły się niecne motywy: stabilizacja władzy syna dyktatora z jednej strony, wzmocnienie pozycji Wielkiej Brytanii w handlu bronią na zdominowanym przez Sowietów rynku z drugiej.

Moje szlachetne intencje wkrótce zderzyły się z twardą rzeczywistością: skąpymi dostawami szczepionki, epidemiami innych chorób szalejących w regionie, brakiem reakcji na liczne pisma z prośbą o dodatkowe środki. Ciągle słyszałam, że mam zajmować się tylko tym, o co mnie poproszono.

Czułam bezsilność i wściekłość. Poznałam nędzę z bliska i wielokrotnie mogłabym udzielić pomocy, gdybym dostała trochę pieniędzy, ale skuteczność działań nikogo nie interesowała. Naszemu rządowi chodziło tylko o kilka artykułów w gazetach, żeby ich partie polityczne i wyborcy dowiedzieli się o wysłaniu misji humanitarnych do różnych miejsc na świecie. Intencje były szlachetne – oczywiście pomijając sprzedaż broni.

Wpadłam w rozpacz. Co, do cholery, dzieje się z tym światem? Pewnej mroźnej nocy wybrałam się do lasu, bluźniąc przeciw Bogu, który traktował po macoszemu wszystko i wszystkich. Usiadłam u stóp dębu, kiedy podszedł do mnie mój przyszły opiekun. Zamarzniesz na śmierć, zagadnął. Odparłam, że jako lekarka znam granice ludzkiej wytrzymałości i kiedy zbliżę się do tych granic, powrócę do naszego obozu. Spytałam, co tu robi.

– Rozmawiam z kobietą, która mnie słyszy, w świecie, w którym wszyscy ogłuchli.

Myślałam, że mówi o mnie, lecz nie – kobietą był sam las. Obserwowałam go. Chodził po lesie, gestykulował i mówił rzeczy, których nie rozumiałam. Ale, co dziwne, w moim sercu zapanował spokój. Nie ja jedna na świecie mówię do siebie. Kiedy szykowałam się do powrotu, zawrócił i stanął przede mną ponownie.

– Wiem, kim jesteś – powiedział. – We wsi mówią, że jesteś dobrym człowiekiem, zawsze pogodna i zawsze gotowa nieść pomoc innym, a przecież widzę w tobie coś innego – gniew i frustrację.

Pomyślałam, że to agent służb specjalnych. Mimo wszystko postanowiłam wyznać mu, co mnie gnębi, nawet jeśli czekałoby mnie za to więzienie. Ruszyliśmy razem w kierunku wiejskiego szpitala, gdzie pracowałam. Zaprowadziłam go do jednej z sal. Nikogo nie było, bo moi koledzy bawili się w mieście na dorocznej imprezie. Chciałam go czymś ugościć.

– Palinka – powiedział, wyjmując z kieszeni butelkę wyjątkowo mocnej rumuńskiej wódki. – Ja stawiam.

Zaczęliśmy pić. Nawet nie zauważyłam, kiedy się upiłam. Zdałam sobie sprawę, że jestem kompletnie pijana dopiero wtedy, gdy w drodze do toalety potknęłam się i runęłam jak długa.

– Nie ruszaj się – powiedział mężczyzna. – Przyjrzyj się uważnie temu, co masz przed oczyma.

Zobaczyłam rządek mrówek.

– Wszyscy uważają je za bardzo mądre stworzenia. Mają świetną pamięć, zdolności organizacyjne, są inteligentne i ofiarne. Latem zbierają pożywienie, przechowują je do zimy i nawet teraz, tej mroźnej wiosny, ponownie ruszają do pracy. Gdyby jutro na świecie wybuchła wojna atomowa, mrówki by przetrwały.

– Skąd pan to wszystko wie?

– Studiowałem biologię.

– To dlaczego, do ciężkiej cholery, nie stara się pan poprawić życia własnego narodu? Co pan robi w środku lasu, rozprawiając samotnie z drzewami?

– Po pierwsze, nie byłem sam. Poza drzewami słuchałaś mnie jeszcze ty. Ale odpowiadając na twoje pytanie: porzuciłem biologię, żeby poświęcić się kowalstwu.

Podniosłam się z wielkim trudem. W głowie mi się kręciło, ale byłam dostatecznie przytomna, żeby zrozumieć sytuację tego nieszczęśnika. Nie udało mu się znaleźć pracy w swoim zawodzie. Pocieszyłam go, że w moim kraju również się to zdarza.

– Nie chodzi o to. Porzuciłem biologię, bo chciałem być kowalem. Od dziecka fascynowali mnie ci ludzie, którzy walą młotami w żelazo, komponują jedyną w swoim rodzaju muzykę i rozsiewają wokół siebie snop iskier, którzy zanurzając rozżarzony metal w wodzie, wytwarzają kłęby pary. Byłem nieszczęśliwym biologiem, ponieważ moim marzeniem było nadawać sztywnemu metalowi delikatny kształt. Aż pewnego dnia pojawił się mój opiekun.

– Opiekun?

– Przypuśćmy, że na widok tych mrówek, które robią dokładnie to, do czego zostały zaprogramowane, zawołasz: ależ to fantastyczne! Strażniczki są genetycznie przygotowane do tego, żeby poświęcać własne życie dla królowej, robotnice noszą liście, które są od nich dziesięć razy cięższe, budowniczowie konstruują tunele, zdolne przetrwać gwałtowne burze i powodzie. Toczą śmiertelne boje ze swoimi wrogami, cierpią za całą wspólnotę i nigdy nie zadają sobie pytania: co my tutaj robimy? Ludzie starają się naśladować idealne społeczeństwo mrówek i ja, jako biolog, spełniałem wyznaczoną mi rolę, aż pojawił się ktoś, kto zadał mi proste pytanie: „Jesteś zadowolony z tego, co robisz?". Odparłem: „Oczywiście, jestem przydatny dla społeczeństwa". „I to wystarczy?". Nie wiedziałem, czy wystarczy. Powiedziałem tylko, że robi na mnie wrażenie osoby aroganckiej i egoistycznej. Odpowiedział: „Być może. Jednak będziesz jedynie w stanie powtarzać w kółko to, co dzieje się od czasu, gdy człowiek pojawił się na ziemi – utrzymywać wszystko w odpowiednim porządku". „Ale przecież świat ewoluował", rzekłem. Spytał, czy znam historię. Pewnie, że znałem. Zadał kolejne pytanie: „Czy już od tysięcy lat nie potrafimy wznosić wspaniałych budowli, wielkich katedr i piramid? Czy nie potrafimy czcić bogów, tkać, rozniecać ogień, znajdować sobie kochanki i żony, przekazywać wiadomości na odległość? Oczywiście, że tak. A jednak, mimo że pracujących za darmo niewolników zastąpiliśmy niewolnikami z miesięczną pensją, wszelki postęp, jaki dokonał się od tamtych czasów, dotyczy wyłącznie dziedziny nauki. Człowiek w dalszym ciągu zadaje sobie te same pytania, co jego przodkowie. Mówiąc krótko, po prostu nie zmienił się ani na jotę". Wówczas zrozumiałem, że osoba, która zadaje mi takie pytania, jest kimś zesłanym przez niebiosa, aniołem, opiekunem.

207

– Dlaczego nazywasz go opiekunem?

– Ponieważ uzmysłowił mi, że istnieją dwie tradycje: jedna, która każe nam powtarzać to samo przez stulecia, i druga, która otwiera przed nami drzwi do nieznanego. Jednak ta druga tradycja jest trudna, wymagająca, bywa też niebezpieczna, i jeśli wielu ludzi zacznie podążać tą ścieżką, społeczeństwo, które z takim trudem zbudowano na wzór wspólnoty mrówek, nieuchronnie ulegnie zniszczeniu. Dlatego ta druga tradycja stała się tradycją tajemną. Zdołała przetrwać przez stulecia tylko dzięki temu, że jej adepci stworzyli tajemny język symboli.

– Wypytywałeś go dalej?

– Oczywiście, bo chociaż zaprzeczałem, wiedział, że nie byłem zadowolony z tego, co robię. Mój opiekun rzekł: „Boję się kroczyć szlakami nieoznaczonymi na mapie, ale gdy pokonuję lęk, moje życie nabiera prawdziwego smaku". Dopytywałem się o Tradycję, a on powiedział, jeśli się nie mylę, coś takiego: „Dopóki panuje nad nami męski Bóg, zawsze będziemy mieli co jeść i gdzie mieszkać. Kiedy Wielka Matka w końcu odzyska wolność, być może przyjdzie nam spać pod gołym niebem i karmić się miłością, lecz może będziemy też umieli znaleźć równowagę między uczuciem i obowiązkiem". Człowiek, który miał zostać moim opiekunem, zapytał: „Gdybyś nie był biologiem, kim byś był?". Odpowiedziałem: „Kowalem, ale to nie przynosi pieniędzy". A on odparł: „No to kiedy już znuży cię bycie tym, kim nie jesteś, baw się i ciesz się życiem, tłukąc młotem w żelazo. Z czasem odkryjesz, że daje ci to coś więcej niż przyjemność: daje ci sens". „Jak mam przestrzegać tradycji, o której mówisz?", spytałem. „Poprzez symbole. Zacznij robić to, na co masz ochotę, a wszystko inne zostanie ci objawione. Uwierz, że Bóg jest Matką, która troszczy się o swoje dzieci i nigdy nie pozwala na to, żeby stała im się jakakolwiek krzywda. Ja tak zrobiłem, i przetrwałem. Odkryłem, że nie jestem sam, jest nas wielu. Niestety, uważa się nas za szalonych, nieodpowiedzialnych, zabobonnych". To powiedziawszy odszedł i nigdy więcej go nie widziałem. Wiem tylko, że od tamtej pory zaczęły mi się ukazywać symbole, ponieważ ta rozmowa otworzyła mi oczy. Wiele mnie to kosztowało, jednak pewnego wieczora oznajmiłem mojej rodzinie, że chociaż mam wszystko, o czym człowiek może zamarzyć, jestem nieszczęśliwy, ponieważ moim powołaniem jest kowalstwo. Moja żona zaprotestowała: „Urodziłeś się Cyganem i musiałeś znieść wiele upokorzeń, zanim znalazłeś się tu, gdzie jesteś. Chcesz się teraz cofnąć?"Mój syn natomiast był bardzo uradowany, bo też lubił oglądać kowali w naszej wiosce i nie cierpiał laboratoriów w wielkich miastach.

Zacząłem dzielić mój czas między badania biologiczne i pracę pomocnika kowala. Byłem stale zmęczony, ale i szczęśliwy, jak nigdy przedtem. Pewnego dnia rzuciłem pracę i założyłem własną kuźnię, która od początku była jedną wielką klapą. Odnalazłem sens życia, kiedy sytuacja wyraźnie się pogorszyła. Aż pewnego dnia dostrzegłem symboliczny wymiar mojej pracy. Nieobrobione kawałki żelaza przekształcam w części do samochodów, maszyn rolniczych, w kuchenne naczynia. Wiesz, jak to się robi? Najpierw metalową sztabę rozgrzewam do czerwoności. Następnie, bez krzty litości, tłukę w nią najcięższym młotem, nadając jej pożądaną formę. Natychmiast zanurzam ją w kuble z zimną wodą i cały warsztat wypełnia się sykiem pary, podczas gdy metal trzaska i skwierczy pod wpływem zmiany temperatury. Powtarzam ten proces kilka razy, aż do uzyskania doskonałego kształtu: jeden raz to za mało.

Kowal zapalił papierosa, po czym ciągnął dalej:

– Zdarza się, że metal, który trafia w moje ręce, nie wytrzymuje takiej obróbki. Wskutek temperatury, uderzeń młotem czy działania zimnej wody pęka, pokrywa się rysami. Wiem, że z takiego kawałka metalu nigdy nie powstanie porządny lemiesz ani wał korbowy. Wówczas rzucam go po prostu na stos złomu przy wejściu do kuźni.

Zamilkł, a po chwili podsumował:

– Wiem, że Bóg poddaje mnie ciężkiej próbie. Znoszę ciosy, jakich mi nie szczędzi życie. Czasami jestem tak zimny i tak nieczuły, jak ta woda, która zadaje cierpienie stali. Modlę się tylko o jedno: „Mój Boże, moja Matko, nie rezygnuj, dopóki nie przybiorę takiego kształtu, jakiego ode mnie oczekujesz. Stosuj w tym celu sposoby, jakie uznasz za najwłaściwsze, i tak długo, jak zechcesz – jednak nigdy mnie nie wyrzucaj na złomowisko dusz".

Może byłam wciąż pijana, ale pod koniec naszej rozmowy zrozumiałam, że moje życie uległo zmianie. Za wszystkim, czego się uczymy, stoi pewna tradycja. Ja chciałam odnaleźć osoby, przez które, świadomie lub nieświadomie, manifestuje się kobiece oblicze Boga. Zamiast wściekać się na rząd mojego kraju i polityczne machlojki, postanowiłam robić to, na co naprawdę miałam ochotę: uzdrawiać ludzi. Inne sprawy przestały już mnie interesować.

Nie miałam niezbędnych środków, poprosiłam więc o pomoc miejscowych ludzi, którzy wprowadzili mnie w świat leczniczych ziół. Odkryłam, że istnieje ludowa tradycja, sięgająca najodleglejszej przeszłości i przekazywana z pokolenia na pokolenie. Opiera się ona na doświadczeniu, a nie na wiedzy teoretycznej. Dzięki pomocy tych ludzi mogłam zajść znacznie dalej, niż pozwalały na to moje możliwości, ponieważ nie byłam tam jedynie po to, aby realizować jakiś akademicki program czy pomagać rządowi w sprzedaży broni, lub uprawiać nieświadomie propagandę partii politycznych. Byłam tam dlatego, że uzdrawianie ludzi dawało mi satysfakcję. Przybliżyło mnie to do natury, ustnej tradycji i ziół. Po powrocie do Anglii postanowiłam skonsultować się z lekarzami. Zadawałam im pytanie: „Czy zawsze wiesz, jaki lek przepisać, czy też czasami kierujesz się intuicją?". Niemal wszyscy, początkowo z pewnymi oporami, przyznawali, że często kieruje nimi jakiś głos wewnętrzny, a ilekroć lekceważą jego podszepty, zazwyczaj kuracja kończy się niepowodzeniem. Oczywiście wykorzystują całą dostępną technologię, jednak mają świadomość, że istnieje pewien mroczny zakątek, w którym kryją się prawdziwe tajemnice leczenia i najlepsze z możliwych rozwiązań.

Mój opiekun zakłócił porządek w moim w miarę uporządkowanym świecie, chociaż był prostym cygańskim kowalem. Przynajmniej raz do roku odwiedzałam jego wioskę. Prowadziliśmy wtedy długie rozmowy o tym, jak życie otwiera się przed nami, kiedy tylko ośmielimy się spojrzeć na wszystko w nowy sposób. Z czasem poznałam jego uczniów i wspólnie omawialiśmy nasze lęki i dzieliliśmy się naszymi odkryciami. Mój opiekun powtarzał: „Ja także się lękam, ale w takich chwilach odkrywam mądrość, która leży poza mną i idę naprzód".

Dzisiaj jako lekarka doskonale zarabiam w Edynburgu, a gdybym zdecydowała się na pracę w Londynie, zarabiałabym jeszcze więcej. Wolę jednak korzystać z życia i mieć więcej wolnego czasu. Robię to, co chcę: łączę starożytne techniki lecznicze, Tradycję Tajemną, z najnowocześniejszymi odkryciami współczesnej medycyny – z Tradycją Hipokratejską. Piszę na ten temat rozprawę. Mam nadzieję, że kiedy się ukaże, wielu przedstawicieli środowiska medycznego ośmieli się spenetrować obszary, które w głębi serca zawsze ich kusiły.

Nie wierzę, że umysł jest źródłem wszelkich chorób, istnieją też choroby niezależne od umysłu. Uważam, że antybiotyki i środki antywirusowe to wielkie osiągnięcie ludzkości. Nie sądzę, że pacjenta z zapaleniem wyrostka robaczkowego można leczyć wyłącznie medytacją – to, czego mu trzeba, to sprawna i szybko przeprowadzona operacja chirurgiczna. Ostatecznie stawiam każdy krok z odwagą i lękiem, korzystam z najnowszych zdobyczy nauki i kieruję się intuicją. I mam dość zdrowego rozsądku, by o tym nie rozpowiadać, bo w przeciwnym razie natychmiast zaszufladkowano by mnie jako szamankę i wielu chorych, których mogłabym uratować, odeszłoby z tego świata.

Kiedy dopada mnie zwątpienie, proszę o pomoc Wielką Matkę. Nigdy nie zostawiła mnie bez odpowiedzi. Jednak zawsze radziła mi zachować dyskrecję. Z całą pewnością to samo doradzała Atenie – i to nie raz.

Jednak Atena była zbyt zafascynowana światem, który zaczęła odkrywać. I nie chciała słuchać.

Londyńska gazeta, 24 sierpnia 1991 roku

CZAROWNICA Z PORTOBELLO

Londyn (JEREMY LUTTON) – *Z takich między innymi powodów nie wierzę w Boga. Spójrzcie tylko, jak się zachowują ci, którzy w Niego wierzą! – powiedział Robert Wilson, jeden z handlarzy z Portobello Road.*

Ulica ta, znana w całym świecie ze swych sklepów z antykami i sobotnich pchlich targów, zamieniła się wczoraj w pole bitwy. Interweniowało co najmniej pięćdziesięciu policjantów z Kensington i Chelsea, którym ostatecznie udało się zaprowadzić porządek. Obrażenia, najczęściej lekkie, odniosło pięć osób. Powodem zaciętej bitwy, która trwała blisko dwie godziny, była manifestacja, zorganizowana przez Wielebnego Iana Bucka przeciwko temu, co określił jako „satanistyczny kult w sercu Wielkiej Brytanii".

Zdaniem Wielebnego Bucka, od sześciu miesięcy co poniedziałek grupa podejrzanych osobników nie daje spokojnie spać okolicznym mieszkańcom i odprawia rytuały, żeby przywołać demona. Obrzędom przewodniczy Libanka Szirin H. Khalil, określająca się mianem Ateny, bogini mądrości.

Początkowo w starym składzie zbożowym Kompanii Wschodnioindyjskiej zbierało się około dwustu osób, ale z biegiem czasu tłum się rozrastał. W ostatnich tygodniach już się nie mieścił w środku, w związku z czym na zewnątrz tłoczyła się równie liczna rzesza ludzi. Po-

niewazne ustne protesty, petycje, zbieranie podpisów ani apele do gazet nie przynoszą rezultatu, Wielebny postanowił zmobilizować lokalną społeczność i wezwał swych parafian do stawienia się wczoraj o 19.00 przed składem i niewpuszczania do środka „czcicieli Szatana".

„Po otrzymaniu pierwszych skarg wysłaliśmy ekipę do przeszukania pomieszczeń, ale nie znaleziono żadnych narkotyków ani jakichkolwiek dowodów działalności przestępczej – oświadczył pewien funkcjonariusz, który dla dobra śledztwa wolał zachować anonimowość. – Zawsze wyłączają muzykę z wybiciem godziny 22., a więc nie ma tu zastosowania przepis o zakłócaniu ciszy nocnej. Nic więcej nie mogliśmy zrobić. W końcu w naszym kraju panuje wolność wyznania".

Wielebny Buck przedstawia inną wersję zdarzeń: „Faktem jest, że ta czarownica z Portobello, ta szarlatanka, ma znajomości w wysokich sferach rządowych. Stąd bierność policji, której, koniec końców, to my, podatnicy, płacimy za utrzymywanie porządku i obyczajności. Żyjemy w czasach, kiedy wszystko wolno. Demokrację pożera i rujnuje niczym nieograniczona swoboda".

Duchowny przyznaje, że od samego początku nie ufał tej grupie. Jej członkowie wynajęli ruinę i poświęcali całe dnie na jej restaurowanie, „dowodząc niezbicie, że należą do sekty, gdzie są poddawani praniu mózgu, bo przecież nikt dzisiaj nie pracuje za darmo". Na pytanie, czy jego parafianie nie zajmują się działalnością dobroczynną lub pracą na rzecz wspólnoty, Wielebny Buck stwierdził, że „wszystko co robimy, robimy w imię Jezusa".

Kiedy wczoraj wieczorem Szirin Khalil, jej syn i kilku przyjaciół dotarli do składu na cotygodniowe spotkanie, drogę zagrodzili im parafianie Wielebnego Bucka z transparentami. Przez megafony wzywali okolicznych mieszkańców do przyłączenia się do protestu. Utarczki słowne szybko przerodziły się w bijatykę. Wkrótce sytuacja po obu stronach wymknęła się spod kontroli.

„Twierdzą, że walczą w imię Chrystusa, a tak naprawdę chcą, żebyśmy pozostali głusi na słowa Jezusa, który mówi, że wszyscy jesteśmy bogami" – powiedziała nam znana aktorka Andrea McCain, jedna ze zwolenniczek Szirin Khalil, Ateny. Panna McCain, która w starciu została raniona w prawy łuk brwiowy, otrzymała natychmiastową pomoc medyczną i opuściła miejsce zajścia, zanim zdołaliśmy ustalić coś więcej na temat jej związków z kultem.

Kiedy już przywrócono ład, Szirin Khalil zajęła się swoim pięcioletnim synkiem. Zdążyła nam tylko wyjaśnić, że w starym składzie odbywają się jedynie wieczorki taneczne, po których następuje inwokacja do istoty określanej jako Hagia Sofia oraz kierowane do niej pytania. Uroczystość kończy się swego rodzaju kazaniem oraz zbiorową modlitwą do Wielkiej Matki. Funkcjonariusz, któremu zlecono wyjaśnienie pierwszych skarg, potwierdził jej słowa.

Z tego, co udało nam się ustalić, zgromadzenie nie ma nazwy, nie zostało też zarejestrowane jako organizacja dobroczynna. Zdaniem adwokata Sheldona Williamsa, nie jest to konieczne: „Żyjemy w wolnym kraju. Ludzie mają prawo zbierać się w zamkniętych pomieszczeniach w niedochodowych celach, o ile nie naruszają obowiązujących przepisów, takich jak zakaz propagowania ideologii rasistowskiej lub stosowania środków odurzających".

Szirin Khalil stanowczo odrzuciła możliwość odwołania dalszych spotkań z powodu wrogiego nastawienia okolicznych mieszkańców. „Stworzyliśmy grupę wzajemnego wsparcia, bo bardzo trudno w pojedynkę stawić czoło presji społeczeństwa, stwierdziła. Dobrze by było, gdyby pańska gazeta potępiła dyskryminację religijną, której doświadczamy już od tylu stuleci. Ilekroć nie postępujemy zgodnie z regułami narzuconymi przez wyznania ustanowione i popierane przez Państwo, zawsze mamy do czynienia z próbami zdławienia naszego ruchu – tak jak to miało miejsce dzisiaj. Dawniej ginęliśmy w męczarniach, gniliśmy w więzieniu, płonęliśmy na stosie lub byliśmy skazywani na wygnanie. Ale dzisiaj mamy możliwość reagowania i na siłę odpowiemy siłą, tak samo jak za współczucie odpłacać będziemy współczuciem".

Kiedy przedstawiono jej zarzuty wysuwane przez Wielebnego Bucka, oskarżyła go o „manipulowanie wiernymi i posługiwanie się nietolerancją i jawnym kłamstwem, żeby sprowokować akty przemocy".

Zdaniem socjologa Arthauda Lenoxa, tego rodzaju zjawiska najprawdopodobniej będą się w nadchodzących latach nasilać, prowadząc być może do poważniejszych konfrontacji z religiami państwowymi. „Teraz, kiedy marksistowska utopia obnażyła swą całkowitą niezdolność do urzeczywistniania ideałów społecznych, świat dojrzał do przebudzenia religijnego, zrodzonego z naturalnego lęku cywilizacji u schyłku tysiąclecia. Niemniej jednak wierzę, że jeśli rok 2000 nadejdzie i świat nadal będzie istnieć, górę weźmie zdrowy rozsądek, a religie znowu staną się jedynie schronieniem dla najsłabszych, którzy zawsze potrzebują przewodnika".

Z opinią tą nie zgadza się nuncjusz apostolski w Wielkiej Brytanii, Dom Evaristo Piazza: „Nie jesteśmy świadkami przebudzenia religijnego, którego wszyscy pragniemy, lecz fali tego, co Amerykanie określają mianem New Age, które jest gniazdem ciemnoty, gdzie nie respektuje się dogmatów i gdzie na nowo ożywają najbzdurniejsze idee, pustoszące ludzkie umysły. Pozbawieni skrupułów osobnicy w rodzaju owej damy sączą fałszywe poglądy w słabe i podatne na manipulację umysły, a ich jedynym celem jest korzyść finansowa i władza".

Niemiecki historyk Franz Herbert, pracujący obecnie w Instytucie Goethego w Londynie, wyznaje inny pogląd: „Religie państwowe nie stawiają już fundamentalnych pytań o ludzką tożsamość czy sens życia. Zamiast tego skoncentrowały się wyłącznie na dogmatach i przepisach, służących wpasowaniu się w istniejący ład społeczny i polityczny. *Dlatego ci, którzy szukają autentycznej duchowości, podążają w innych kierunkach, a to bez najmniejszej wątpliwości oznacza powrót do przeszłości i do kultów pierwotnych, wciąż jeszcze nie skażonych przez struktury władzy".*

Na posterunku policji, gdzie spisano protokół zajścia, sierżant William Morton oznajmił, że jeśli grupa Szirin Khalil zechce zebrać się ponownie w następny poniedziałek, w przypadku jakichkolwiek obaw o własne bezpieczeństwo jej członkowie powinni domagać się na piśmie policyjnej ochrony, tak aby podobne incydenty się nie powtórzyły.

Współpraca: Andrew Fish, zdjęcia: Mark Guillhem

HERON RYAN, dziennikarz

Z niepokojem czytałem ten artykuł w samolocie, w drodze powrotnej z Ukrainy. Nadal nie wiedziałem, czy katastrofa w Czarnobylu była rzeczywiście tak olbrzymia, jak się o tym mówiło, czy też została rozdmuchana przez wielkich producentów ropy, żeby ograniczyć wykorzystanie innych źródeł energii.

Co do artykułu, to przeraził mnie. Zdjęcia ukazywały potłuczone witryny, wściekłego Wielebnego Bucka oraz piękną kobietę o oczach miotających płomienie, tulącą w ramionach synka. W jednej chwili zdałem sobie sprawę z konsekwencji – tych dobrych i tych złych. Prosto z lotniska pojechałem na Portobello, przekonany, że oba moje przeczucia się sprawdzą.

Optymizmem napawało jedno – zgromadzenie, które odbyło się w najbliższy poniedziałek po opisywanych wydarzeniach, było jednym z najbardziej udanych wydarzeń w historii dzielnicy: przyszli niemal wszyscy jej mieszkańcy, niektórzy ciekawi spotkania z ową tajemniczą istotą, o której wspominał artykuł, inni z transparentami w obronie wolności słowa i wyznania. Sala mogła pomieścić nie więcej niż dwieście osób, w związku z czym zbity tłum zajął cały chodnik przed składem, w nadziei, że choć przez chwilę ujrzy tę, która zdała się im kapłanką uciśnionych.

Jej pojawienie się powitano oklaskami, przekazywano jej liściki z błaganiem o ratunek, niektórzy rzucali kwiaty, a pewna dama w bliżej nieokreślonym wieku poprosiła, żeby dalej walczyła o wolność kobiet i o prawo do czczenia Wielkiej Matki. Parafian, którzy tydzień wcześniej protestowali pod składem, musiał onieśmielić zgromadzony tłum, bo wbrew pogróżkom, rzucanym jeszcze dzień wcześniej, nikt z nich się nie pojawił. Nie odnotowano żadnego aktu agresji słownej. Ceremonia przebiegła tak, jak zawsze – taniec, objawienie się Hagii Sofii (wiedziałem już, że było to tylko jedno z oblicz samej Ateny), końcowa celebracja (dodana po przeniesieniu spotkań do składu udostępnionego przez jednego z jej pierwszych członków). I na tym koniec.

Kiedy Atena głosiła kazanie, odniosłem wrażenie, jakby przez nią mówił ktoś inny:

– Każdy ma prawo kochać i pozwolić miłości objawiać się w najlepszy możliwy sposób. Nie wolno nam się bać, kiedy dochodzą do głosu siły ciemności; te same, które ukuły pojęcie „grzechu" tylko po to, żeby sprawować kontrolę nad naszymi sercami i umysłami. Czym jest grzech? Chrystus zwrócił się do cudzołożnicy w te słowa: „Nikt cię nie potępił? I ja ciebie nie potępiam". Uzdrawiał w szabat, pozwolił nierządnicy umyć sobie stopy, obiecał złodziejowi, że zazna rozkoszy Raju, spożywał zakazany pokarm, mówił, że powinniśmy się troszczyć tylko o dzień dzisiejszy, bo polne lilie nie pracują, ani nie przędą, a nawet Salomon w całym swym przepychu nie był tak ubrany, jak jedna z nich. Co jest grzechem? Grzech to niedopuszczanie do tego, aby objawiła się Miłość. A Wielka Matka jest miłością. Jesteśmy na progu nowego świata, w którym sami decydujemy, jaką drogę wybrać, zamiast robić to, co narzuca nam społeczeństwo. Nikt już nie uciszy naszego głosu ani naszego serca.

Byłem świadkiem transformacji kobiety w ikonę. Mówiła z przekonaniem, z godnością, z wiarą we własne słowa. Miałem nadzieję, że to rzeczywiście prawda – że stoimy u wrót nowego świata i że dane mi będzie go zaznać.

Jej wyjściu ze składu towarzyszyły równie entuzjastyczne owacje, jak na początku. Dostrzegła mnie w tłumie, przywołała i wyznała, że się za mną stęskniła. Była radosna, pewna siebie, przekonana o słuszności sprawy. Taki był pozytywny skutek artykułu. Dałby Bóg i wszystko mogło się na tym skończyć. Ale każdy kij ma dwa końce i niestety, moje najgorsze przewidywania się sprawdziły.

Otóż Wielebny Buck zwołał konferencję prasową, na której oznajmił, że występuje do sądu w sprawie o zniesławienie, potwarz i straty moralne. Reprezentować jego interesy miała jedna z najbardziej szacownych i konserwatywnych kancelarii adwokackich w Zjednoczonym Królestwie, której prawnicy – w przeciwieństwie do Ateny – faktycznie mają kontakty w sferach rządowych. Podstawę powództwa będą stanowić publikowane przez prasę wystąpienia Ateny.

Wezwał mnie sekretarz redakcji. Wiedział, że łączy mnie przyjaźń z główną bohaterką skandalu, zaproponował mi więc przeprowadzenie z nią wywiadu. W pierwszej chwili poczułem niesmak: jak mógłbym wykorzystać przyjaźń do zwiększenia sprzedaży gazety?

Po dłuższej dyskusji pomysł nie wydawał mi się już tak zły. Dam jej szansę przedstawienia własnej wersji całej historii. Na dłuższą metę mogłaby wykorzystać wywiad do propagowania idei, o które teraz otwarcie walczyła. Opuściłem gabinet sekretarza redakcji z gotowym, wspólnie opracowanym planem. Powstanie seria reportaży na temat nowych nurtów społecznych oraz gwałtownych zmian, jakim ulegają religijne poszukiwania. Jeden z reportaży miał zawierać wypowiedź Ateny.

Jeszcze tego samego dnia poszedłem do niej do domu – w końcu zaproszenie wyszło od niej samej, kiedy opuszczała budynek składu. Dowiedziałem się od sąsiadów, że dzień wcześniej zjawili się urzędnicy sądowi, aby doręczyć jej wezwanie, ale także odeszli z kwitkiem.

Zatelefonowałem do niej później, lecz bezskutecznie. Spróbowałem jeszcze raz wieczorem, ale nikt nie podniósł słuchawki. Od tego momentu wydzwaniałem co pół godziny, a mój niepokój wzrastał z każdą kolejną próbą. Od kiedy Hagia Sofia wyleczyła mnie z bezsenności, zwykle już o jedenastej byłem tak zmęczony, że marzyłem tylko o łóżku, ale tej nocy niepokój nie pozwolił mi zasnąć.

Odnalazłem w książce telefonicznej numer do jej matki, ale nie odważyłem się zadzwonić ze względu na późną porę. Zresztą, jeżeli jej tam nie było, nie chciałem denerwować całej rodziny. Co robić? Włączyłem telewizję, żeby sprawdzić, czy coś się wydarzyło – nic specjalnego, Londyn był wciąż taki sam, te same cuda i zagrożenia.

Postanowiłem podjąć ostatnią próbę: po trzech dzwonkach ktoś odebrał. Rozpoznałem głos Andrei.

– Czego chcesz? – zapytała.

– Atena prosiła, żebym się z nią skontaktował. Wszystko w porządku?

– I tak i nie, zależnie od tego, jak na to spojrzeć. Ale chyba mógłbyś pomóc.

– Gdzie ona jest?

Rozłączyła się bez słowa.

DEIDRE O'NEILL, znana jako Edda

Atena zatrzymała się w hotelu w pobliżu mojego domu. Wiadomości dotyczące lokalnych wydarzeń w Londynie, a zwłaszcza drobnych konfliktów na przedmieściach, nigdy nie docierają do Szkocji. Niezbyt nas interesuje to, jak Anglicy radzą sobie ze swoimi małymi problemami. Mamy własną flagę, własną drużynę piłkarską, a wkrótce będziemy też mieli własny parlament.

Pozwoliłam Atenie odpocząć przez cały dzień. Nazajutrz, zamiast udać się do małej świątyni i odprawić znane mi rytuały, postanowiłam zabrać ją i jej synka na przechadzkę po lesie w pobliżu Edynburga. Dzieciak bawił się i biegał między drzewami, a ona opowiadała mi ze szczegółami o wszystkim, co się zdarzyło.

Kiedy skończyła, powiedziałam:

– Jest pochmurny dzień, a jednak ludzie wierzą, że za chmurami mieszka wszechmocny Bóg, kierujący ludzkimi losami. Spójrz na swego synka, popatrz pod nogi, posłuchaj głosów, rozlegających się dookoła – tam, w dole, jest Wielka Matka, znacznie bliższa, niosąca radość swym dzieciom i energię tym, którzy chodzą po Niej. Dlaczego ludzie wolą wierzyć w coś odległego, a zapominają o tym, co mają tuż pod stopami? Przecież to jest prawdziwy cud!

– Znam odpowiedź: tam w górze ktoś kieruje nami i wydaje nam rozkazy, ktoś ukryty za chmurami, nieomylny w swojej mądrości. Tu, na dole, mamy fizyczny kontakt z magiczną rzeczywistością, mamy też swobodę decydowania o tym, dokąd kierować nasze kroki.

– Piękne i trafne słowa. Myślisz, że właśnie tego człowiek pragnie? Czy naprawdę chce decydować o własnych krokach?

– Sądzę, że tak. Ziemia, po której stąpam, wytyczyła mi bardzo dziwne ścieżki, wiodące z wioski w środku Transylwanii do miasta na Bliskim Wschodzie, stamtąd do innego miasta, położonego na wyspie, potem na pustynię, ponownie do Transylwanii. Z banku na przedmieściach do agencji handlu nieruchomościami w Zatoce Perskiej. Od grupy tanecznej do Beduina. I za każdym razem, kiedy moje stopy niosły mnie do przodu, zamiast mówić „nie", mówiłam „tak".

– Co dzięki temu zyskałaś?

– Potrafię dzisiaj dostrzegać aurę u innych. Potrafię rozbudzać w mojej duszy Wielką Matkę. Moje życie nabrało teraz sensu, wiem, o co walczę. Ale dlaczego o to pytasz? Ty również zdobyłaś najważniejszą ze wszystkich umiejętności: umiejętność uzdrawiania. Andrea umie prorokować i rozmawiać z duchami; śledziłam krok po kroku jej duchowy rozwój.

– Co jeszcze zyskałaś?

– Radość z tego, że żyję. Wiem, że jestem tutaj, a wszystko jest cudem, objawieniem.

Chłopiec przewrócił się i stłukł sobie kolano. Atena podbiegła do niego, przetarła ranę, powiedziała, że to nic takiego i dziecko znowu zaczęło bawić się. Wykorzystałam to jako sygnał.

– To, co właśnie przydarzyło się twojemu synkowi, spotkało i mnie. I właśnie przydarza się tobie, prawda?

– Tak. Ale chyba wcale się nie potknęłam i nie upadłam. Wydaje mi się, że po raz kolejny jestem poddawana próbie i że wkrótce otrzymam wskazówkę, jaki ma być mój następny krok.

W takich chwilach mistrz nie powinien nic mówić, tylko pobłogosławić ucznia. Bo bez względu na to, jak bardzo by pragnął oszczędzić mu cierpień, jego ścieżki są już wytyczone, a stopy palą się do drogi. Zaproponowałam, że wrócimy nocą do lasu tylko we dwie. Zapytała, gdzie mogłaby zostawić syna. Obiecałam to załatwić – miałam sąsiadkę, która była mi winna przysługę i z największą przyjemnością zaopiekuje się Viorelem.

Z nadejściem nocy powróciłyśmy na to samo miejsce. Po drodze rozmawiałyśmy o rzeczach nie mających nic wspólnego z rytuałem, który miałyśmy odprawić. Atena zobaczyła w sklepie nowy rodzaj wosku do depilacji i wypytywała o jego zalety. Rozprawiałyśmy z ożywieniem o próżności, modzie, najtańszych sklepach, o kobiecym zachowaniu, feminizmie, fryzurach. W pewnym momencie powiedziała coś w rodzaju: „Skoro dusza jest wieczna, po co się tym tak przejmujemy". Po chwili jakby zrozumiała, że zwykły relaks i rozmowa o błahostkach to nic niestosownego. Wręcz przeciwnie, bywa doskonałą zabawą, zwłaszcza że kobiety przywiązują dużą wagę do wyglądu, zresztą mężczyźni również, tyle że może lepiej to ukrywają.

W miarę, jak zbliżałyśmy się do miejsca wybranego przeze mnie – a właściwie przez sam las – zaczynałam czuć obecność Wielkiej Matki. W moim przypadku Jej obecność objawia się w szczególny sposób: rozpiera mnie jakaś osobliwa radość, która porusza mnie niemal do łez. Byłyśmy na miejscu.

– Zbierz trochę chrustu – poprosiłam.

– Przecież już jest ciemno.

– Księżyc w pełni świeci dość jasno, nawet zza chmur. Ćwicz oczy – zostały stworzone do tego, aby dostrzegać więcej, niż sądzisz.

Zaczęła szukać suchych gałęzi, złorzecząc za każdym razem, kiedy ciernie drapały jej ręce. Przez prawie pół godziny nie odzywałyśmy się do siebie. Byłam przejęta obecnością Wielkiej Matki, nie posiadałam się z radości, że oto jestem tu z tą młodą kobietą, prawie jeszcze dzieckiem, która mi ufa i towarzyszy w poszukiwaniach duchowych, czasem tak szalonych, że niepojętych dla ludzkiego umysłu.

Atena była jeszcze na etapie odpowiadania na pytania, tak jak odpowiadała tego wieczora na moje. Też kiedyś taka byłam, aż pozwoliłam się przenieść całkowicie do tajemnego królestwa, po to żeby tylko kontemplować, święcić, czcić, dziękować i zezwolić, aby objawił się dar.

Przyglądałam się, jak Atena zbiera chrust. Zobaczyłam w niej dziewczynę, którą sama kiedyś byłam. Ja również odkrywałam nieodgadnione tajemnice i ukryte moce. Życie nauczyło mnie czegoś zupełnie innego: moce nie były ukryte, a tajemnice zostały ujawnione już bardzo dawno temu. Dałam jej znak, że zebrała już dość chrustu.

Na stosie chrustu położyłam kilka większych gałęzi. Tak wyglądało życie. Żeby ogniem zajęły się większe kawałki drewna, najpierw muszą się spalić cienkie gałązki. Żeby uwolnić energię siły, najpierw muszą się ujawnić nasze słabości.

Po to, żebyśmy mogli zrozumieć moc, która w nas drzemie i sekrety, które zostały już wyjawione, musi się najpierw spalić na popiół to, co na powierzchni – czyli oczekiwania, lęki i iluzje. Poddawałyśmy się zatem głuszy panującej w lesie. Wiatr prawie ucichł, księżyc skrył się za chmurami. Dochodziły nas odgłosy zwierząt, wychodzących na nocne łowy, aby dopełnił się cykl narodzin i śmierci, tak jak nakazuje Wielka Matka, instynkt i natura.

Rozpaliłam ognisko.

Nie miałyśmy ochoty rozmawiać. Przez niemal wieczność wpatrywałyśmy się w taniec ognia, świadome tego, że w tym samym momencie setki tysięcy ludzi w najróżniejszych zakątkach świata siedzi ze wzrokiem wlepionym w płomienie w kominku, chociaż mają domy wyposażone w najnowocześniejsze systemy grzewcze.

Z trudem przyszło mi otrząsnąć się z tego transu. Nie było w nim dla mnie niczego wyjątkowego, nie ujrzałam bogów, aur ani zjaw, za to moim udziałem był ten stan łaski, której tak bardzo potrzebowałam. Wracałam do chwili obecnej, do mojej towarzyszki, do rytuału, który miałam odprawić.

– Jak się miewa twoja uczennica? – zapytałam.

– Nie jest łatwa. Ale gdyby było inaczej, może nie nauczyłabym się tego, co dla mnie niezbędne.

– Jaką moc w sobie rozwija?

– Rozmawia z istotami z równoległego świata.

– Tak jak ty rozmawiasz z Hagią Sofią?

– Nie! Dobrze wiesz, że Hagia Sofia to Wielka Matka, która się we mnie objawia. Andrea rozmawia z niewidzialnymi istotami.

Wiedziałam, jednak chciałam się upewnić. Atena była bardziej milcząca niż zwykle. Nie wiem, czy rozmawiała z Andreą o zajściach w Londynie, ale to nie miało nic do rzeczy. Wstałam, otworzyłam torbę, wyjęłam z niej garść specjalnie dobranych ziół i cisnęłam w płomienie.

– Drewno zaczęło mówić – powiedziała Atena, jakby to było całkiem normalne. To dobrze, pomyślałam, to znak, że cuda stają się integralną częścią jej życia.

– Co ono mówi?

– W tej chwili nic, zwykłe trzaski.

Kilka minut później usłyszała pieśni płynące z ogniska.

– Jakie to cudowne!

Tak przemawiała nie kobieta, nie matka, ale mała dziewczynka.

– Nie podnoś się z miejsca. Nie staraj się koncentrować, nie rób tego, co ja robię, nie próbuj zrozumieć moich słów. Odpręż się, rozluźnij. To czasem wszystko, czego możemy oczekiwać od życia.

Uklękłam, chwyciłam rozżarzoną gałązkę, zakreśliłam wokół niej niedomknięty krąg, w który sama zamierzałam wejść. Słyszałam tę samą muzykę, co Atena. Tańczyłam wokół niej, odprawiając rytuał przymierza męskiego ognia z kobiecą ziemią, która przyjmowała go teraz z rozwartymi ramionami, ten ogień, który wszystko oczyszczał i przemieniał w energię tkwiącą w płonących gałęziach, drwach, ludziach, niewidzialnych istotach. Tańczyłam, aż zamilkła muzyka ognia. Wykonywałam opiekuńcze gesty wokół istoty, która siedziała z uśmiechem pośrodku kręgu.

Kiedy płomienie zgasły, wzięłam garść popiołu i posypałam nim głowę Ateny. Potem stopami rozdeptałam krąg, który wokół niej zakreśliłam.

– Dziękuję – powiedziała. – Czułam, że jestem kochana, potrzebna i chroniona.

– Nie zapominaj o tym w trudnych chwilach.

– Teraz, kiedy odnalazłam własną drogę, nie będzie już trudnych chwil. Przecież mam do spełnienia misję, prawda?

– Owszem, każdy z nas ma misję do spełnienia.

– A co z trudnymi chwilami? – zaniepokoiła się.

– Niemądre pytanie. Przypomnij sobie, co powiedziałaś: jesteś kochana, potrzebna, chroniona.

– Zrobię, co w mojej mocy.

Jej oczy napełniły się łzami. Atena zrozumiała moją odpowiedź.

SAMIRA R. KHALIL, gospodyni domowa

– Mój wnuk! Co mój wnuk ma z tym wspólnego? Mój Boże, na jakim świecie my żyjemy? Czy tkwimy jeszcze w średniowieczu i polujemy na czarownice? Podbiegłam do niego. Ciekła mu krew z nosa, ale nie przejął się moimi lamentami i zaraz mnie odepchnął:

– Umiem się bronić. I broniłem się.

Moje łono nigdy nie wydało na świat dziecka, ale wiem, co się może kryć w dziecięcym serduszku. Znacznie bardziej martwiłam się o Atenę niż o Viorela. Jeszcze niejedną stoczy w życiu walkę, a zresztą z jego posiniaczonej twarzy biła duma.

– Chłopcy w szkole powiedzieli, że mama czci diabła!

Chwilę później zjawiła się Szirin. Na widok zakrwawionego nosa wściekła się. Chciała natychmiast lecieć do szkoły, żeby rozmówić się z dyrektorem. Wzięłam ją w ramiona, pozwoliłam jej się wypłakać, wylać z siebie całą gorycz. Najlepsze, co mogłam zrobić, to milczeć i tym milczeniem okazać jej całą moją miłość.

Kiedy się trochę uspokoiła, jak najdelikatniej zasugerowałam, że powinna na jakiś czas znów z nami zamieszkać, a my wszystkim się zajmiemy. Po ukazaniu się w prasie informacji o grożącym jej procesie, mąż skontaktował się z prawnikami. Zrobilibyśmy wszystko, co można i czego nie można, żeby ją obronić – nie bacząc na komentarze sąsiadów, ironiczne spojrzenia znajomych, fałszywą solidarność przyjaciół.

Nic na świecie nie było ważniejsze od szczęścia mojej córki, chociaż nigdy nie potrafiłam zrozumieć, dlaczego zawsze wybierała tak trudne i cierniste drogi. Ale matka nie musi wszystkiego rozumieć – wystarczy, żeby kochała i ochraniała. No i była dumna. Wiedziała, że możemy jej dać niemal wszystko, a mimo to wcześnie zaczęła szukać niezależności. Błądziła, cierpiała, ale zawsze chciała się sama zmierzyć z własnymi problemami. Szukała biologicznej matki z pełną świadomością wiążącego się z tym ryzyka. Ostatecznie jej spotkanie z matką zaowocowało jeszcze większą bliskością z nami. Wiedziałam, że nigdy nie słucha moich rad, tych nieustannie powtarzanych: skończ studia, wyjdź za mąż, pogódź się z kłopotami, jakie niesie życie, nie buntuj się przeciwko regułom narzucanym przez społeczeństwo. I jaki był tego skutek?

Historia mojej córki wiele mnie nauczyła. Stałam się dzięki niej lepszą osobą. Rzecz jasna nie miałam pojęcia, o co chodzi z tą Boginią Matką, z tą manią przyciągania do siebie różnych dziwaków, z niemożnością zadowolenia się tym, do czego doszła ciężką pracą. Ale w głębi serca chciałabym być taka jak ona, choć jest już na to trochę za późno.

Wstałam, żeby przygotować coś do jedzenia, ale zatrzymała mnie.

– Posiedź jeszcze trochę ze mną, przytul mnie. To wszystko, czego mi trzeba. Viorelu, idź pooglądać telewizję. Chcę porozmawiać z babcią.

Chłopiec wykonał polecenie.

– Musiałaś przeze mnie bardzo cierpieć.

– Ani trochę. Wręcz przeciwnie, ty i twój syn jesteście źródłem naszej radości, sensem naszego życia.

– Ale przecież nigdy nie robiłam tego, co...

– I dobrze, że tak było. Dzisiaj mogę wyznać: były chwile, kiedy cię nienawidziłam, kiedy gorzko żałowałam, że przed laty nie posłuchałam pracownicy sierocińca i nie adoptowałam innego dziecka. A potem zadawałam sobie pytanie: „Jak to możliwe, żeby matka nienawidziła własnej córki?". Brałam proszki na uspokojenie, grałam z przyjaciółmi w brydża, wpadałam w szał zakupów, a wszystko po to, żeby zrekompensować sobie miłość, którą ci dałam, a której, jak sądziłam, nie otrzymywałam w zamian. Kiedy kilka miesięcy temu po raz kolejny rzuciłaś pracę, która dawała ci pieniądze i prestiż, ogarnęła mnie czarna rozpacz. Poszłam do naszego kościoła. Chciałem błagać Matkę Boską, żebyś przejrzała na oczy, zmieniła tryb życia, wykorzystała trwonione przez siebie możliwości. Byłam gotowa zrobić wszystko, żeby się to urzeczywistniło. Stałam tam wpatrzona w Dziewicę Maryję z dzieckiem w ramionach. I powiedziałam: „Ty, która jesteś matką, wiesz, co przeżywam. Proś mnie, o co chcesz, tylko ocal moją córkę, bo uważam, że pogubiła się, jest na drodze, która ją zniszczy".

Przytuliła się do mnie jeszcze mocniej. Znowu się rozpłakała, ale jakby inaczej. Jak mogłam, starałam się opanować wzruszenie.

– Wiesz, co wówczas poczułam? Że Ona ze mną rozmawia, że mówi: „Słuchaj, Samiro, ja kiedyś też tak myślałam. Przez wiele lat cierpiałam, ponieważ mój syn w ogóle nie chciał mnie słuchać. Martwiłam się o jego bezpieczeństwo, uważałam, że dobiera sobie niewłaściwych przyjaciół i nie szanuje praw, obyczajów, religii, za nic ma starszych". Czy mam opowiadać dalej?

– Tak, chciałabym usłyszeć wszystko do końca.

– Matka Boska powiedziała na koniec: „Ale mój syn mnie nie usłuchał. I dzisiaj bardzo się z tego cieszę".

Delikatnie odsunęłam jej głowę z mojego ramienia i wstałam.

– Powinniście coś zjeść.

Poszłam do kuchni, przygotowałam zupę cebulową i *tabuleh*, podgrzałam pitę, nakryłam do stołu i zasiedliśmy razem do posiłku. Gawędziłyśmy o tym i owym. W takich chwilach rozmowa o banalnych sprawach zbliża ludzi, a do tego usprawiedliwia przyjemność, jaką czerpiemy z tego, że oto siedzimy tu, w zaciszu domu, nawet jeśli za oknami nawałnica wyrywa drzewa z korzeniami i sieje dookoła spustoszenie. Naturalnie o zmierzchu moja córka i mój wnuk wyjdą przez te drzwi, żeby znów stawić czoło wichurom, grzmotom i piorunom – ale to ich wybór.

– Mamo, mówiłaś, że zrobiłabyś dla mnie wszystko, prawda?

Oczywiście, że prawda. Gdyby to było konieczne, oddałabym za nią życie.

– Nie uważasz, że też powinnam zrobić wszystko dla Viorela?

– To, jak sądzę, instynkt macierzyński, a pomijając instynkt – największy dowód miłości. Wiesz, że ojciec jest gotów ci pomóc w sprawie procesu, o ile tylko tego chcesz.

– Oczywiście, że chcę. Jesteście przecież moją najbliższą rodziną.

Długo się wahałam, ale w końcu nie wytrzymałam:

– Mogę ci dać jedną radę? Wiem, że masz wpływowych przyjaciół, tego dziennikarza na przykład. Dlaczego nie poprosisz go, żeby opisał całą historię i przedstawił twoją wersję zdarzeń? Prasa tyle pisze o tym pastorze, że w końcu ludzie przyznają mu rację.

– A więc nie tylko akceptujesz to, co robię, ale i chcesz mi pomóc?

– Tak, Szirin. Chociaż nie potrafię cię zrozumieć, chociaż czasami cierpię tak bardzo, jak przez całe swoje życie musiała cierpieć Matka Boska, chociaż nie jesteś Jezusem i nie masz do przekazania światu wielkiej nowiny, jestem po twojej stronie i chcę zobaczyć twój triumf.

HERON RYAN, dziennikarz

Kiedy Atena się zjawiła, właśnie w pośpiechu kończyłem robić notatki do wywiadu na temat zajść przy Portobello i odrodzenia się Bogini. Miałem nadzieję zrobić majstersztyk, a materia była delikatna, arcydelikatna.

Kobieta w składzie zbożowym mówiła: „Jesteście do tego zdolni, zróbcie to, czego uczy Wielka Matka – zaufajcie miłości, a staną się cuda". I tłum był jej posłuszny. Ale to nie mogło trwać długo, bo żyjemy w czasach, kiedy niewolnictwo jest jedynym sposobem na znalezienie szczęścia. Wolna wola wymaga olbrzymiej odpowiedzialności, kosztuje mnóstwo wysiłku i wiąże się z bólem i cierpieniem.

– Musisz coś na mój temat napisać – poprosiła.

Radziłem trochę odczekać, bo za tydzień cała sprawa może już pójść w zapomnienie. Tymczasem, powiedziałem, mam tu kilka pytań dotyczących Kobiecej Energii.

– Na razie całe to zamieszanie i przepychanki interesują tylko mieszkańców jednej dzielnicy, nie mówiąc o brukowcach. Żadna szanująca się gazeta nie poświęciła sprawie ani jednej linijki. W końcu w Londynie nie brak tego rodzaju lokalnych konfliktów, zresztą w tym przypadku przyciąganie uwagi poważnej prasy nie jest wskazane. Dobrze by było, gdyby grupa zawiesiła działalność na jakieś dwa lub trzy tygodnie. Z drugiej strony kwestia Bogini – oczywiście potraktowana z należytą powagą – może skłonić ludzi do postawienia sobie szeregu istotnych pytań.

– Jakiś czas temu przy kolacji powiedziałeś, że mnie kochasz. A teraz nie tylko odmawiasz mi pomocy, ale w dodatku radzisz zrezygnować z tego, w co wierzę?

Jak miałem zinterpretować jej słowa? Czy wreszcie przyjęła tę miłość, którą jej ofiarowałem tamtego wieczora, a która nie odstępowała mnie w każdej sekundzie mojego życia? Według libańskiego poety Khalila Gibrana, lepiej dawać niż brać. Niewątpliwie mądre słowa. Byłem jednak typowym przedstawicielem tak zwanego rodzaju ludzkiego, wraz z jego słabościami, chwilami niepewności, zwykłym pragnieniem spokoju, marzeniem o wielkim uczuciu i bezgranicznym oddaniu bez jakichkolwiek pytań, nawet bez żadnej pewności, że moja miłość jest odwzajemniona. Wystarczyłoby, gdyby mi pozwoliła się kochać, to wszystko. Byłem przekonany, że Hagia Sofia całkowicie by się ze mną zgodziła. Atena była częścią mojego życia już od blisko dwóch lat. Obawiałem się, że podąży dalej swoją drogą, zniknie za horyzontem, a ja nie będę mógł jej towarzyszyć przez choćby jeden etap tej podróży.

– Mówisz o miłości?

– Proszę o pomoc.

Co robić? Opanować się, zachować zimną krew, nie przyśpieszać biegu wydarzeń, których skutki mogą się okazać fatalne? Czy też zrobić ten jedyny, stanowczy krok, wziąć ją w ramiona i ochronić przed wszystkimi niebezpieczeństwami?

– Chcę ci pomóc – odparłem, chociaż rozum mi podszeptywał słowa: „O nic się nie martw. Kocham cię".

– Zaufaj mi. Zrobiłbym dla ciebie wszystko, absolutnie wszystko. Łącznie ze stanowczym „nie", gdybym uznał, że tak należy, nawet ryzykując, że mnie nie zrozumiesz.

Opowiedziałem jej, że sekretarz redakcji zaproponował mi przygotowanie serii artykułów na temat przebudzenia Bogini, które obejmowałyby również wywiad z nią. Z początku spodobał mi się ten pomysł, jednak teraz uważam, że lepiej będzie trochę zaczekać.

– Albo chcesz nadal spełniać swoją misję, albo chcesz się bronić. Wiem, że w twoim przekonaniu to, co robisz, jest ważniejsze od tego, jak widzą cię inni. Mam rację?

– Myślę o moim synku. Codziennie wraca ze szkoły poturbowany.

– To minie. Za tydzień nikt nie będzie już o tym pamiętał. I wtedy zaczniemy działać – nie po to, żeby się bronić przed kretyńskimi zarzutami, lecz po to, aby w mądry i wyważony sposób ukazać twoje dzieło w prawdziwym świetle. A jeśli wątpisz w szczerość moich uczuć i jesteś zdecydowana kontynuować swoją misję, pójdę razem z tobą na następne spotkanie. Zobaczymy, co z tego wyniknie.

W następny poniedziałek udałem się z nią na spotkanie. Nie byłem już tylko jednym z tłumu ludzi. Patrzyłem teraz na wszystko jej oczami.

Tłum szturmował wejście do budynku. Były kwiaty, oklaski i ludzie wznoszący okrzyki: „Kapłanka! Bogini!". Kilka eleganckich dam błagało o prywatną audiencję – chodziło o jakąś poważną chorobę w rodzinie. Tłum napierał, tarasując wejście. Nikt nie przewidział, że przydałby się jakiś system bezpieczeństwa. Przestraszyłem się, chwyciłem ją za ramię, wziąłem Viorela na ręce i weszliśmy do środka.

Tam, w wypełnionej po brzegi sali, czekała na nas wściekła Andrea:

– Chyba powinnaś im powiedzieć, że dzisiaj nie będzie żadnych cudów! – wrzasnęła. – Robisz się coraz bardziej próżna! Dlaczego Hagia Sofia nie przekona tych wszystkich ludzi, żeby stąd odeszli?

– Hagia Sofia rozpoznaje choroby – odparła Atena wyzywającym tonem. – A im więcej osób na tym skorzysta, tym lepiej.

Chciała coś dodać, ale tłum zaczął bić brawo. Wstąpiła na prowizoryczną scenę. Włączyła przyniesiony z domu sprzęt nagłaśniający. Poinstruowała zebranych, żeby każdy rozpoczął taniec, nie zwracając najmniejszej uwagi na rytm płynącej z głośników muzyki. Rozpoczął się rytuał. W pewnej chwili Viorel oddalił się i usiadł w rogu sali – i wtedy objawiła się Hagia Sofia. Atena niespodziewanie wyłączyła muzykę, ukryła twarz w dłoniach, a ludzie, jak na komendę, umilkli.

Wszystko przebiegało tak, jak zawsze. Były pytania o miłość, ale na nie nie odpowiadała, natomiast chętnie mówiła na temat lęków, chorób, problemów osobistych. Zauważyłem, że niektórzy mieli łzy w oczach, inni zachowywali się tak, jakby znaleźli się przed obliczem świętej. Nadeszła pora na końcowe kazanie, a potem wspólny rytuał na cześć Wielkiej Matki.

Wiedziałem, co teraz nastąpi, zacząłem się więc zastanawiać, jak najdyskretniej wymknąć się z sali. Miałem nadzieję, że Atena posłucha rad Andrei i uświadomi zgromadzonym, że żadnych cudów nie będzie. Ruszyłem w stronę Viorela, żeby go wyprowadzić na zewnątrz, gdy tylko jego matka skończy mówić.

I właśnie wtedy usłyszałem głos Hagii Sofii:

– Na zakończenie porozmawiajmy o odżywianiu się. Zapomnijcie o tych wszystkich dietach odchudzających.

O odżywianiu się? O dietach odchudzających?

– Przetrwaliśmy przez tysiąclecia dzięki temu, że przyjmowaliśmy pokarm. A dzisiaj, można odnieść wrażenie, jedzenie stało się przekleństwem. Dlaczego? W imię czego w wieku czterdziestu lat robimy wszystko, żeby zachować ciało nastolatków? Czy można zatrzymać czas? Oczywiście, że nie. I dlaczego mamy być chudzi?

Szmer zdziwienia przeszedł przez tłum. Najwyraźniej spodziewali się nieco bardziej duchowego przesłania.

– Nie musimy być chudzi. Kupujemy poradniki, chodzimy do siłowni, cały swój wysiłek umysłowy koncentrujemy na próbach zatrzymania czasu. A przecież powinniśmy celebrować cud, jakim jest sam fakt naszego istnienia. Zamiast zastanawiać się, jak lepiej żyć, ulegamy obsesji na punkcie kalorii. Zapomnijcie o tym. Możecie przeczytać każdy poradnik, jaki wpadnie wam w ręce, powtarzać każde ćwiczenie do upadłego, skatować się na wszelkie znane wam sposoby, a i tak będziecie mieli do wyboru tylko dwie możliwości – albo sczeznąć, albo utyć. Jedzcie z umiarem, ale delektując się każdym kęsem. Nie to złe, co trafia do ludzkich ust, lecz to, co z nich wychodzi. Pamiętajcie, że przez tysiąclecia walczyliśmy z głodem. Któż to wymyślił, że przez całe życie powinniśmy pozostać chudzi? Odpowiem wam: wampiry dusz – ci, którzy tak się boją przyszłości, że chcą zatrzymać bieg czasu. A ja na to wam mówię: to nie jest możliwe. Po co tracić energię na zabiegi odchudzające, skoro można ją spożytkować na konsumowanie strawy duchowej. Wielka Matka daje szczodrze i mądrze. Uszanujcie to, a nie utyjecie bardziej, niż tego wymaga upływ czasu. Zamiast w sztuczny sposób spalać kalorie, spróbujcie przemienić je w energię konieczną do walki o marzenia. Jeszcze nikomu nie udało się schudnąć i na dłużej zachować szczupłą sylwetkę tylko dzięki diecie.

Panowała kompletna cisza. Atena zainicjowała końcowy obrzęd, wszyscy uczcili obecność Wielkiej Matki. Wziąłem Viorela na ręce. Obiecałem sobie, że następnym razem przyprowadzę ze sobą kilku znajomych w charakterze obstawy. Kiedy opuszczaliśmy salę, brzmiały te same okrzyki i brawa, co na początku spotkania.

Przed wyjściem jakiś miejscowy sklepikarz chwycił mnie za ramię:

– To jakieś bzdury! Jeżeli powybijają mi szyby w witrynach, wytoczę wam sprawę!

Atena, śmiejąc się, rozdawała autografy, Viorel był w świetnym humorze. Miałem nadzieję, że nie natkniemy się na żadnych dziennikarzy. Przedarliśmy się w końcu przez tłum i złapaliśmy taksówkę.

Spytałem, czy chcieliby pójść coś zjeść.

– No pewnie – odparła Atena. – Przecież o tym właśnie mówiłam przed chwilą.

ANTOINE LOCADOUR, historyk

W całym tym łańcuchu pomyłek, znanym pod nazwą „Czarownicy z Portobello", najbardziej zdumiewa mnie naiwność Herona Ryana, cieszącego się międzynarodowym prestiżem dziennikarza z wieloletnim doświadczeniem. Jak mi powiedział, szczególną grozę budziły w nim nagłówki brukowców: „Dieta Bogini!", krzyczał jeden. „Schudnij jedząc, radzi Czarownica z Portobello!", głosił inny z pierwszej strony gazety.

Nie dość, że Atena dotknęła tak delikatnej materii, jaką jest religia, to posunęła się jeszcze dalej: mówiła o odżywianiu się, czyli o kwestii rangi państwowej, ważniejszej niż wojny, strajki lub katastrofy naturalne. Nie każdy wierzy w Boga, ale każdy chce schudnąć.

Reporterzy przeprowadzili wywiady z lokalnymi kupcami, którzy przysięgali na wszystkie świętości, że w dni poprzedzające spotkania grupy widzieli czarne i czerwone świece, płonące podczas obrzędów odprawianych przez garstkę ludzi. Może wszystko sprowadzało się do taniej sensacji, jednak Ryan powinien był przewidzieć, że w związku z toczącym się procesem powód wykorzysta każdą sposobność, aby unaocznić sędziom coś, co uważa nie tylko za potwarz, ale i za zamach na wszystkie wartości, które stanowią fundament społeczeństwa.

W tym samym tygodniu w jednej z najbardziej prestiżowych brytyjskich gazet ukazał się tekst autorstwa Wielebnego Iana Bucka, pastora Kongregacji Ewangelickiej w Kensington. Jeden z jego ustępów głosił:

Jako dobry chrześcijanin mam obowiązek nadstawić drugi policzek, kiedy jestem niesprawiedliwie atakowany lub kiedy narusza się moją cześć. Nie zapominajmy jednak, że Jezus nie tylko nadstawiał drugi policzek, ale i posłużył się biczem, aby przepędzić tych, którzy próbowali zamienić Dom Boży w złodziejską melinę. A właśnie tego jesteśmy dzisiaj świadkami przy Portobello Road: pozbawione skrupułów osoby, podające się za zbawców dusz, oferują fałszywą nadzieję i lekarstwo na wszystkie bolączki. Jakby tego nie było dość, zapewniają nas, że stosując się do ich nauk, zachowamy szczupłą, zgrabną sylwetkę.

Dlatego nie mam innego wyjścia, jak zwrócić się do wymiaru sprawiedliwości, ponieważ ta sytuacja nie może dłużej trwać. Zwolennicy ruchu twierdzą, że są zdolni do rozbudzenia w sobie niespotykanych dotąd umiejętności i zaprzeczają istnieniu Boga Wszechmogącego, którego chcą zastąpić bóstwami pogańskimi, takimi jak Wenus lub Afrodyta. Ich zdaniem wszystko jest dozwolone, o ile kieruje nami „miłość". Czym zatem jest miłość? Wyzutą z moralności siłą, która uświęca każdy cel? Czy też zobowiązaniem wobec prawdziwych wartości społecznych, takich jak rodzina i tradycja?

237

Podczas następnego spotkania, przewidując zajścia podobne do tych, jakie nastąpiły w sierpniu, policja podjęła działania prewencyjne i przysłała sześciu funkcjonariuszy. Atena zjawiła się w obstawie, zwerbowanej na tę okazję przez Ryana spośród jego znajomych. Tym razem usłyszała nie tylko brawa, lecz także gwizdy i obelgi. Ponieważ Atenie towarzyszył pięcioletni chłopiec, dwa dni później, powołując się na ustawę o ochronie dziecka z 1989 roku, pewna kobieta złożyła do sądu skargę na matkę, która, jej zdaniem, wyrządza synkowi nieodwracalną krzywdę. Wnioskowała o odebranie jej praw rodzicielskich i przekazanie ich ojcu.

Dziennikarz jednego z brukowców odnalazł Lukása Jessena-Petersena, który odmówił udzielenia wywiadu i zagroził reporterowi, że jeśli ten wspomni w swoich artykułach o Viorelu, to on za siebie nie ręczy. Nazajutrz na pierwszej stronie brukowca widniał nagłówek: „Były mąż Czarownicy z Portobello mówi, że dla syna jest gotów zabić".

Tego samego popołudnia do sądu wpłynęły dwie kolejne skargi powołujące się na ustawę o ochronie dziecka z 1989 roku, tym razem z wezwaniem do oddania Viorela rodzinie zastępczej.

Następne spotkanie nie odbyło się. Przed wejściem do składu zbożowego, pod bacznym okiem funkcjonariuszy w mundurach, zbierały się grupy zwolenników i przeciwników, ale Atena się nie pojawiła. Tak samo było w następnym tygodniu, z tym że zarówno zgromadzonych, jak policjantów było już mniej.

Po trzech tygodniach kilka osób złożyło przed budynkiem wiązanki kwiatów, ktoś rozdawał przechodniom podobizny Ateny.

Sprawa znikła z pierwszych stron londyńskich gazet. Kiedy Wielebny Buck ogłosił, że wycofuje oskarżenie o potwarz i zniesławienie, kierując się „chrześcijańskim duchem przebaczenia, które winniśmy wszystkim skruszonym grzesznikom", żaden z liczących się dzienników nie odnotował tego faktu. Tekst oświadczenia ukazał się jedynie w dziale listów od czytelników w lokalnej gazecie dzielnicowej.

Z tego co mi wiadomo, sprawa nigdy nie zyskała rozgłosu na większą skalę. Dzienniki o zasięgu ogólnokrajowym omawiały ją wyłącznie na stronach przynoszących wieści z Londynu. Miesiąc po ostatnim spotkaniu, podczas wizyty w Brighton poruszyłem ten temat w gronie kilku znajomych, ale żaden z nich o sprawie nie słyszał.

Ryan miał wszystko, co było potrzebne do wyjaśnienia całej sprawy, a do tego reprezentował dziennik, który mógłby wpłynąć na stanowisko większości mediów. Jednak, ku mojemu zaskoczeniu, nie wydrukował ani jednej linijki na temat Szirin Khalil.

Moim zdaniem zbrodnia – sądząc z opisu jej okoliczności – nie miała nic wspólnego z tym, co działo się na Portobello. Ot, po prostu makabryczny zbieg okoliczności.

HERON RYAN, dziennikarz

Atena poprosiła, bym włączył przyniesiony przez nią jej własny magnetofon, najnowocześniejszy, zminiaturyzowany model, jakiego nigdy przedtem nie widziałem.

– Po pierwsze, chcę powiedzieć, że ktoś grozi mi śmiercią. Po drugie, musisz obiecać, że nawet jeśli umrę, przez pięć lat nie udostępnisz nikomu tych nagrań. Kiedyś ludzie nauczą się odróżniać fałsz od prawdy. Powiedz, że się zgadzasz, a tym samym bierzesz na siebie formalne zobowiązanie.

– Zgadzam się. Ale sądzę, że...

– Nic nie sądź. Jeśli zginę, to będzie mój testament, pod warunkiem, że go teraz nie opublikujesz.

Wyłączyłem nagrywanie.

– Nie masz się czego obawiać. Mam znajomości na wszystkich szczeblach władzy, wśród ludzi, którzy są mi winni przysługę, którzy mnie potrzebują, albo będą mnie potrzebować. Możemy...

– Czy nie mówiłam ci już, że mój narzeczony pracuje w Scotland Yardzie?

Znowu ta gadka? Jeżeli to prawda, to czemu go tam nie było, kiedy potrzebowaliśmy jego pomocy, kiedy na Atenę i na Viorela w każdej chwili mógł się rzucić tłum?

Pytanie goniło za pytaniem: Może chce mnie sprawdzić? Co się dzieje w jej głowie? Czy to brak równowagi psychicznej? A może jest chimeryczką, która raz chce być przy mnie, a za chwilę znowu mówi o tym wyimaginowanym mężczyźnie?

– Zacznij nagrywać – poprosiła.

Czułem się fatalnie. Zaczynałem podejrzewać, że od początku mnie wykorzystywała. Chciałbym umieć powiedzieć w tym momencie: „Odejdź, zniknij raz na zawsze z mojego życia. Od kiedy cię poznałem, wszystko zmieniło się w piekło. Co dzień czekam, że przyjdziesz, obejmiesz mnie, pocałujesz i powiesz, że chcesz ze mną zostać na zawsze. Ale nigdy tak nie jest".

– Coś nie tak?

Wiedziała, że coś jest nie tak. Mówiąc ściślej, nie mogła się nie domyślać, co czuję, bo nigdy nie kryłem przed nią swych uczuć, chociaż tylko jeden raz odważyłem się mówić o nich głośno. Odwoływałem spotkania, byle tylko ją zobaczyć, byłem przy niej, kiedy mnie potrzebowała, starałem się zaprzyjaźnić z jej synem, wierząc, że któregoś dnia zwróci się do mnie „tato". Nigdy nie prosiłem, żeby zrezygnowała z tego, co robi, akceptowałem jej tryb życia, szanowałem jej decyzje, cierpiałem w milczeniu, bo ona cierpiała, cieszyłem się z jej triumfów, byłem dumny z jej determinacji.

– Dlaczego wyłączyłeś nagrywanie?

Przez chwilę znalazłem się gdzieś między niebem a piekłem, między buntem a kapitulacją, między chłodnym rozumowaniem a niszczycielską emocją. W końcu, mobilizując wszystkie siły, opanowałem się. Wcisnąłem guzik.

– Zaczynajmy.

– Jak mówiłam, ktoś grozi mi śmiercią. Dostaję anonimowe telefony z pogróżkami. Ubliżają mi, mówią, że jestem zagrożeniem dla świata, że chcę na ziemi wskrzesić królestwo Szatana, a oni nie mogą do tego dopuścić.

– Rozmawiałaś z policją?

Celowo nie wspomniałem o jej narzeczonym, żeby wiedziała, że nigdy w tę historię nie wierzyłem.

– Rozmawiałam. Nagrali kilka rozmów, ale ci ludzie dzwonią z budek telefonicznych. Policjanci mówią, żeby się nie przejmować, bo dom jest pod stałą obserwacją. Zatrzymali jedną osobę. To człowiek niezrównoważony psychicznie, uważa się za wcielenie apostoła i powtarza: „Tym razem będę walczyć do skutku, aby Chrystus nie został ponownie wygnany". Obecnie przebywa w szpitalu psychiatrycznym. Według policji już wcześniej się leczył, gdy rzucał podobne groźby pod adresem różnych ludzi.

– Skoro policja się tym zajęła, to rzeczywiście nie ma się czym martwić. Mamy najlepszą na świecie policję.

– Nie boję się śmierci. Gdyby teraz wybiła moja ostatnia godzina, zabrałabym ze sobą chwile, jakie niewiele osób w moim wieku miało okazję przeżyć. Tego się nie boję, ale obawiam się – i dlatego poprosiłam, żebyś nagrał naszą rozmowę – że sama mogę popełnić morderstwo.

– Morderstwo?

– Wiesz, że w sądzie toczy się postępowanie w sprawie pozbawienia mnie praw rodzicielskich. Zwróciłam się o pomoc do przyjaciół, ale nikt nic nie może zrobić. Po prostu musimy czekać na werdykt. Ich zdaniem ci fanatycy postawią na swoim. Oczywiście wiele zależy od sędziego, ale na wszelki wypadek kupiłam broń. Wiem, jak to jest, kiedy dziecko wychowuje się bez matki, doświadczyłam tego na własnej skórze. Jeśli przyjdą mi go odebrać, zabiję pierwszego, który ośmieli się przekroczyć próg domu. I będę strzelać do ostatniego naboju. A potem, jeżeli mnie nie zastrzelą, chwycę za nóż kuchenny, a jeśli odbiorą mi wszystkie noże, będę gryźć i drapać. Ale nikt nie zdoła odebrać mi Viorela, chyba że po moim trupie. Nagrywasz?

– Tak. Jednak istnieją środki...

– Nie istnieją. Mój ojciec śledzi postępowanie sądowe. Mówi, że w przypadku prawa rodzinnego niewiele da się zrobić. Teraz wyłącz nagrywanie.

– Czy to był właśnie twój testament?

Nie odpowiedziała, a ja siedziałem w osłupieniu. Podeszła do magnetofonu i włączyła muzykę ze stepów, którą znałem teraz niemal na pamięć. Zaczęła tańczyć, tak jak to robiła podczas rytuałów, kompletnie niezgodnie z rytmem. Wiedziałem, do czego zmierza. Nagrywanie wciąż było włączone, niczym milczący świadek wydarzeń. Przez okna wlewało się światło słonecznego popołudnia, a Atena ruszała na poszukiwanie innego światła – tego, które istniało od stworzenia świata.

Kiedy poczuła iskrę Wielkiej Matki, przerwała taniec, wyłączyła muzykę, ukryła twarz w dłoniach i przez dłuższą chwilę stała tak nieruchomo. Potem uniosła głowę i spojrzała mi w oczy.

– Wiesz, kto jest tutaj, prawda?

– Wiem. Atena oraz jej boska część, Hagia Sofia.

– Przyzwyczaiłam się to robić. Taniec nie jest w zasadzie konieczny, ale sama odkryłam tę metodę kontaktowania się z Nią i chcę przy tym pozostać. To już pewna tradycja w moim życiu. Wiesz, z kim rozmawiasz? Z Ateną. Hagia Sofia to ja.

– Wiem. Kiedy drugi raz tańczyłem w twoim domu, również odkryłem ducha przewodnika, Filemona. Nie rozmawiam z nim zbyt często, nie słucham tego, co mi mówi. Wiem tylko, że w jego obecności jest tak, jakby nasze dusze wreszcie się spotkały.

– Dokładnie. Filemon porozmawia dzisiaj z Hagią Sofią o miłości.

– Mam najpierw zatańczyć?

– Nie trzeba. Filemon mnie zrozumie, bo, jak widzę, mój taniec cię poruszył. Mężczyzna, którego przed sobą widzę, cierpi z powodu czegoś, czego, jak mu się wydaje, nigdy nie otrzymał: mojej miłości. Jednak mężczyzna, który znajduje się poza tobą, rozumie, że ból, niepokój i poczucie osamotnienia są niepotrzebne i dziecinne. Kocham cię. Nie tak, jak oczekiwałbyś tego ty sam, lecz zgodnie z wolą Wielkiej Matki. Mieszkamy pod tym samym namiotem, który Ona umieściła na naszej drodze. Pod tym namiotem rozumiemy, że nie jesteśmy niewolnikami naszych uczuć, tylko ich włodarzami. Jesteśmy posłuszni i znajdujemy posłuch, otwieramy drzwi naszych pokojów i obejmujemy się. Może się też całujemy – ponieważ wszystko, co na tej ziemi dzieje się intensywnie, znajdzie swój odpowiednik w wymiarze niewidzialnym. I wiesz, że mówiąc to, nie prowokuję cię, ani nie igram z twoimi uczuciami.

– Czym w takim razie jest miłość?

– Duszą, krwią i ciałem Wielkiej Matki. Kocham cię z taką samą siłą, z jaką kochają się zagubione dusze, kiedy spotkają się pośrodku pustyni. Nigdy nie dojdzie między nami do fizycznego zbliżenia, jednak żadna namiętność nie jest nadaremna, żadna miłość nie idzie na marne. Jeżeli Matka rozbudziła miłość w twoim sercu, rozbudziła ją również w moim, choć twoje serce przyjmuje ją skwapliwiej. Energia miłości nigdy nie idzie na marne – jest potężniejsza niż wszystko i objawia się na wiele sposobów.

– Nie jestem na to dostatecznie silny. Takie abstrakcyjne wizje wprawiają mnie w jeszcze większe przygnębienie, jeszcze silniej odczuwam samotność.

– Ja też nie jestem dostatecznie silna. Potrzebuję drugiego człowieka. Ale pewnego dnia nasze oczy się otworzą, objawią się nam różne formy Miłości, a cierpienie zniknie z powierzchni ziemi. Myślę, że stanie się to już niedługo. Wielu z nas powraca z długiej podróży, podczas której musieliśmy szukać tego, co wcale nas nie obchodziło. Teraz rozumiemy, że była to pogoń za iluzją. Jednak naszemu powrotowi musi towarzyszyć ból – ponieważ długo nas nie było i czujemy się obcy we własnym kraju. Minie trochę czasu, zanim odnajdziemy przyjaciół, którzy powrócili z wędrówki, i miejsca, gdzie znajdują się nasze korzenie i nasze skarby. Ale w końcu to nastąpi.

Nie wiem, dlaczego jej słowa wzruszyły mnie.

– Chcę mówić dalej o miłości.

– Mówimy o niej. To był zawsze cel wszystkich moich życiowych poszukiwań – pozwolić na to, aby miłość objawiła się we mnie bez żadnych ograniczeń, aby wypełniła moje białe przerwy, aby kazała mi tańczyć, śmiać się, nadawać życiu sens, chronić mojego syna, poznawać nowych ludzi, tych wszystkich, którzy stanęli na mojej drodze. Próbowałam zapanować nad własnymi uczuciami, mówiłam: „On zasługuje na moją miłość", albo „On nie zasługuje na uczucie". Aż zrozumiałam, co jest moim przeznaczeniem, kiedy dotarło do mnie, że mogłabym stracić to, co w moim życiu najważniejsze.

– Syna.

– Właśnie. Najpełniejszego przejawu miłości. Kiedy pojawiła się groźba, że mi go zabiorą, odnalazłam się i pojęłam, że nigdy nie będę mogła niczego mieć i niczego nie będę mogła stracić. Płakałam godzinami, i dopiero po wielkim, głębokim cierpieniu ta część mnie, którą nazywam Hagią Sofią, powiedziała mi: „Bzdura! Miłość zawsze przetrwa! A twój syn i tak prędzej czy później odejdzie!".

Zaczynałem rozumieć.

– Miłość nie jest nawykiem, zobowiązaniem ani długiem. Nie jest tym, czego nas uczą romantyczne piosenki. Oto testament Ateny-Szirin-Hagii Sofii: miłość po prostu jest. Bez definicji. Kochaj i nie żądaj zbyt wiele. Po prostu kochaj.

– To trudne.

– Nagrywasz?

– Prosiłaś, żebym wyłączył.

– No to znowu włącz.

Zrobiłem, o co prosiła, a Atena ciągnęła:

– Dla mnie to też jest trudne. Dlatego nie wrócę już do domu. Będę się ukrywać. Policja ochroni mnie przed szaleńcami, ale nie ochroni mnie przed ludzką Sprawiedliwością. Miałam do spełnienia misję, a to kazało mi pójść tak daleko, że nawet zagroziło utratą syna. Mimo to nie żałuję: wypełniłam swoje przeznaczenie.

– Na czym polegała twoja misja?

– Wiesz na czym, bo od samego początku brałeś w tym udział: na przygotowaniu drogi dla Wielkiej

Matki; na kontynuowaniu tradycji, która przez wieki była tłumiona, ale teraz zaczyna się odradzać.

– Może...

Urwałem, a ona nie odezwała się słowem, dopóki nie dokończyłem zdania.

– ...może było za wcześnie. Ludzie nie są gotowi.

Atena roześmiała się.

– Oczywiście, że nie są gotowi. Stąd konflikty, przemoc i obskurantyzm. Posiałam ziarno w wielu sercach, a każde z nich da początek Odrodzeniu na swój własny sposób. A jedno z tych serc wypełni Tradycję w pełni: to Andrea.

Andrea.

Ta która jej nienawidziła, która obwiniała ją o rozpad naszego związku i mówiła każdemu, kto chciał jej wysłuchać, że Atena stała się egoistyczna i próżna i w efekcie zniszczyła z takim trudem stworzone dzieło.

Wstała, podniosła torbę. Hagia Sofia wciąż jej towarzyszyła.

– Widzą twoją aurę. Wyzwala się właśnie z jałowego cierpienia.

– Zdajesz sobie oczywiście sprawę z tego, że Andrea cię nie lubi.

– Naturalnie. Przez prawie pół godziny rozmawialiśmy o miłości. Lubienie bądź nielubienie nie ma tu nic do rzeczy. Andrea jest osobą absolutnie zdolną do wypełnienia swej misji. Ma więcej doświadczenia i charyzmy niż ja. Uczyła się na moich błędach. Wie, że musi postępować rozważnie. Andrea może mnie prywatnie nienawidzić, i może właśnie dlatego w tak krótkim czasie udało się jej rozwinąć swoje umiejętności – chciała udowodnić, że stać ją na więcej niż mnie. Kiedy nienawiść każe się człowiekowi rozwijać, staje się ona jedną z wielu form miłości.

Wzięła magnetofon, włożyła go do torby i wyszła.

Pod koniec tego samego tygodnia sąd wydał orzeczenie: po wysłuchaniu stron przyznano Szirin Khalil, znanej jako Atena, prawo do zachowania opieki nad dzieckiem.

Ponadto dyrektor szkoły, w której chłopiec się uczył, otrzymał oficjalne ostrzeżenie, że wszelkie przejawy dyskryminacji skierowane przeciwko dziecku będą karane z mocy prawa.

Wiedziałem, że nie warto dzwonić do niej do jej dawnego mieszkania. Zostawiła klucz Andrei, zabrała magnetofon, głośniki i trochę ubrań. Właścicielowi powiedziała, że wyjeżdża na jakiś czas.

Czekałem na telefon z zaproszeniem do wspólnego uczczenia zwycięstwa. Z każdym mijającym dniem moja miłość do Ateny przestawała być źródłem cierpienia i przeistaczała się w bezmiar radości i spokoju. Już nie czułem się taki samotny. Gdzieś w przestworzach nasze dusze – tak jak i dusze wszystkich powracających z wygnania – radośnie świętowały ponowne spotkanie.

Minął tydzień i uznałem, że próbuje uwolnić się od stresu, wywołanego ostatnimi wydarzeniami. Miesiąc później myślałem, że wróciła do Dubaju i podjęła znowu swoją pracę. Zadzwoniłem tam, ale usłyszałem, że jej od dawna nie widzieli, a na wypadek, gdyby się ze mną skontaktowała, prosili o przekazanie wiadomości: Drzwi są wciąż dla niej otwarte; bardzo jej nam brakuje.

Opublikowałem serię artykułów na temat przebudzenia Wielkiej Matki. Wprawdzie nadeszło w związku z nimi kilka obraźliwych listów, których autorzy oskarżyli mnie o „propagowanie pogaństwa", ale ogólnie zostały doskonale przyjęte przez czytelników.

Dwa miesiące później, kiedy zasiadałem do kolacji, zadzwonił kolega z redakcji: w Hampstead znaleziono ciało Szirin Khalil, Czarownicy z Portobello.

Została brutalnie zamordowana.

Spisałem już wszystko, co zostało nagrane na taśmach, a teraz dam jej cały tekst. Pewnie jak każdego popołudnia poszła na spacer po parku narodowym Snowdonia. Dzisiaj są jej urodziny – mówiąc ściślej, dzień, który jej przybrani rodzice wybrali jako datę jej urodzin. Z tej okazji zamierzam wręczyć jej ten maszynopis.

Viorel, który przyjedzie z dziadkami na uroczystość, również przygotował niespodziankę: w studiu przyjaciela nagrał swój pierwszy utwór muzyczny i wykona go podczas kolacji.

Atena zapyta mnie potem: „Dlaczego to zrobiłeś?".

A ja jej odpowiem: „Ponieważ musiałem cię zrozumieć". Przez te wszystkie lata, kiedy byliśmy razem, dochodziły do mych uszu tylko opowieści, które uważałem za legendy na jej temat. Teraz wiem, że to nie są legendy.

Za każdym razem, kiedy chciałem jej towarzyszyć – czy to podczas poniedziałkowych rytuałów w jej mieszkaniu, czy też w podróży do Rumunii, czy na spotkaniach z przyjaciółmi – prosiła, abym tego nie robił. Chciała być wolna, mówiła, a poza tym obecność policjanta zawsze działa na wszystkich onieśmielająco. W towarzystwie kogoś takiego jak ja nawet niewinni czują się jak przestępcy.

Dwukrotnie byłem bez jej wiedzy w składzie zbożowym przy Portobello. Również bez jej wiedzy posłałem ludzi, aby ją chronili. Co najmniej jeden człowiek, zidentyfikowany później jako wyznawca pewnej sekty, został zatrzymany z nożem. Twierdził, że duchy polecili mu zdobyć trochę krwi Czarownicy z Portobello, która była objawieniem Wielkiej Matki. Krew ta, wyjaśniał, była im potrzebna do spełnienia ofiary. Nie zamierzał jej zabić, chciał tylko zebrać trochę krwi na chusteczkę. Śledztwo wykazało, że istotnie nie chodziło o próbę zabójstwa, mimo to postawiono mu zarzuty i odsiedział sześć miesięcy w więzieniu.

Pomysł, aby „zamordować ją" dla świata, nie wyszedł ode mnie. Atena chciała zniknąć i spytała mnie, czy to jest możliwe. Wyjaśniłem, że gdyby wymiar sprawiedliwości pozbawił ją praw rodzicielskich, nie mógłbym działać wbrew prawu. Na szczęście tak się jednak nie stało. Wyrok był na jej korzyść, a więc mogliśmy spokojnie przystąpić do realizacji jej planu.

Atena miała pełną świadomość tego, że rozgłos, towarzyszący spotkaniom w składzie zbożowym nie przysłuży się jej misji. Nie było sensu stawać przed tłumem i zapewniać, że nie jest królową, czarownicą, boskim objawieniem – ponieważ lud podąża za tymi, którzy mają władzę, a władzę skłonni są oddać w ręce kogokolwiek. A to stało w sprzeczności z wszystkim, czego nauczała – z wolnością wyboru, poświęcaniem własnego dobra, rozwijaniem indywidualnych zdolności bez przewodników ani pasterzy.

Równie bezsensowne było zwykłe zniknięcie, które zostałoby odczytane jako wycofanie się na pustynię, wniebowstąpienie, pielgrzymka do mistrzów w Himalajach, i wszyscy bez końca oczekiwaliby na jej powrót. Mnożyłyby się legendy na jej temat, zapewne powstałby kult wokół jej osoby. Takie objawy obserwowaliśmy już wówczas, kiedy przestała się pojawiać na Portobello. Informatorzy donosili, że wbrew oczekiwaniom jej kult zatacza coraz szersze kręgi. Zawiązywały się inne tego rodzaju grupy, pojawiali się osobnicy pretendujący do miana „spadkobierców" Hagii Sofii, a zdjęciem Ateny z dzieckiem w ramionach, wcześniej opublikowanym w jednej z gazet, handlowano pokątnie jako wize-

runkiem męczennicy, ofiary nietolerancji. Okultyści za-
częli mówić o „Zakonie Ateny", który po uiszczeniu
stosownej opłaty gwarantował każdemu kontakt z „za-
łożycielką".

Dlatego pozostawała tylko „śmierć", ale śmierć
w najpospolitszych okolicznościach, jak z rąk mordercy
może zginąć w wielkim mieście każdy. W związku
z tym musiało być spełnione kilka warunków:

Po pierwsze, zbrodnia w żadnym razie nie może być
kojarzona z męczeństwem za przekonania religijne,
w przeciwnym wypadku spowodowalibyśmy pogorsze-
nie i tak już nienajlepszej sytuacji.

Po drugie, ciało winno być znalezione w stanie unie-
możliwiającym identyfikację.

Po trzecie, morderca nie może zostać ujęty.

Po czwarte, potrzebne są zwłoki.

W takim mieście, jak Londyn, policja codziennie ma
do czynienia ze zmasakrowanymi szczątkami ludzkimi,
tyle że zazwyczaj udaje się jej w końcu ująć przestępcę.

Musieliśmy więc czekać niemal dwa miesiące – aż
do morderstwa w Hampstead. Wprawdzie również zna-
leźliśmy przestępcę, jednak był już martwy – wyjechał
do Portugalii i odebrał sobie życie strzałem w usta.
Sprawiedliwości stało się zadość. Teraz wystarczyła już
tylko odrobina współpracy ze strony moich najbliż-
szych przyjaciół. Ręka rękę myje – w końcu nie raz pro-
sili mnie o przysługi, nie zawsze kryształowo czyste.
O ile nie dochodzi do poważnego naruszenia prawa, ist-
nieje – nazwijmy to – pewna elastyczność interpretacji
faktów.

Rzecz odbyła się następująco. Sprawę znalezionych
zwłok powierzono mnie i mojemu wieloletniemu part-
nerowi. Niemal równocześnie otrzymaliśmy wiado-
mość, że w Guimarães policja portugalska odkryła
zwłoki samobójcy wraz z listem, w którym denat przy-
znawał się do morderstwa w Hampstead. List zawierał
szczegóły, które w sposób jednoznaczny potwierdzały
prawdziwość pośmiertnego wyznania, oraz polecenie

w sprawie przekazania pozostawionego przez denata majątku instytucjom charytatywnym. To była zbrodnia w afekcie – ostatecznie miłość często tak się kończy.

W pozostawionym liście denat stwierdzał również, że przywiózł tę kobietę z jednej z byłych republik radzieckich. Zrobił wszystko, aby jej pomóc. Był gotów się z nią ożenić i umożliwić starania o stały pobyt w Wielkiej Brytanii, ale pewnego dnia znalazł list adresowany do jakiegoś Niemca, który zaprosił ją na kilka dni do swego zamku.

W liście kobieta pisała, jak bardzo chce do niego pojechać i prosiła o przesłanie biletu na samolot, tak aby mogli się jak najszybciej znowu spotkać. Poznali się w kawiarni w Londynie i tylko dwukrotnie wymienili się listami, nic ponadto.

Miałem przed sobą idealną układankę.

Mój przyjaciel trochę się wahał – żaden policjant nie lubi mieć na koncie niewyjaśnionej sprawy – ale gdy zobowiązałem się wziąć winę na siebie, w końcu się zgodził.

Pojechałem do kryjówki Ateny, do ślicznego domku w Oksfordzie. Strzykawką pobrałem odrobinę jej krwi. Uciąłem kilka kosmyków jej włosów i lekko je nadpaliłem. Te „dowody" podrzuciłem na miejsce zbrodni. Wiedziałem, że test DNA nie będzie możliwy, bo nikt nie wiedział, kto był jej prawdziwą matką, ani kto był ojcem. Pozostawało jedynie trzymać kciuki i liczyć na to, że morderstwo nie odbije się zbyt dużym echem w prasie.

Zjawiło się kilku dziennikarzy. Opowiedziałem im historię o samobójstwie mordercy, wspominając tylko nazwę kraju bez podawania miasta. Oświadczyłem, że nie wiadomo, jaki był motyw zbrodni, lecz odrzucamy całkowicie hipotezę zemsty lub pobudek religijnych. W moim przekonaniu (ostatecznie policjanci mają prawo się mylić), ofiara została zgwałcona. Prawdopodobnie rozpoznała napastnika, dlatego ją zabił, a ciało zmasakrował.

Gdyby Niemiec znowu pisał, jego listy poczta odesłałaby z powrotem z adnotacją „adresat nieznany".

Zdjęcie Ateny pojawiło się w prasie tylko raz, podczas pierwszych zamieszek na Portobello, więc ryzyko, że zostanie rozpoznana, było znikome. Oprócz mnie o tej sprawie wiedzą tylko trzy osoby: jej rodzice i syn. Wszyscy wzięli udział w jej „pogrzebie", a na nagrobku widnieje inskrypcja z jej imieniem.

Syn odwiedza ją w każdy weekend. Robi wspaniałe postępy w szkole.

Naturalnie pewnego dnia Atena może mieć dosyć życia w izolacji i zdecydować się na powrót do Londynu. Na szczęście pamięć ludzka jest krótka i z wyjątkiem najbliższych przyjaciół nikt nie będzie o niej pamiętał. Andrea spełni tutaj rolę katalizatora, w końcu – oddajmy jej sprawiedliwość – ma znacznie lepsze predyspozycje niż Atena do kontynuowania misji. Poza tym, że posiada niezbędny dar, jest aktorką – wie, jak sobie radzić z publiką.

Z tego co wiem, Andrea prowadzi działalność na szeroką skalę, a przy tym udało jej się uniknąć zbędnego rozgłosu. Słyszałem o ludziach, zajmujących kluczowe stanowiska w państwie, którzy są z nią w kontakcie i kiedy będzie to konieczne, po osiągnięciu odpowiedniej masy krytycznej, skończą z hipokryzją wszystkich Wielebnych Ianów Bucków świata.

A właśnie tego pragnie Atena – nie osobistych splendorów, jak wielu (na czele z Andreą) uważa, lecz tego, aby misja zakończyła się sukcesem.

Na początku moich dociekań, które zaowocowały tym oto tekstem, sądziłem, że utrwalam jej życie po to, aby utwierdzić ją w przekonaniu o własnej odwadze i doniosłej roli, jaką odegrała. W miarę kolejnych rozmów odkrywałem w tej historii również i moje własne ukryte „ja" – mimo że za bardzo w te sprawy nie wierzę. I stopniowo uzmysławiałem sobie, że głównym powodem mojej pracy była potrzeba znalezienia odpowiedzi na pytanie, które wciąż mnie nurtowało: dlaczego Atena mnie pokochała, skoro tak bardzo się różnimy i mamy tak odmienną wizję świata?

252

Pamiętam, jak pierwszy raz pocałowałem ją w kawiarni przy Victoria Station. Pracowała wtedy w banku, a ja byłem już detektywem w Scotland Yardzie. Po kilku spotkaniach zaprosiła mnie do właściciela mieszkania, które wynajmowała, ale odmówiłem – to nie w moim stylu. Nie pogniewała się, powiedziała tylko, że szanuje moją decyzję. Po ponownym przeczytaniu zeznań jej znajomych czuję prawdziwą dumę: wygląda na to, że Atena nie szanowała decyzji żadnej z pozostałych osób.

Kilka miesięcy później, tuż przed jej wyjazdem do Dubaju, wyznałem jej miłość. Odpowiedziała, że czuje to samo, chociaż, dodała, powinniśmy się przygotować na długie okresy oddzielenia. Każde z nas pracowało w innym kraju, ale prawdziwa miłość przetrwa każdą rozłąkę.

To był jedyny raz, kiedy ośmieliłem się ją zapytać: „Dlaczego mnie kochasz?". Odparła: „Nie wiem i kompletnie mnie to nie interesuje".

Teraz, kiedy po raz ostatni przeglądam ten tekst, wydaje mi się, że odpowiedź znalazłem w jej ostatniej rozmowie z dziennikarzem.

Miłość jest.

253

25/02/2006 19:47:00
Ukończone w dniu św. Ekspedyta, 2006

NOTA OD WYDAWCY

W książce wykorzystano:

fragmenty *Proroka* Khalila Gibrana
w przekładzie Ernesta Brylla
wyd. Drzewo Babel, Warszawa 2006.

fragmenty z Nowego Testamentu
podane według Biblii Tysiąclecia

polską transkrypcję terminów cygańskich według
Jerzego Ficowskiego, *Cyganie w Polsce. Dzieje i obyczaje*,
Interpress, Warszawa 1989.

INNE KSIĄŻKI WYDAWNICTWA DRZEWO BABEL:

Grzegorz Brzozowicz • **Goran Bregović, szczęściarz z Sarajewa** [1999]

Edward Lear • **Dong co ma świecący nos** [1999]

Alchemia *Alchemika* • W. Eichelberger w rozmowie z W. Szczawińskim [2001]

Khalil Gibran • **Szaleniec** [2002]

Idries Shah • **Mądrość głupców** [2002]

Juan Arias • **Zwierzenia Pielgrzyma. Rozmowy z Paulem Coelho** [2003]

Wojciech Eichelberger, Renata Dziurdzikowska • **Mężczyzna też człowiek** [2003]

Idries Shah • **Zaczarowana świątynia** [2003]

Idries Shah • **Wyczyny niezrównanego hodży Nasreddina** [2003]

Idries Shah • **Fortele niewiarygodnego hodży Nasreddina** [2004]

Vedrana Rudan • **Ucho, gardło, nóż...** [2004]

Vedrana Rudan • **Miłość od ostatniego wejrzenia** [2005]

Khalil Gibran • **Prorok** oraz **Listy miłosne Proroka**
w wyborze i adaptacji Paula Coelho [2006]

Liezi • **Księga prawdziwej Pustki** • Przypowieści taoistyczne [2006]

Aleksandra Kroh • **Jan Potocki. Daleka podróż** [2007]

W PRZYGOTOWANIU:

Cathi Hanauer • **Jędza w domu** • [wrzesień 2007]

Vedrana Rudan • **Murzyni we Florencji** • [październik 2007]

Galsan Tschinag • **Koniec pieśni** • [listopad 2007]

WYD. PIERWSZE · NAKŁAD 150 000 EGZ · PRINTED IN POLAND

DRZEWO BABEL

WARSZAWA, MAJ 2007

Wyłączny dystrybutor

Druk i oprawa:
Z.P. Druk-Serwis G. Górska Sp. j.
ul. Tysiąclecia 8b
06-400 Ciechanów